严寒地区重载水泥混凝土路面设计与施工

田　波　张志耕　等　著

人民交通出版社股份有限公司
北　京

内 容 提 要

本书系统总结了严寒地区重载水泥混凝土路面设计与施工的成功经验,提出路面结构层变形协调理论,并设置粒料变形协调层和沥青混凝土功能层;提出了水泥混凝土路面施工装备与材料相互作用特性的设备超前评估、带载调试、过程监控等施工关键技术;形成了严寒地区极重荷载水泥混凝土路面结构和路面下承层结构、材料与施工控制技术以及恶劣气候条件下路面施工工艺与过程质量控制技术体系。这些内容有助于重载水泥混凝土路面在我国的推广应用。

本书可供公路工程技术人员和相关专业大专院校研究生使用。

图书在版编目(CIP)数据

严寒地区重载水泥混凝土路面设计与施工 / 田波等著. — 北京 : 人民交通出版社股份有限公司, 2021.6

ISBN 978-7-114-17236-6

Ⅰ. ①严… Ⅱ. ①田… Ⅲ. ①寒冷地区—水泥混凝土路面—路面设计②寒冷地区—水泥混凝土路面—路面施工 Ⅳ. ①U416.216

中国版本图书馆 CIP 数据核字(2021)第 067559 号

Yanhan Diqu Zhongzai Shuini Hunningtu Lumian Sheji yu Shigong

书　　名: 严寒地区重载水泥混凝土路面设计与施工
著 作 者: 田　波　张志耕　等
责任编辑: 郭晓旭
责任校对: 孙国靖　扈　婕
责任印制: 张　凯
出版发行: 人民交通出版社股份有限公司
地　　址: (100011)北京市朝阳区安定门外外馆斜街 3 号
网　　址: http://www.ccpcl.com.cn
销售电话: (010)59757973
总 经 销: 人民交通出版社股份有限公司发行部
经　　销: 各地新华书店
印　　刷: 北京交通印务有限公司
开　　本: 787 × 1092　1/16
印　　张: 12.75
字　　数: 293 千
版　　次: 2021 年 6 月　第 1 版
印　　次: 2021 年 6 月　第 1 次印刷
书　　号: ISBN 978-7-114-17236-6
定　　价: 68.00 元

前　　言

依托2007年立项的交通部交通建设科技项目“基于耐久性的水泥混凝土路面结构设计技术研究”、2009年立项的内蒙古交通运输科技项目“严寒超重载水泥混凝土路面设计施工关键技术研究”和2009年开工建设的白音华至霍林郭勒一级公路的工程实践，本书系统总结了严寒地区重载水泥混凝土路面成功的关键点：①控制路基不均匀变形。②建立重交水泥混凝土路面极限状态设计方法；设置粒料变形协调层和沥青混凝土功能层，以实现变形协调。③实施施工设备超前评估、带载调试、过程监控等施工关键技术。④确定混凝土路面施工窗口期和施工控制技术。⑤确定耐严寒、抗盐冻、高性能及高耐久性路用水泥混凝土材料及配合比，并实施恶劣气候条件下路面施工工艺与过程质量控制技术。

本书第1章和第2章以及3.6、3.7、4.6、4.8、7.4由田波、张志耕撰写；第3章3.1、3.5由周玉民撰写，3.2由权磊撰写，3.3由王大鹏撰写，3.4由李思李撰写；第4章4.1由何哲撰写，4.2由刘英和何哲撰写，4.3、4.4由申立涛和王稷良撰写，4.5由周玉民和彭鹏撰写；第5章由尹峰、王健和刘洪海撰写；第6章6.1由尹峰、何哲和刘英撰写，6.2由袁野真和田波撰写，6.3由柯国炬和谢晋德撰写，6.4由彭鹏撰写，6.5由田波撰写，6.6、6.7由尹峰、王健和何哲撰写；第7章7.1、7.2由李思李和张志耕撰写，7.3由郭银祥和刘英撰写。

因项目实施较早，文中所引用的标准都为项目实施期间的依据，并非现行规范。但项目的研究方法、成果均有力助推重载水泥混凝土路面在我国的推广应用，特成此书。

作　者

2020年6月

目　　录

第 1 章　绪　论

针对极端气候环境与极重载需求,本书致力于研究修筑水泥混凝土路面高等级公路的新技术、新材料,论述路面结构设计及与气候环境相适应的耐久性设计的理论与方法,解决特殊气候条件下极重载运输铺面设计、施工、材料、设备和工艺技术难题。其中,重点需要解决的问题有:①严寒、极重载条件下水泥混凝土路面设计、材料和施工等方面技术难题;②严寒有盐环境路面材料技术;③重载水泥混凝土路面施工工艺与质量控制技术;④路基、级配碎石缓冲层和基层施工工艺及质量控制技术等。

1.1　严寒地区重载水泥混凝土路面设计和施工技术概述

严寒地区重载水泥混凝土路面设计和施工技术主要内容包括:设计理论和方法、材料、施工装备和工艺等。

1.1.1　设计理论与方法

美国州公路运输协会(AASHTO)和波特兰水泥协会(PCA)的水泥混凝土路面设计方法是以 80kN 标准轴载作为道路设计基础。采用力学—经验法,考虑气候等因素及可靠度的影响。

《公路水泥混凝土路面设计规范》(JTG D40—2002)中总结了我国重载水泥混凝土路面的使用状况,对路面材料要求、结构组合、接缝设计等方面做出了具体的规定和建议。例如,重载水泥混凝土路面的水泥混凝土抗弯拉强度必须大于或等于 5MPa;必须增设刚性(贫混凝土、碾压混凝土)、半刚性(水泥稳定粒料)基层,或耐冲刷的沥青混凝土、沥青碎石基层,或透水的排水基层;缩缝必须设置传力杆等。但规范未增补基层和土基的设计控制指标。在项目研究阶段,参考《公路水泥混凝土路面设计规范》(JTG D40—2011),此版本在 2002 版规范的基础上,考虑到重载交通的发展,增补了一档极重载等级,增补了基层的设计指标和破坏控制准则。水泥混凝土路面设计时,要求验算其极限承载力是否满足要求。

水泥混凝土路面以混凝土板为主要承载结构,面层板被接缝划分为有限尺寸的矩形板,平面方向上的尺度远大于厚度方向,板块间或者通过集料嵌锁作用传荷,或者以传力杆、拉杆等连接传荷。

内蒙古严寒地区重载水泥混凝土路面设计时,应考虑内蒙古的水文地质情况、区域气候差异、极重载交通特点以及路面-路基间相互关系。为应对极重荷载作用,基层采用刚性基层[如贫混凝土或碾压(贫)混凝土]以发挥基层较强的结构承载力。由于温、湿度变化的影响,面板和基层之间的竖向变形难以协调,表现为正温度梯度下,路面板中间部位拱起而与基层脱离接触;负温度梯度下,路面板四个角隅向上卷起而与基层分开。在重载车轮荷载作用下,路面板角隅容易出现从上至下(Top-Down)的裂缝,而板中部位容易出现从下至上(Bottom-Up)的裂缝。为控制水泥混凝土路面此类破坏的发生,可在面层与基层之间设置一层3~6cm厚的沥青混凝土功能层,其作用是协调面层与基层之间的竖向变形,缓冲车轮荷载驶经接缝时的冲击作用,还可防止雨、雪水沿接缝下渗而引起基层以下结构和土基的破坏。进行结构分析时,需针对实际的路面结构、各结构层材料的应力-应变关系建立合理的力学模型。

1.1.2 混凝土与嵌缝材料

混凝土抗冻等级的高低直接影响其抗冻性能的好坏。强度高的混凝土,抗冻性能好,经过200次冻融循环后,模量损失很少,甚至保持不变;强度低的混凝土,抗冻性能差,经过200次冻融循环后,模量损失很大,甚至损失殆尽。因此,在严寒地区修筑水泥混凝土路面,需要考虑冬季严寒多风的影响,要求路面水泥混凝土具有良好的耐候性和良好的抗冻性能。

冬季和春融季节撒盐除冰,为达到较好的抗盐冻水平,混凝土中势必引入更多的气泡,但是混凝土含气量达到6%以上时,抗弯拉强度损失很大,需平衡抗冻、抗盐冻与抗弯拉强度之间的关系。

对于普通水泥混凝土路面,需要设置纵、横接缝。接缝是这种路面最薄弱的部位。为了防止雨水和细小硬物落入接缝引起结构破坏,需要在接缝部位填封弹性好、耐疲劳、抗老化、黏结力强、弹性恢复率高的填缝材料,防止雨水沿接缝下渗引起唧泥破坏,以及硬物落入产生啃边破坏。

1.1.3 施工装备与工艺

随着交通荷载日益增加,重载车辆比例不断增高,普通水泥混凝土路面已不能满足通行要求。增加路面板的厚度可以满足极重荷载需求(严寒地区重载水泥混凝土路面板厚度已达到32cm)。但路面板厚度增加的同时,水泥混凝土路面工艺技术与设备难以达到标准要求,这主要表现在以下几个方面:

(1)目前国内普遍使用的滑模摊铺机摊铺厚度多在28cm以下。由于大厚度水泥混凝土路面板在滑模施工过程中,受装机配置的混凝土振捣设备功率限制,水泥混凝土路面板难免出现上下层振捣不均匀的情况,引起路面板上下层混凝土密度相差较大。

(2)滑模摊铺机普遍配置的传力杆置入装置(DBI,Dowel-Bar Inserter),多适合于直径28mm以下的传力杆,而《公路水泥混凝土路面设计规范》(JTG D40—2002)中针对重载水泥混凝土路面板,要求传力杆直径为38~42mm,这无疑加大了传力杆置入装置(DBI)置入传力杆的难度。

(3)在置入传力杆过程中,将在已振捣并挤压密实且成型的混凝土表面形成凹槽,部分混凝土从凹槽中被挤出而遗留槽状压痕。此压痕周边混凝土已挤压振捣密实成型,不再具有流动性而无法填充压痕凹槽,在搓平梁搓平和超级抹平器抹平过程中仅产生少量砂浆,压痕凹槽只能靠有限的砂浆填充,压痕处混凝土局部出现集料离析,砂浆难以达到密实,致使压痕处平整度严重损失。混凝土终凝后,压痕处局部细集料集中范围内的混凝土收缩比增大而形成收缩凹陷,进一步加剧了面板平整度的劣化。

(4)大厚度水泥混凝土路面板施工期,如果在大温差及多风、大风的高蒸发量环境下,滑模摊铺机摊铺成型的新拌混凝土初期养生十分困难,如果混凝土不能得到及时保湿养生,可能造成水泥混凝土路面施工期断板。

1.2 项目主要内容

1.2.1 严寒地区气象与道路设计施工

气象因素对工程建设有着直接或间接的影响。内蒙古锡林浩特地区可施工时间仅集中于5~9月,这期间夜间尚有负温度或低于5℃的天气,区域内路面年有效作业天数极少,仅约70d,有效施工期极短。通过对试验板板内温度场波动数据调查与分析,该地区秋冬和春融季节正负温交替频繁,冻融循环一般发生于10月到次年4月,月冻融次数近50次,即1日内至少发生一次冻结—融化—冻结循环,这对路面面板的水泥混凝土抗冻性能配合比设计提出了严峻挑战;必须设计适应环境要求的高品质水泥混凝土及适宜的传力杆装置,才能满足工程需求。对路面水泥混凝土耐冰冻、盐冻性能提出极高要求,需专门的水泥混凝土配合比设计。大蒸发量、高风速及低湿度使得水泥混凝土路面存在巨大的风裂与塑性开裂风险,需加强养生措施。

当前最大冻结深度320cm,对水泥混凝土路面工程的地基、路基及路面结构提出更高要求,需综合考虑建设项目的地基、路基及路面结构层承载能力、协调变形能力及抗冰(盐)冻性能;鉴于年平均蒸发量1141.5mm、夏季白天风速≥1.6m/s的大蒸发量、高风速的实际,结合施工规范中的风速≤1.5m/s可正常施工的规定,而夜间风速≤0.5m/s,因此需要将施工安排在夜间。

夏季白天湿度低、夜间湿度高,根据施工规范要求,白天湿度太小不宜进行水泥混凝土路面养生,需选择夏季夜间施工。

1.2.2 严寒地区重载水泥混凝土路面结构分析

调查超重载轴载参数,结合试验室内试验梁的动态荷载疲劳试验结果,研究分析高应力比条件下,水泥混凝土路面疲劳寿命。同时,对设置沥青功能层的新型水泥混凝土路面结构组合进行疲劳试验,验证新结构对高应力荷载的适应性。

1.2.3 严寒地区重载水泥混凝土和嵌缝材料研究

开展混凝土室内冻融、盐冻试验,分析混凝土材料冻融与盐冻破坏机理及其影响因素,探讨混凝土材料路用性能冻融损伤发展规律。从除冰盐对混凝土的影响和纤维混凝土材料性能等方面展开耐久性水泥混凝土路面的研究与探讨,丰富特定环境条件下高耐久性混凝土材料研究成果。

1.2.4 土基、碎石缓冲层和基层施工工艺及质量控制技术研究

通过采用先进的冲击压实技术,解决原地面压实难的问题,同时对已填筑路基进行检测性补压,解决了巨粒土填筑路基压实难题,从而得到结构稳定的路基;采用场拌机摊级配碎石缓冲层以及现场增设侧模施工方式,使级配碎石缓冲层摊铺均质、配合比稳定、边缘压实充分、材

料浪费小,工程质量得到严格控制,并能够有效缓解水泥混凝土路面可能承受的不均匀沉降,具有缓冲差异沉降和调节变形功能。

1.2.5 严寒地区重载水泥混凝土路面施工工艺与质量控制技术研究

使用引气缓凝减水高效复合外加剂,以提高路面水泥混凝土工作性,同时提高混凝土抗冰冻和抗盐冻性能。

工厂化集中加工全喷塑涂层传力杆,利用静电吸附塑料防腐隔离涂层技术取代传统的涂刷防锈漆、塑料薄膜裹覆、蘸浸沥青等隔离剂等工艺,实现了DBI传力杆高效插入。

自行式养生剂防风雾化机械连续喷洒设备,保证了混凝土路面初期和后期高效率养生,有效减少混凝土塑性收缩开裂;开展施工阶段路面平整度控制研究,对基准线设置及张拉力确定进行了系统试验与研究,提出不同规格基准线钢丝绳所需最小张拉力,并在基准线上串联数显式拉、压力传感器,随时观测调整与控制基准线拉力;在滑模摊铺机搓平梁上相应位置加装不同规格、型号与功率,振幅与频率可调的附着式振捣设备,显著改善了DBI装置置入水泥混凝土造成的混凝土表面压痕,减少凹槽内部混凝土的离析并提高混凝土振捣实度,提高了水泥混凝土路面平整度。

利用水泥混凝土成熟度理念,预测水泥混凝土路面板切缝时机;应用桁架式切缝机使切缝工作规范且高效,并有效抑制了断板、断角的发生,同时规范统一的切缝可在一定程度上弱化平整度损失。

采用桁架式双刀组横(斜)向刻纹机,使水泥混凝土路面板刻纹规范、统一,有效提高了水泥混凝土路面外观质量,改善了其行车舒适性。

1.2.6 接缝、排水与板块健康监控系统

重视接缝和排水设计、标线等工作。同时通过引入信息化技术,建立了水泥混凝土路面健康监测系统,对路面板块进行编号、定位,记录和评定损坏状况,用于路面的养生、维修管理。构建在严寒地区修筑高质量的重载水泥混凝土路面的关键技术,提升水泥混凝土路面使用的耐久性,确保其在设计使用期内的使用品质和寿命。

第2章　交通荷载、环境与地质因素分析

重载水泥混凝土路面上行驶的货车轴重大、轮压高、多轴化,货车比例高,交通量远大于预期增长率,需要通过交通调查,获得交通轴载数据。轴载数据是路面结构设计的主要依据,弄清楚各种车辆轴载类型、轴载分布,尤其是超重载车辆的轴载分布规律,进而提出当量设计轴载换算,建立基于车辆轴载谱统计特性的当量设计轴载换算关系,较准确地预估路面在设计使用期内的当量设计轴载累计作用次数,对于设计满足重载需求的重载水泥混凝土路面结构,提高道路使用性能和寿命极为重要。

除了交通荷载作用外,环境和地质因素在路面施工和运营中起着非常重要的作用,尤其在严寒大温差地区。

2.1　交通荷载

《道路车辆外廓尺寸、轴荷及质量限值》(GB 1589—2004)与《超限运输车辆行驶公路管理规定》规定了我国道路(公路与城市道路)上行驶的各类载重车辆的总质量和轴荷最大限值,见表2-1。单轴-双轮组轴重10t为我国公路路面的设计标准轴载。

国内道路车辆总质量和轴荷最大限值(t)　　表2-1

总质量最大限值						轴荷最大限值		
货车		挂车		汽车列车		轴型	单轮	双轮组
二轴	16	二轴全挂	20	四轴	35	单轴	6	10
三轴	25	二轴半挂	35	五轴	43	双联轴	7	18
四轴	31	三轴半挂	40	六轴	49	三联轴	7	24
						半挂双联轴		20

对公路水泥混凝土路面结构而言,单轴4t、双轴8t以下轻型客货车对路面结构损坏影响不大。因此,可不考虑轻型货车和客车,仅关注中、重型货车。货车按照车辆的牵引方式,可分为整车、半挂车(牵引车)和全挂车三大类。整车类根据车辆的额定载重分为中型、重型。重型整车又可分为单后轴和双后轴两种。半挂车类根据车辆轴型分为三轴半挂、四轴半挂等,全挂车一般前后两轴。

各类型车辆的图式和代表车型见图2-1。按轴型不同,可将车辆荷载分为单轴-单轮、单轴-双轮、双轴-双轮和三轴-双轮四种类型,如图2-2所示。

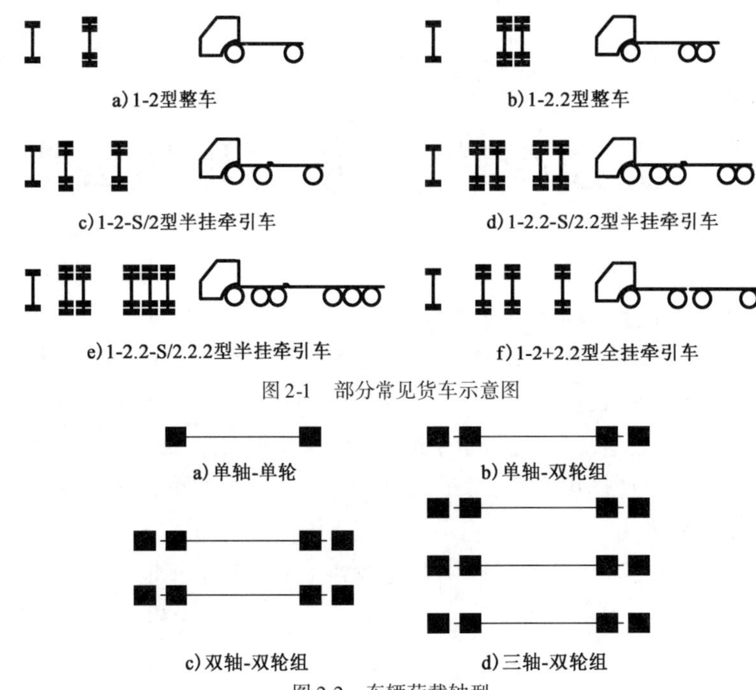

图 2-1　部分常见货车示意图

图 2-2　车辆荷载轴型

2.2　重载交通公路轴载调查及数据分析

当前,我国道路工程设计的交通量数据大多来自交通观测站,而轴重依据车型估算,或者组织人员进行短期观测分析得到。无论交通观测站观测,还是自己组织观测,由于观测记录设备落后,难以连续、实时和系统地获得各型车数量、轴重数据及接地压力,由此预估得到的交通量及累计标准轴载作用次数与实际出入很大,不能满足道路设计要求。近年来,随着车辆称重仪在公路的推广应用,给交通调查和轴载分析带来了新进展,可望为道路工程设计提供较准确的交通量和轴载数据。

采用称重仪对道路上行驶的货运车辆进行轴载谱调查,重点调查货运车辆的超载超限运输情况,弄清楚超载超限运输与路面损坏的关系。1996 年,林有贵等人采用移动式轴重仪 HDS-2 对国道 G322 线广西来宾县①迁江段二级公路进行了连续 3d 不间断的轴重测定。1998 年,王选仓等人用移动式轴重仪对郑—常路詹泗段、晋—博公路进行了轴重调查。其中,将单轴、双轴轴型车辆分为两组。单轴组中轴重超过 10t 车辆比例大于 24%,近 1% 的单轴组中的轴重超过 20t,超限近 1 倍;双轴组中,轴重超过 20t 的约为 88.5%,最大轴重超过 50t。1998 年,天津市交管部门采用 SM2000S 轴重自动检测系统对津围公路来往车辆进行轴重检测。其中,单轴组的超限率(大于 10t 的比例)高达 78.5%,单轴组中的最大轴重超过 24t。1998 年 4—9 月,彭波等人对上海市 15 条主要干线公路上的大中型货车和大客车的轴载进行了称重测定。15 条干线公路包括主要国道(G210、G204、G312、G318、G320)和省市干线(S102、S106、

①现为来宾市。

S107、S202、S209、S309、S316 等），它们是上海市重要的出入境道路及境内主干线，以及通往大型厂矿和集装箱码头的大件运输路线；对于水泥混凝土路面结构而言，单后轴和双后轴的轴重是最重要的荷载参数。在称重的过往车辆中，单后轴最大轴重为 17.2t，双后轴的最大轴重为29t。1999 年，刘朝晖等人采用动态称重设备，对国道 G107 湖南宜来段的车辆轴载进行了调查，设置了 3 个测试点（油市、良田、宜章南）。3 个观测断面中轴重大于 13t 的轴数占有效轴数的 22%，重车的超载率一般在 70% ~200%，最大超载竟达到额定荷载的 300%。山西省作为我国主要的产煤地区，运煤干线公路交通十分繁忙，货车超载超限现象十分严重。1999 年上半年，赵队家、田波等人利用煤检站的地磅对山西省 12 条运煤线路（晋阳线、阳济线、晋焦线、太洛线、长邯线、荫林线、夏汾线、汾介线、祁介线、太佳线、京大线、国道 G307）进行轴载调查。额定载重 2.5t 以上的货车，超限比例在 90% 以上；其中，单轴-单轮超限（大于 6t）的比例超过 88%，几乎所有的单轴-双轮组和双轴-双轮组的轴重都超限（分别大于 10t 和 18t），单轴-单轮的轴重最大达 10t，单轴-双轮组的轴重最大为 24t，双轴-双轮组的最大轴重为 41t。2000 年，何兆益、唐伯明等人采用动态轴载称重仪对重庆市的 6 条较有代表性的国省道干线公路的超限（载）运输状况进行了调查。6 条国省道分别为：国道 G210（渝北）、国道 G212（合川）、国道 G318（长寿）、国道 G318（万州）、国道 G319（潼南）、省道 S103（奉节）。这些公路的日交通量在 1000 ~4000 辆之间，货车比例为 42% ~58%，货车以单后轴为主，占 95% 以上，后轴轴重超过 10t 限的比例为 21% ~50%，后轴最大轴重超过 24t。2000 年，刘颖等人对襄樊地区几条道路进行了轴载调查，将来往车辆分为单后轴组和双后轴组，得到单后轴组和双后轴组的轴载谱分布；单后轴组的最大轴重达到 25t，G205 双后轴组的最大轴重达到 50t 左右。2000 年，胡萌等人对江苏省一些代表性路段（国道 G205 淮阴东双沟工区段、省道 S213 江都邵伯工区段、国道 G204 南通工区段、国道 G312 苏州外跨潭工区段、国道 G104 镇江句容工区段）进行了轴载调查。2001 年 11 月，黄文远、王旭东等人对广东省的国道 G107、国道 G324 惠州段、广肇公路（西南通道）、国道 G105 中山段（主要为区域内交通）进行了全面的超载运输调查和分析，货流组成主要为电子产品、建材、钢铁、能源材料等。调查共抽检了 1327 个有效样本，87% 被查货车超载，货车的平均装载率为 297%，其中，整车型货车的平均装载率为 316%，半挂车的平均实载率为 224%。单轴超限率（大于 10t 的比例）竟高达 54%，最大单轴的轴重达 31t。2001 年，薛文等人采用涵式轴重仪对河北省主要干线公路进行了车辆轴重检测。调查共抽检了 1039 个有效样本，其中，中型货车（额定载荷 <5t）547 个和大型货车（额定载荷 >5t）492 个，超载率分别达到 64% 和 70%，后轴轴重超过 10t 限的比例分别为 19.2% 和 47.5%，最大后轴轴重 28t。

内蒙古自治区白音华至霍林郭勒一级公路位于内蒙古自治区锡林郭勒盟西乌珠穆沁旗、通辽市扎鲁特旗和霍林郭勒市，是内蒙古自治区的重要能源运输通道。项目沿线分布着白音华煤矿、规划的白音华能源化工基地、西乌珠穆沁旗棚特银多金属矿、沙日哈达煤炭、西乌珠穆沁旗金正矿业有限责任公司金正煤矿、西乌珠穆沁旗意隆煤业有限责任公司包尔呼舒高布煤矿、扎哈淖尔露天矿、霍林河煤矿以及在建的霍林河铝厂等主要厂矿。项目起点和终点处有大型的煤矿企业——霍林河煤矿和白音华煤矿，这是货运交通量主要发生和吸引源，其中货运量主要是去往霍林郭勒、巴林左旗、巴林右旗、林西、巴彦乌拉镇及西乌珠穆沁旗各苏木。矿区道路主要为运煤车辆服务，方向性强，可分为重载方向和轻载方向，因此路面设计中充分考虑交通量区段特点和左右幅轻重载不同的特点。

2.2.1 交通量

在交通量观测点进行了相应的客货类型及交通量的调查。调查数据显示,矿区公路行驶车辆主要以货车为主。根据各公路沿线设置的观测站统计资料,按里程加权平均统计分析,国道G304线路段交通量最大,其次为省道S101、S307线。对上述路段初步进行分析,国道G304线霍林郭勒至扎鲁特旗段,客车达到494辆/d(绝对数),占23.05%,货车达到1649辆/d,占76.95%。货车所占比重较大,客车所占比重较小;省道S101线霍林郭勒至东乌珠穆沁旗段,客车达到180辆/d(绝对数),占24.39%,货车达到558辆/d,占75.61%,与国道G304线基本一致;省道S307线西乌珠穆沁旗至林西段,客车达到233辆/d(绝对数),占28.04%,货车达到598辆/d,占71.96%。预测交通量见表2-2。

各年度各段交通量表(单位:辆)　　表2-2

路　段	年　度		
	2010年	2015年	2019年
白音华—多尔比勒金乌拉	3276	6271	4253
多尔比勒金乌拉—霍林郭勒	5924	11221	7723
全线加权平均值	4621	8785	6731

2.2.2 矿区货车轴载特点

按照货车轴载分类,对调查数据中各种轴型车辆的调查数据进行了分析。在各种轴型的货车中,轴型编号为zhc_1-2-Ⅱ、zhc_1-2-Ⅲ、zhc_1-1-2-Ⅱ、zhc_1-1-2-Ⅲ的组合型货车占主要地位(图2-3)。这几种车型均为大型重载运输货车,其中超过90%都是矿区煤炭运输车。车辆满载质量和满载轴重见表2-3。对于矿区公路而言,这几种大型货车十分常见。

车辆额定满载轴重　　表2-3

轴载类型	满载轴重(t)
zhc_1-2-Ⅱ	0.65/1.15/17.92/17.92
zhc_1-2-Ⅲ	0.65/1.15/21.15/21.15/21.15
zhc_1-1-2-Ⅱ	7.00/7.00/11.00/17.92/17.92
zhc_1-1-2-Ⅲ	7.00/7.00/11.00/21.15/21.15/21.15

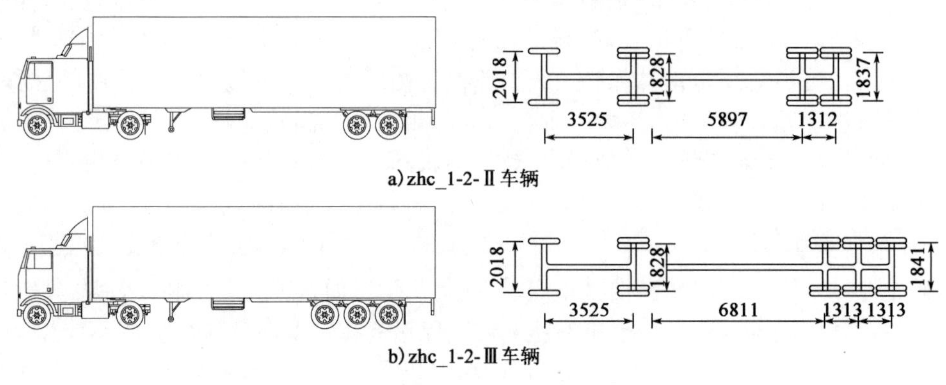

a)zhc_1-2-Ⅱ车辆

b)zhc_1-2-Ⅲ车辆

图 2-3

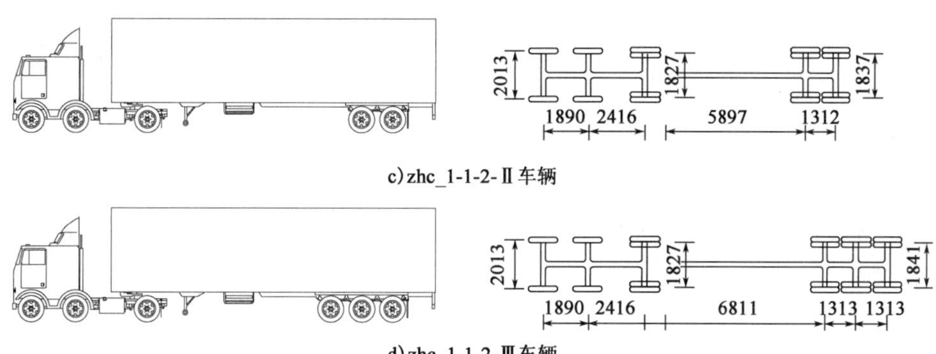

图2-3　货车几何参数(尺寸单位:mm)

通过车型和轴载调查分析,矿区运行的货车主要以四轴车和六轴车为主,实际满载质量见表2-4。实际单轴(单轮)平均轴重为7t,平均单轴(双轮)轴重为11t,平均双联轴轴重43t,平均三联轴轴重62t。同时调查发现,白音华至霍林河单方向为重载,霍林河至白音华单方向为轻载。

平均实际载质量　　表2-4

轴载类型	满载质量(t)	满载轴重(t)
zhc_1-2-Ⅱ	57	0.97/17.25/26.88/26.88
zhc_1-2-Ⅲ	83	0.877/1.552/26.88/26.88/26.88
zhc_1-1-2-Ⅱ	78	7.000/7.000/11.000/26.680/26.680
zhc_1-1-2-Ⅲ	106	7.000/7.000/11.000/26.880/26.880/26.880

2.3　各类轴型的标准轴载

2.3.1　当量标准轴载作用次数

路面结构设计的当量标准轴载作用次数 N_s 的计算式:

$$N_s = \sum_i^k a_i N_i \left(\frac{P_i}{P_s}\right)^{n_i} \tag{2-1}$$

式中:i——轴型序号;

k——轴型和轴载级位数;

P_i、N_i——i 类级的轴重、作用次数;

P_s——标准轴载;

a_i——与路面结构有关的轴-轮型系数,见表2-5;

n_i——与路面结构有关的换算指数。

与路面结构有关的换算指数 n_i 取值如下:对半刚性基层,$n_1 = n_2 = n_3 = n_4 = 8$;对于刚性基层,$n_1 = n_2 = n_3 = n_4 = 13$;对水泥混凝土面层,$n_1 = n_2 = n_3 = n_4 = 16$。

与路面结构有关的轴-轮型系数 a_i　　表 2-5

路面结构类型	单轴-单轮	单轴-双轮	双轴-双轮	三轴-双轮
	a_1	a_2	a_3	a_4
水泥混凝土面层	$2.22\times10^{3}P_1^{-0.43}$	1.0	$1.07\times10^{-5}P_3^{-0.22}$	$2.24\times10^{-8}P_4^{-0.22}$

在已知各类轴型的轴载谱的条件下，只需按轴型划分为单轴-单轮、单轴-双轮、双轴-双轮和三轴-双轮 4 类，则式(2-1)改写为：

$$\left.\begin{aligned} N_s &= \sum_{i=1}^{4}\varphi_i N_i \\ \varphi_i &= a_i\left(\frac{P_e^i}{P_s}\right)^{n_i} \\ P_e^i &= \left(\int_0^{P^i}P^{n_i}f_P^i\mathrm{d}P\right)^{\frac{1}{n_i}} \end{aligned}\right\} \tag{2-2}$$

式中：φ_i——i 类轴型的当量标准轴载作用次数系数；

P_e^i——i 类轴型的疲劳等效当量轴载；

f_P^i——P_i 级载荷分布频率；

P^{n_i}——与路面结构有关的，换算后的 i 类级轴载量。

2.3.2 设计轴载

式(2-2)中当量标准轴载作用次数系数 φ_i(简称轴型当量次数)除了与轴载谱、轴载换算指数有关之外，还与标准轴载的轴-轮型以及轴重有关，且数值上变化幅度很大。采用仅与轴载谱、轴载换算指数有关的疲劳等效当量轴载 P_e^i 来表征 i 类轴型作用对路面结构的损伤作用显得更直观。因此，建议采用疲劳等效当量轴载 P_e^i 作为表征轴载谱的主要指标，并简称为 i 类轴型的设计轴载。

将获得的轴载数据代入式(2-2)，可得到拟建水泥混凝土路面各类轴型的当量次数系数(标准轴载取 100kN 的单轴-双轮荷载)和设计轴载值，见表 2-6。

各类轴型的当量次数系数 φ_i 和设计轴载 P_e(单位：kN)　　表 2-6

路面结构类型	单轴-单轮		单轴-双轮		双轴-双轮		三轴-双轮	
	P_e	φ_i	P_e	φ_i	P_e	φ_i	P_e	φ_i
水泥混凝土面层	70	1.2	110	4.6	430	38505	620	25953

从表 2-6 可以看到，矿区货运车辆超载超限非常严重，无论是何种路面结构，任何种类轴型的设计轴载均超过其法定轴荷限值，尤其是双轴、三轴-双轮的设计轴荷达 2.4 ~ 2.8 倍的法定轴荷限值；从轴型当量次数系数 φ_i 的角度来考察，所有 φ_i 值均大于 1，最大高达 38505。超过轴重限值 1.5 倍的车辆作用一次对路面结构的平均损伤，与 100kN 标准轴载作用 38505 次相当。

2.4　标准轴载作用次数估算

2.4.1　轴型次数计算

超过轴重限值 1/2 和 1 倍时，不同交通量（通过量）的轴型次数 N_i（i 为轴型序号，$i=1$ 为单轴-单轮，$i=2$ 为单轴-双轮，$i=3$ 为双轴-双轮，$i=4$ 为三轴-双轮）的计算式为：

$$N_i^{\frac{1}{2}} = \sum_k \sum_j n_k \theta_{kj} t_{kji} \gamma_{ji}$$

$$N_i^1 = \sum_k \sum_j n_k \theta_{kj} \beta_{kji} \gamma_{ji} \tag{2-3}$$

式中：j——轴型序号；

n_k——第 k 类车型（按收费分类）的交通量；

t_{kji}，β_{kji}——第 k 类车型（按收费分类）转换为 j 类车型（按轴型分类）后 i 类轴型超过轴重限值 1/2 和 1 倍的比例；

γ_{ji}——j 类车型（按轴型分类）的 i 类轴型的轴数，见表 2-7；

θ_{kj}——第 k 类车型（按收费分类）转换为 j 类车型（按轴型分类）后大于 1/2 倍的比例。

γ_{ji} 统计表　　表 2-7

轴　数	车　型	j	$i=1$	$i=2$	$i=3$	$i=4$
2	1-1	1	2	0	0	0
2	1-2	2	1	1	0	0
3	1-2.2	3	1	0	1	0
3	1-2-S/2	4	1	2	0	0
5	1-2-S/2.2.2	5	1	1	0	1
6	1-2.2-S/2.2.2	6	1	0	1	1

由各类车辆的交通量推演出各种轴载的通过量。N_i 的期望值 E 和均方差 σ 由式（2-4）计算。

$$\left.\begin{aligned}
E(N_i^{\frac{1}{2}}) &= \sum_k \sum_j n_k E_{\theta_{kj}} E_{t_{kji}} \gamma_{ji} \\
E(N_i^1) &= \sum_k \sum_j n_k E_{\theta_{kj}} E_{\beta_{kji}} \gamma_{ji} \\
\sigma(N_i^{\frac{1}{2}}) &= \sqrt{\sum_k \sum_j n_k^2 \gamma_{ji}^2 (E_{\theta_{kj}}^2 \sigma_{t_{kji}}^2 + E_{t_{kji}}^2 \sigma_{\theta_{kj}}^2 + \sigma_{\theta_{kj}}^2 \sigma_{t_{kji}}^2)} \\
\sigma(N_i^1) &= \sqrt{\sum_k \sum_j n_k^2 \gamma_{ji}^2 (E_{\theta_{kj}}^2 \sigma_{\beta_{kji}}^2 + E_{\beta_{kji}}^2 \sigma_{\theta_{kj}}^2 + \sigma_{\theta_{kj}}^2 \sigma_{\beta_{kji}}^2)}
\end{aligned}\right\} \tag{2-4}$$

2.4.2　车辆综合标准轴载作用次数系数

在车型比例稳定的情况下，年平均日车辆数 n_k 可由式（2-5）计算。

$$n_k = \hat{\theta}_k \text{AADT} \tag{2-5}$$

式中：$\hat{\theta}_k$——各型车的比例(收费标准分类)；

AADT——全断面年平均日交通量。

将道路全断面日标准轴载作用次数与其年平均日货车交通量 ADTL(为年平均日交通量扣除第一、二类车的日平均交通量)的比值记为χ,χ 称为车辆综合标准轴载次数系数,如下：

$$\chi = \frac{N_s}{\text{ADTL}} \tag{2-6a}$$

$$\text{ADTL} = \text{AADT} - n_1 - n_2 \tag{2-6b}$$

式中：n_1、n_2——第一、二类车的日平均交通量。

由设计车道的车辆综合标准轴载次数系数和年平均日货车交通量,就可以估算标准轴载作用次数 N_s。

2.5 环 境 因 素

环境首先影响水泥混凝土路面结构的层间接触状态变化,进而影响水泥混凝土路面的结构应力变化。同时影响水泥混凝土路面的施工质量以及路面材料的使用耐久性,比如水泥混凝土的抗冻性能、填缝料的低温性能等。此外还影响路基土的性状,比如路基土的干湿状态、冻融和冻胀、路基土的模量取值等。

2.5.1 气候概况

内蒙古自治区锡林浩特地处温带干旱半干旱大陆性气候,总的特点是春季多风易干旱,夏季温热雨不均,秋季凉爽,冬季漫长、寒冷且大风。

1)气温

锡林浩特气温状况如表 2-8 所示。

锡林浩特气温状况　　表 2-8

项　目	气温(℃)	无霜期(d)	气温在 0℃以下的天数(d)
年平均气温	-0.5	90 ~ 134	251、252
1 月份平均气温(最低气温)	-20.9		
极端最低气温	-47.2		
7 月平均气温(最高气温)	19.7 ~ 24.9		
极端最高气温	33.6		
全年变化幅度	80.8		

2)降水、蒸发

全年平均降水量为 380.5mm,最大为 426.9mm,降水多集中在 6—8 月,全年降水日数为 43 ~ 57d,9 月下旬至次年 5 月中旬为降雪季节,年降雪量为 50mm,占全年降水量的 13.1%,降雪日数为 38 ~ 44d,全年降水(雨和雪)日数为 92 ~ 106d。

历年平均降雨量:6 月份为 70mm,7 月份为 125mm,8 月份为 100mm,9 月份为 40mm,这 4 个月份占全年降水量的 84%。

年平均积雪天数为133.3d,平均最大积雪厚度8～20mm、最大冻结深度320cm,路线起点到K63+000最大冻深为3.2m,平均冻深为2.69m。

年平均蒸发量为降水量的3倍,为1141.5mm。

3)风况

年平均风速最小4.6m/s,最大20.7m/s,11月至第二年5月风力较大,月平均风速最小3.7m/s以上,11—12月风吹雪严重,甚至影响视距。6—9月风速较小,月平均风速最小2.7m/s以上。风向以偏西北方向为主。

辐射热和气温在一日内发生周期性变化,通过热交换和热传导,路面内不同深度处的温度在一日内也相应发生周期性变化。在晴天,由于热量通过介质的热传导逐渐由面层向基层传递,不同深度处的温度日变化曲线的波动幅度随深度而衰减,其峰值出现的时间也随深度而越来越滞后。春季、秋季和冬季晴天情况下的路面温度日变化曲线的形态与夏季的基本相似,只是温度在变化幅度上有所不同,夏季的变化幅度最大,春、秋季次之,冬季最小。在阴雨天,由于云层遮住太阳而使得辐射热很微弱,日气温变动很小,面层不同深度处的温度日变化曲线相应波动很小。

2.5.2 气象站及路面结构温度场

需要实测路面温度场数据以及刮风天气的风速、强度分布特性等数据。掌握水泥混凝土路面温度状况(温度梯度)的日、月和年周期变化是很必要的,因为这个周期变化会引起路面板翘曲变形的周期性变化,从而影响路面板下支承状况的变化。

在西乌珠穆沁旗境内草原区域,历史上没有气象资料和路面温度场资料。为了准确获取各种资料,以便指导公路的设计和施工,施工前在白音华—霍林郭勒重载公路沿线选择机械施工方便、有电源供应、通风无遮挡的位置铺筑观测试验板块。

试验板块的铺筑过程如下:(1)完成土基的整平与压实、20cm级配碎石缓冲层的铺设;(2)进行20cm水泥稳定砂砾基层摊铺与碾压,与此同时完成土基与基层底面温度传感器的布设;(3)铺设18cm贫混凝土基层并铺设两层油毛毡;(4)水泥混凝土面层采用三辊轴施工工艺铺设成型,在浇筑前完成传力杆、胀缝板、温度传感器的布设,浇筑混凝土时保证传感器的准确定位。

试验板块完成后进行气象站的架设。选用移动式自动气象站,其可测量风向、风速、不同深度地温、湿度、气压、雨量、太阳辐射量等气象要素,同时自动计算并存储蒸腾蒸发量。记录每天24h实时天气数据,采样间隔1h。

2.5.3 极限气温及年温度变化

通过气象站采集数据,获得了2009年春、2010年、2011年、2012年和2013年的气象资料,表2-9中列出了2009—2012年的夏季最高气温、冬季最低气温、年平均气温以及年温差数据资料。

图2-4和图2-5所示为2010年及2011年全年的日最高气温、日最低气温及平均气温随时间变化的散点图。锡林浩特的可施工日期仅集中在5月到9月之间,除此之外夜间可能会出现负温。

2009—2012 年的气象资料(℃) 表 2-9

年　　份	夏季最高气温	冬季最低气温	年平均气温	年　温　差
2009	24.9	-34.7	-8.4	59.6
2010	29.6	-38.1	-7.43	67.7
2011	35.1	-32.7	0.22	67.8
2012	31.4	-33.4	-7.01	64.8

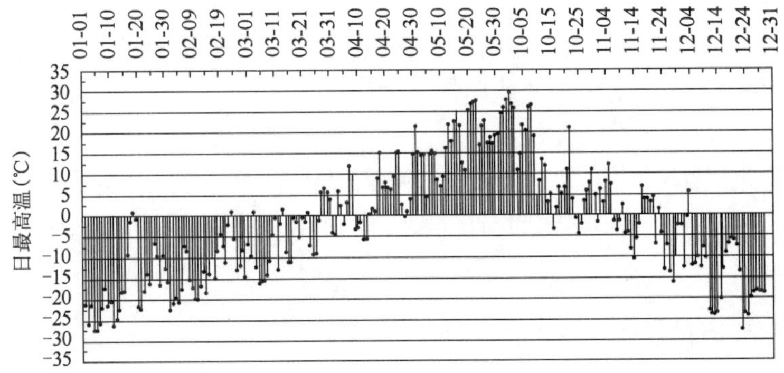

a) 日最高气温

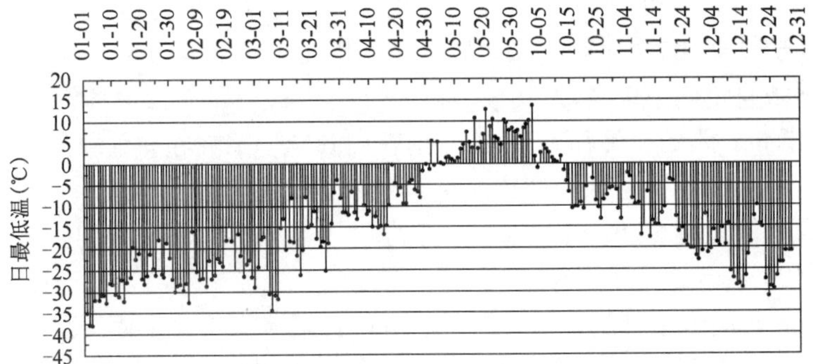

b) 日最低气温

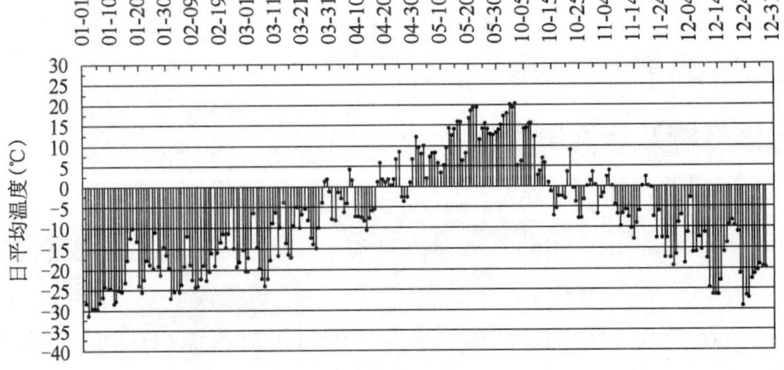

c) 日平均气温

图 2-4　2010 年日最高温度、日最低温度及平均温度散点图

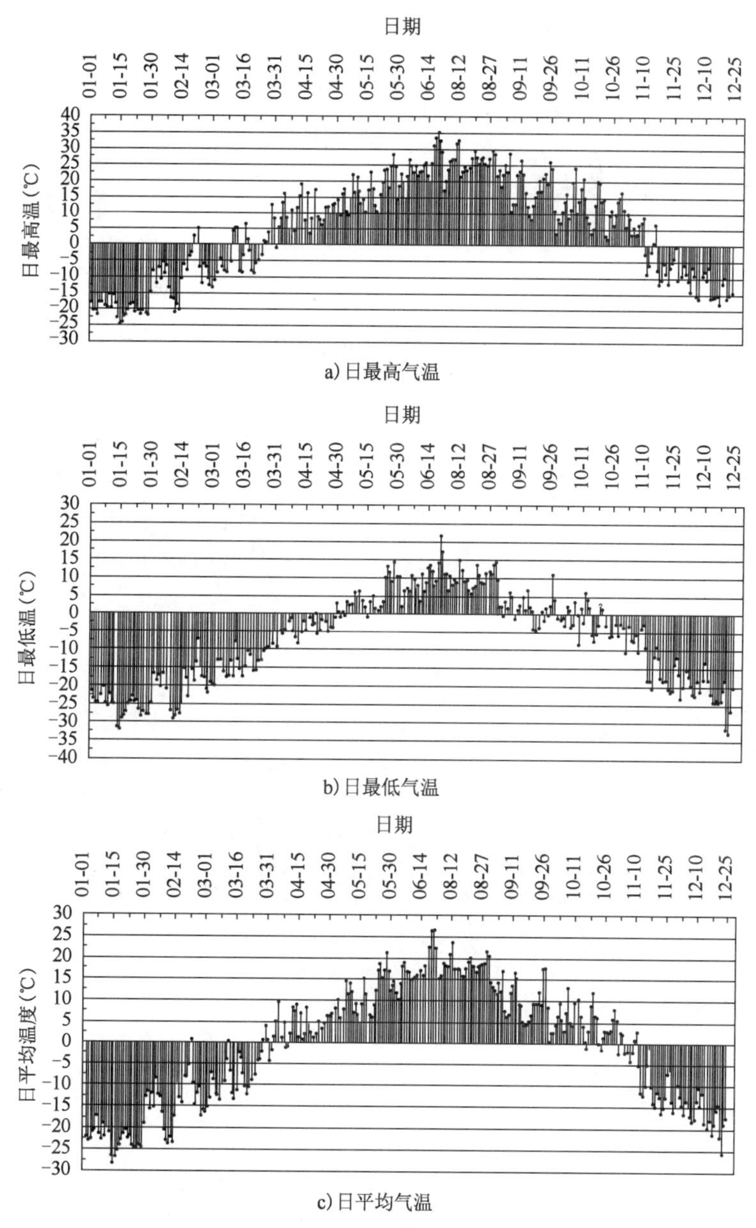

a) 日最高气温

b) 日最低气温

c) 日平均气温

图 2-5　2011 年日最高气温、日最低气温及平均气温散点图

锡林浩特的昼夜温差较大,即使在夏季施工期间也有 20℃ ~25℃的温差,如此大的温差对于水泥混凝土路面早期硬化和后期运营阶段都极为不利。图 2-6 所示为按月整理的 2011 年昼夜温度随时间变化的趋势图。

2.5.4　环境因素对施工的影响

施工时,影响水泥混凝土路面质量的环境因素包括太阳辐射、降雨、蒸发量、湿度和风速等。

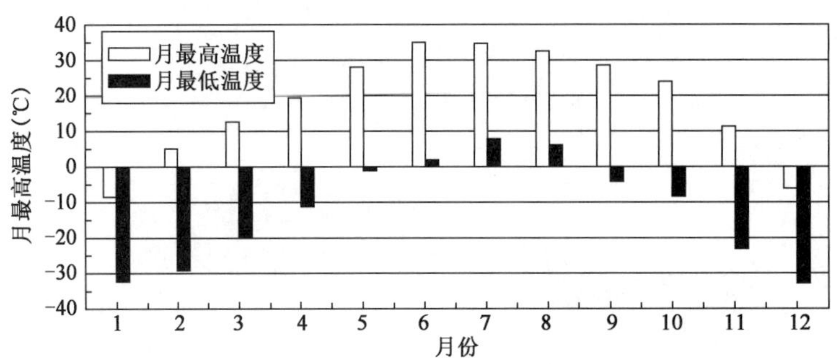

图 2-6　按月整理的 2011 年昼夜温度随时间变化的趋势图

1)施工阶段的太阳辐射

按照白天采集到的有效数据计算月平均辐射量值(图 2-7)。每年太阳辐射量最大的月份为 6、7、8,此时正值夏季。春秋季节较短,冬季太阳辐射量最小,但持续时间较长。可见太阳辐射量的四季特征明显。从各个季节全天 24h 太阳辐射的统计值中可以看出,锡林浩特夏季日照时间较长,最长可达 17h;春秋季节在 12h 左右;冬季日照时间在 10h 左右。图 2-8 所示为夏季 6 月份的日平均照射时间直方图。

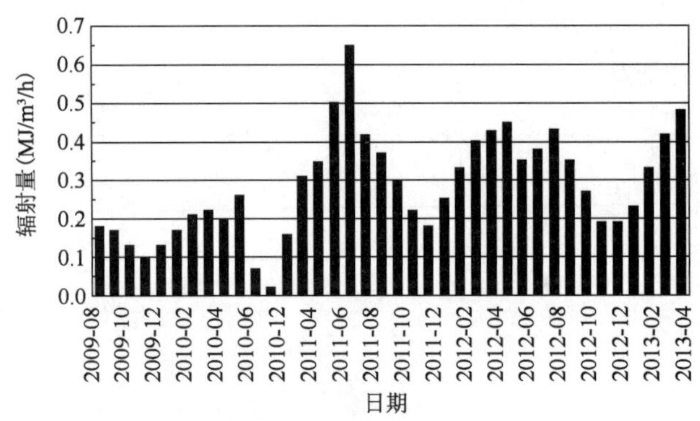

图 2-7　月平均辐射值直方图(2009—2013 年)

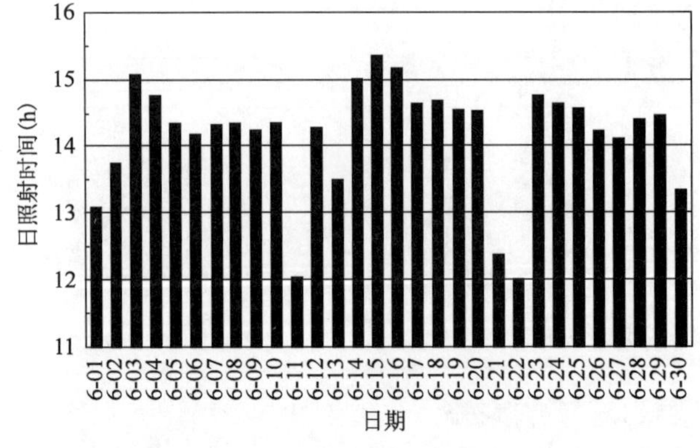

图 2-8　日平均照射时间直方图(6 月份)

2)夏季降雨、湿度和风速

锡林浩特降雨时间大都集中在春夏季节,月平均降雨量为 24.9mm,较低年份年降雨量为

299.8mm。图2-9为当地月降雨量直方图,每年的5—8月份降雨量较大,而其他月份降雨量很少。此地区夏季降雨频繁,历时强度大,但总降雨量很少;施工季受到的影响相对要小一些。

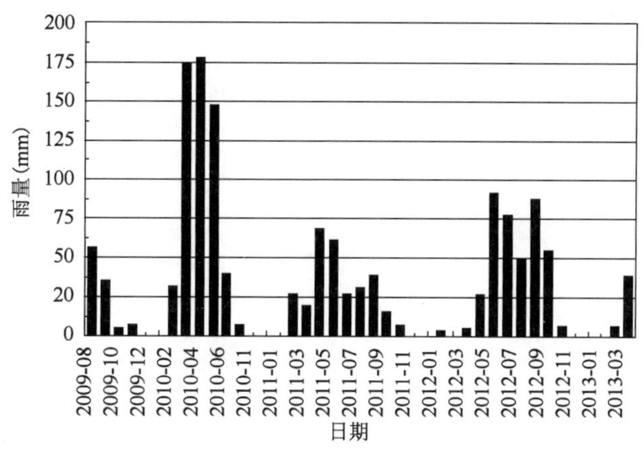

图2-9 月降雨量直方图

环境湿度调查同样采用全天24h监测,每天下午15—16时左右环境湿度最低。月平均湿度最低值为16.1%,出现在10月份,年环境湿度平均值为30.3%。整年内白天湿度要低于夜间湿度,全年夜间湿度均高于60%。而在夏季夜间湿度高于80%,白天湿度低于70%,白天湿度太小不适宜水泥混凝土路面的养生。根据施工规范要求,夏季宜选择夜间施工,见图2-10。

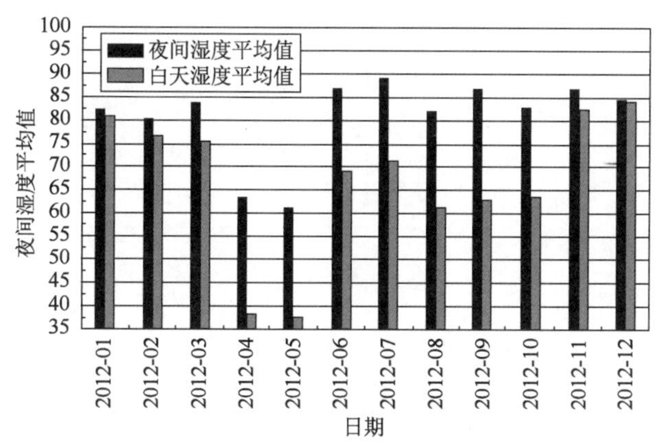

图2-10 昼夜湿度直方图

3)平均风速和风速昼夜分布

图2-11为内蒙古白霍沿线的风玫瑰图,图2-12为昼夜风速图。

从全年的白天和夜间风速平均值对比可看出,锡林浩特白天风速均要大于夜间风速;冬季风速大,夏季风速小。冬季白天和夜间风速均值相差较小;夏季白天和夜间风速均值相差较大,夏季白天风速超过1.6m/s,而夜间风速低于0.5m/s。风速小于1.5m/s,可正常施工,喷洒一遍养生剂即可;而当风速在1.6~3.3m/s范围内时,需喷洒多遍养生剂。选择夏季夜间施工较适宜,既可节省养生剂,又可以避免夏季白天高温和太阳辐射及温度应力循环。图2-13

所示为2012年8月风速分布图。

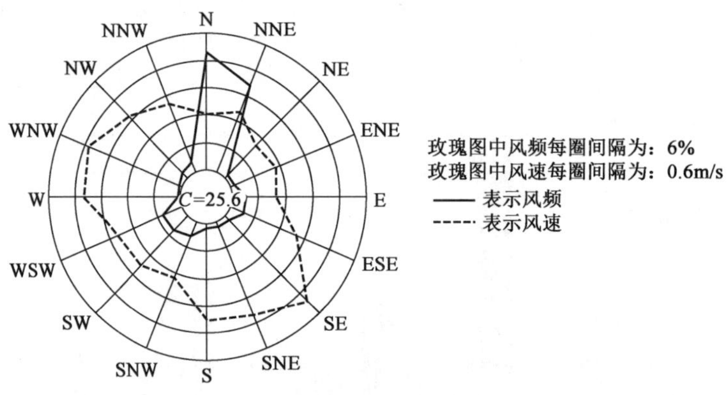

图2-11　2012年夏季内蒙古白霍风玫瑰图

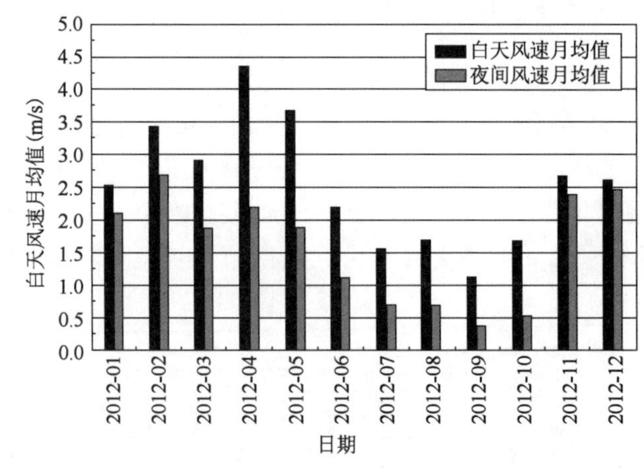

图2-12　昼夜风速图

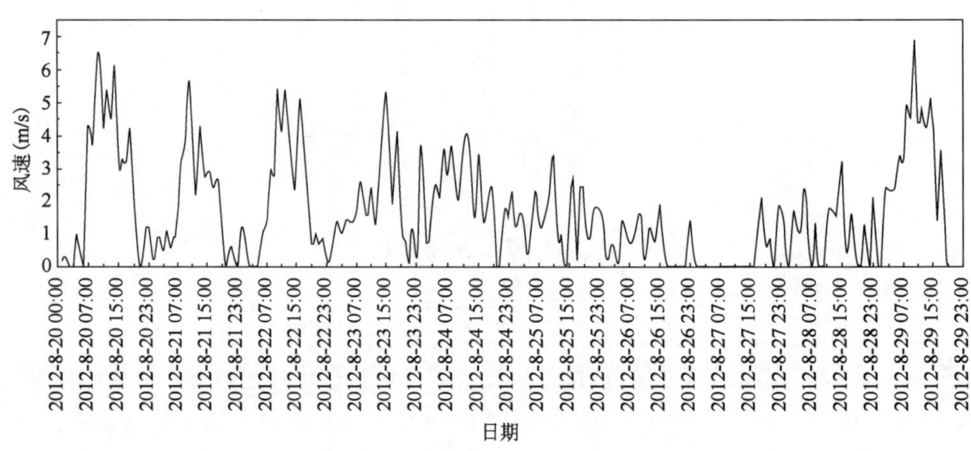

图2-13　2012年8月风速图

4)温度梯度规律

路面温度梯度是指路面内部温度随深度方向的变化率,是公路水泥混凝土路面设计过程中计算路面板温度翘曲应力的主要参数。温度梯度的大小直接决定了水泥混凝土路面板最大翘曲应力的大小,进而影响水泥混凝土路面结构的组合设计以及路面板厚度的确定。

由于混凝土路面内不同深度位置温度随季节而波动,导致了不同季节混凝土板内温度梯度的差异,表2-10列出了各个季节内混凝土板内部正、负温度梯度的变化值。由于锡林浩特夏季日晒强度较高,路面板表面与空气直接接触,温度上升较快。而混凝土板热量的传递仍需要一段时间,导致板底峰值的变化存在一定的滞后现象。锡林浩特路面温度梯度最大值集中出现在夏季。

不同季节混凝土板内不同深度正/负平均温度梯度(℃/m)　　表2-10

深度(cm)	正/负	春季(3~5月)	夏季(6~8月)	秋季(9~11月)	冬季(12~次年2月)
16	正	20.00	58.75	47.50	2.5
	负	-9.37	-28.75	-28.12	-11.87
32	正	10.63	35.10	25.10	
	负	-8.12	-18.13	-15.01	-10.85

冬季锡林浩特普遍以大雪天气为主,日晒时间短,路面常有积雪覆盖,路表面受太阳辐射程度低,路面板温度变化较为稳定。

图2-14所示为2011年整年32cm板厚的温度梯度频次图。温度梯度在-28~44℃/m范围内,其中在-18~-2℃/m范围内的温度梯度值出现频次比较多,在14~30℃/m范围内温度梯度值出现频次也比较频繁,而在其他范围内出现次数相对较少。

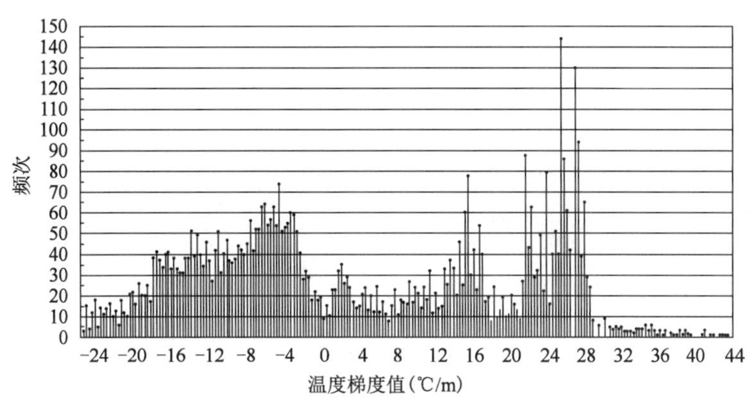

图2-14　水泥混凝土路面板内温度梯度分布频次图(32cm板,2011年)

板上部受到膨胀应力,板下部受到收缩应力的时间也比较长,而梯度为零出现的次数则很少。冬季面板上部受收缩应力时间长,夏季面板上部受膨胀应力时间较长。在铺筑的水泥混凝土路面尚未硬化的情况下,应选择合理的施工时间,尽量避免路面硬化过程中承受交替应力。

5)环境的影响

锡林浩特西乌珠穆沁旗地区季节正负温交替频繁(表2-11),冻融循环次数和极限低温对混凝土提出更高的要求。同时为了通行安全,撒融雪剂,对混凝土也提出更高的要求。

季节正负温交替次数

表 2-11

月　份	次　数	月　份	次　数	月　份	次　数	月　份	次　数
2009-09	6	2010-10	35	2011-08	0	2012-06	0
2009-10	47	2010-11	22	2011-09	20	2012-07	0
2009-11	6	2010-12	4	2011-10	43	2012-08	0
2009-12	0	2011-01	0	2011-11	27	2012-09	2
2010-01	2	2011-02	7	2011-12	0	2012-10	37
2010-02	4	2011-03	16	2012-01	0	2012-11	16
2010-03	13	2011-04	48	2012-02	0	2012-12	0
2010-04	37	2011-05	9	2012-03	4	2013-01	0
2010-05	6	2011-06	0	2012-04	40	2013-02	0
2010-06	0	2011-07	0	2012-05	14	2013-03	14

根据混凝土路面结构观测数据，深度 44cm 处冬季的温度为 -10℃左右(图 2-15)；深度 90cm 处冬季的温度为 -8℃左右(图 2-16)，本地区的冻深厚度一般为 2.5 ~ 3.0m。

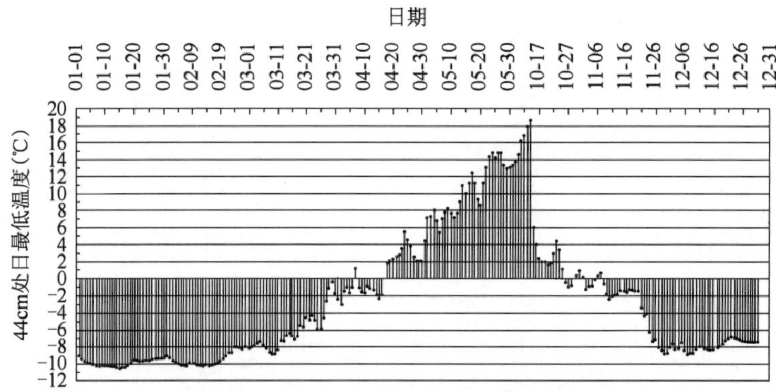

图 2-15　深度 44cm 处日最低温度

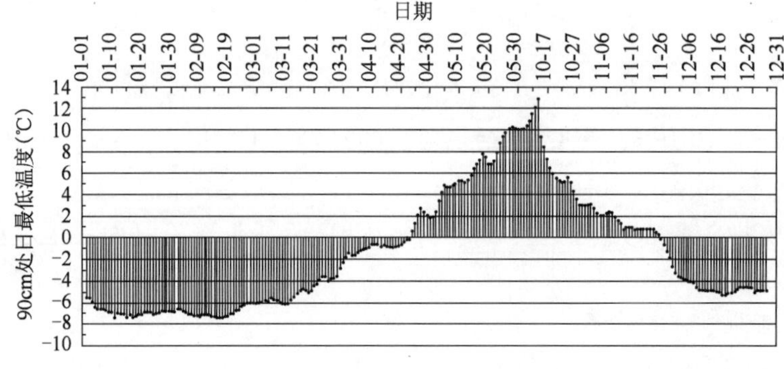

图 2-16　深度 90cm 处日最低温度

2.6 沿线地质与水文条件

2.6.1 水文

锡林浩特地区内地表水主要为河流,少部分为湿地。河流、湿地均为季节性地表水体,冬季完全封冻。补给来源主要为大气降水、融雪水补给及地下水补给。排泄方式以蒸发、补给地下水及人工用水为主;湿地以蒸发为主。

霍林河的主要地表水——发源于扎鲁特旗西北部福特勒罕山北麓,流向东北,经霍林郭勒市后折向正东,在科右中旗吐列毛都与南来的坤都冷河汇合,再折向东南,流经白音胡硕、高力板、通榆,入查干泡子,在大安市以下汇入嫩江。干流全长590km,流域面积27840km^2,其中在内蒙古自治区境内为12000km^2,长度为352km。河道平均比降2.8‰。流域地貌类型属山区地形,植被覆盖率为60%,平均高程为1093m。最大冰厚为1.63m,开河日期一般在每年3月,封河日期一般在每年11月,多年平均封冻天数为99d,多年平均流冰期为44d。

地下水类型主要为第四系孔隙潜水及基岩裂隙水。第四系孔隙潜水:平原区以重力水形式赋存于砂卵石层中,局部略具承压性,水位埋深1~3m,为矿化度小于1g/L的SO_4^{2-}、Cl^-、Mg^{2+}、Ca^{2+}、K^+、Na^+型水。本次仅在湿地附近及河流附近见到地下水;堆积台地处主要以重力水形式赋存于砂类土层当中。补给来源主要为大气降水,其次为河流补给及冰雪融水。排泄方式主要为蒸发,其次为地表水溢出。基岩裂隙水:分布于沿线的基岩裂隙及构造带中,赋存于白垩系砂砾岩中。多层结构,分水层厚度较薄,表现出内陆湖相沉积的特征。水量较丰富,具承压水,盆地中水头可达到地面下8~10m,补给以大气降水及越流补给为主,排泄方式以向低洼处排泄为主。

2.6.2 土壤

地表多为残坡积、冲洪积及少量风积等。沿线主要分布为砂类土(粉细砂),少部分为黏性土或碎石类土,结构疏松,地下水位较深。部分沿河谷平坦、低洼地段,主要分布粉性土,地下水位较高,形成下湿地或表层软弱土,造成公路翻浆。

除个别牧民聚居处生长少量乔木外,主要为草地,草原发育良好,尤以下湿地以及地下水位较高的沟谷洼地较为丰茂。

一般表层草皮或腐殖土层厚30~60cm,草皮下为20~50cm亚砂土,亚黏土,次为砂土、碎石土等。

2.6.3 区域工程地质条件

处于天山—兴蒙地槽系,分布基岩种类较多,有第四系沉积物;第三系、白垩系、侏罗系、石炭—二叠系的沉积岩;有不同时代的火山岩、火山碎屑岩;而且分布从古生代到新生代、从超基性到酸性的侵入岩。

1)第四系全新统沉积物

其主要分布于拟选线路的中低山区及剥蚀堆积区,为粉土、中砂、碎石土等,粒径混杂,绝大部分呈干～稍湿，中密～密实状态。

2）第三系

第三系地层主要分布在冲积平原区，根据矿区开挖及区调资料，主要地层为泥灰岩，呈“云朵状”分布于黏土岩和钙质黏土岩之间，部分地段分布泥岩、泥质粉砂岩。

3）白垩系（K_1）

该地层局部分布，固阳组岩性主要为灰白色砂砾岩、砂岩等，节理裂隙发育，风化强烈、破碎。梅勒图组、大磨拐河组以玄武岩及安山岩为主。

4）侏罗系（J_3）

其分布于霍林郭勒市及西乌珠穆沁旗周边，主要为中酸性火山岩、凝灰岩、玄武岩、安山岩及流纹岩等，较为坚硬，一般为块状构造。

5）二叠系（P_{1+2}）

局部分布，主要岩性为凝灰质砂岩、凝灰质板岩，哲斯组主要为碎屑岩、灰岩等。

6）石炭系（C_3）

区内主要分布本巴图组及阿木山组，本巴图组主要由粗碎屑岩组成；阿木山组为碳酸盐岩沉积。

区内侵入岩比较发育，按形成先后可分为华力西期、印支期、燕山期。其中尤以华力西期、燕山期侵入体相对发育，岩性从基性到酸性，以基性侵入岩为主；印支期侵入岩相对不甚发育，以酸性岩为主。

2.6.4 工程地质分区

依据地形、地貌类型、地层岩性及水文地质条件，结合沿线道路地质病害的类型及其分布特征，将全线划分为3种工程地质类型、20个工程地质段。各工程分区的地段如下：

（1）中低山区（山间凹地）：桩号K14+800～K16+500、K41+800～K46+800、K65+200～K67+100、K92+100～K99+000，全长15.5km。海拔高度大于1050m，覆盖层厚度数米至十余米，主要为细粒土，部分为含碎石的砂类土。下伏基岩为玄武岩、凝灰岩及火山碎屑岩。该路段地基承载力较高，是良好的路基持力层；局部存在风积雪，无其他地质病害，属工程地质条件较好路段。

（2）低山堆积台地：海拔高度1000～1050m，上部为第四系全新统冲、坡积物（Q_{4al+dl}），以细粒土（砂类土及黏性土）为主，局部为粗粒土，覆盖层厚度0～15m。下伏为火山岩或火山碎屑岩。该路段水文地质条件简单，地下水对路基基本无危害，局部山间汇水处存在小面积季节性湿地，春冬交替时可能形成翻浆等道路病害，但较为轻微。局部存在风积雪的危害，属工程地质条件稳定地段。该路段全长32.45km。

（3）冲积高平原（河谷地区）：海拔高度小于1000m。地层结构：上部为第四系全新统冲积物（Q_4^{al}），主要为粉土、粉砂和中细砂，局部粉土与砂类土互层，厚度数米至数十米。下部为白垩系泥岩、砂岩等。该区段有两条季节性河流通过，在河流两侧该路段低洼处形成季节性湿地，对路基的稳定性影响较大。季节性冻土对路基也将产生一定影响。

2.7　本章小结

通过设立公路气象站,铺筑气象观测试验路,对太阳辐射、环境温度、湿度、风速、风向、降雨量、蒸发量、路面内部温度进行了长期观测,经过科学分析,总结如下:

(1)太阳辐射数据:锡林浩特夏季日照时间较长,最长可达17h;春秋季节在12h左右;冬季日照时间在10h左右。

(2)锡林浩特月平均湿度最低值为16.1%,出现在10月份;年环境湿度平均值为30.3%。

(3)随着路面深度的增加,路面板内温度梯度的变化幅度逐渐减小,最高点和最低点的位置相对后延。越靠近路面板的顶端,温度梯度的变化幅值越大,混凝土受到的温度应力也更加明显。

第3章　严寒地区重载水泥混凝土路面结构分析

水泥混凝土路面设计包含结构组合、路基工作区深度及要求、设计方法(包括荷载应力计算、温度应力计算)等方面。对于严寒地区重载水泥混凝土路面设计而言,还需要着重考虑重载荷载对路基的影响,并提出合适的路基工作区深度,考虑土基冻胀不均匀的影响;为了协调面层板与刚性基层之间的竖向变形以及缓解重载荷载驶经接缝时路面板的冲击作用,在面层板与刚性基层之间设置沥青混凝土功能层。

3.1　水泥混凝土路面荷载应力分析

《水泥混凝土路面设计规范》(JTG D40—2002)基于弹性薄板理论,采用半空间地基假设,通过分析比较得出路面板纵缝边缘中部底面为结构临界点位置,建立以控制纵缝边缘中部临界点综合应力不超过水泥混凝土弯拉强度的设计准则,据此进行水泥混凝土路面结构厚度设计,为保证路面质量发挥了重要作用。

对于重载水泥混凝土路面结构,由于交通荷载(特重)条件与混凝土路面分析时的条件已有很大的不同,表现为大轴重(单轴高达20~30t)、高轮压(1.2~1.5MPa)、多轴化(双联轴、三联轴车比例高)的趋势;相应地结构组合也发生了变化,刚性、半刚性基层普遍应用。这些新的变化情况,在混凝土路面分析与设计中只得到部分反映或完全不能反映,因而出现问题。具体表现在如下几个方面:

(1)刚性、半刚性材料(碾压混凝土、贫混凝土、水泥稳定碎石、二灰稳定碎石等)大量采用作为基层,基层平面尺寸往往较面层大。而规范只能考虑等尺寸双层板,不能考虑基层的超宽效应。

(2)在面层和基层之间设置有隔离层或运营过程中面层和基层之间的接触出现松动,即面层与基层之间的层间接触条件为竖向受拉可脱开、受压连续的情况。而规范只考虑层间完全结合或层间竖向连续、水平光滑的两种极端接触条件。

(3)无机结合料稳定碎石基层和沥青结合料类基层的刚度,比底基层和路床刚度大很多。规范将这两种基层与下卧结构层和路基组合成弹性地基,也会使地基综合模量和面层板的应力分析结果出现较大的偏差。

因此,针对当前水泥混凝土路面结构尺寸、层间接触状况和材料的新变化,本书在有关方面进行了研究,包括:建立更为符合实际的不等平面尺寸双层结构模型,分析轴载作用下水泥混凝土面层和基层最大荷载应力的位置、大小和对应的荷位,探讨基层超宽和荷载内移对面层和基层自身荷载应力的影响规律以及温度梯度和荷载耦合作用下的结构临界点位置变化;进而给出水泥混凝土路面结构(面层、基层)荷载应力、疲劳荷载应力近似计算式。为水泥混凝土路面的可持续性发展,为设计耐久性的水泥混凝土路面提供理论依据。

3.1.1 水泥混凝土路面力学模型

《公路水泥混凝土路面设计规范》(JTG D40—2002)中对重载交通的水泥混凝土路面推荐采用耐冲刷的刚性、半刚性基层或沥青类基层。刚性、半刚性基层上水泥混凝土路面结构的荷载应力和温度应力是采用同平面尺寸双层板模型分析的,面层与基层层间接触假设为竖向连续,水平向除面、基层同时浇筑且平面尺寸相同时视为连续之外,假设光滑无摩阻。这种处理不能考虑实际基层平面尺寸大于面层尺寸的基层超宽效应,也无法考虑面层与基层之间层间受拉时出现分离的情况。不计水泥混凝土路面基层超宽效应和面层与基层之间层间竖向可能的分离现象,会使水泥混凝土路面结构的荷载应力与温度应力计算结果失真,从而导致无法正确选择基层材料和确定路面结构厚度。因此,建立合理适用的力学分析模型,对水泥混凝土路面结构响应进行深入的分析是十分必要的和迫切的。

1)混凝土路面结构力学模型回顾

哥尔德贝克(Goldbeck,1919)和欧尔德(C. Older,1924)根据板角隅最易破坏的观察结果,假设路面为悬臂梁,在角隅上作用一集中荷载,推导了设计刚性路面的简易公式,这是路面板力学计算方面最早的工作。赫兹(H. Hertz,1884)提出液体地基支承板理论。1926 年到 1948 年间,威斯特卡德(H. M. Westergaard)对混凝土路面的应力、挠度做了广泛的研究,基于稠密液体地基上无限大板或半无限大板假设,推导了温度翘曲及三种荷载情况下的计算公式。皮克(Pickett,1951)给出弹性半空间地基板理论。对于 Winkler 地基上的矩形板,冯·考威勒特(van Cauwelaert,1989)提出了考虑板边缘处不同的剪力传递条件(无剪力传递、部分剪力传递及全部剪力传递),矩形均布荷载作用于板上任意位置时,板各点的应力、挠度计算式。梁兴复和曲庆璋等(1992)采用双三角级数法得到了 Winkler 地基上四边自由矩形板的一般精确解。上述理论除第一个外均假设板与土基完全接触,然而,由于唧泥、温度和湿度翘曲的影响,板与土基有时是不接触的,因而这些理论在处理脱空状态下的混凝土路面板的力学计算时显得无能为力。

由于实际问题的复杂性,诸如复杂边界条件,接缝传力杆传荷,多荷载构形及位置变化,基层、地基等力学性质各异表现出非线性性状,特别是因板底下唧泥、混凝土板温度或湿度翘曲变形和基层塑性累积变形等引起的脱空问题,理论解法都难以处理,或者勉强采用近似处理,但计算结果失真。

随着计算机和数值法的发展,人们开发了一些基于部分接触的分析方法:哈德逊(Hudson,1966)和马特洛克(Matlock,1966)应用了离散单元法,并假设土基是稠密液体,把板看作是由弹性节点、钢杆和扭杆组成的,对地基板荷载应力进行了分析。赛克西纳(Saxena,1973)将此法应用于分析弹性固体地基上的板。张(Cheung)和森克维奇(Zienkiewicz)于 1965 年推导了分析液体和固体两种弹性地基上板的有限元法。20 世纪 70 年代起,S. K. Wang、黄仰贤、Eberhardt、S. T. Wang 等人先后将有限元法应用于水泥混凝土路面,分析了 Winkler 地基、弹性半空间地基、层状地基上混凝土路面的挠度和应力,探讨了接缝传荷和地基部分脱空等情况的计算方法。我国从 20 世纪 70 年代后期起,同济大学姚祖康等人开始应用有限元法,用于混凝土路面的计算分析,取得了大量的成果。

混凝土路面板为有限尺寸,其地基支承条件、边界条件及混凝土板块间传荷形式非常复杂。在重载作用下,雨水沿接缝下渗,将引起水泥混凝土面层与基层,甚至基层与底基层之间接触的不连续(脱空),如何应用有限元法结合 FWD 实测反演,快速、简便、有效地判别脱空区及脱空量大小、建立脱空评价指标是当前的热门课题。

由于车辆运行速度的提高,路面不平整引起的车辆随机振动效应变得显著,国外,路面结构分析正由静力学研究朝动力学方向发展;国内,同济大学谈至明等人基于可靠度分析,探讨了动荷疲劳效应。东南大学孙璐、邓学钧等人在路—车相互作用的系统动力学方面进行了有益的探索。如何在有限元算法里考虑随机动荷效应,考虑脱空状态下的水泥混凝土板由随机动荷效应导致的早期断板也是一个热门课题。

自 20 世纪 90 年代以来,由于计算机技术的飞速发展,人们已经能够舍弃薄板的有关假设直接建立路面结构的三维模型,并应用实体单元求得路面结构在车辆荷载和温度变化作用下的结构应力;三维模型能考虑面层与基层之间,基层与底基层之间的复杂层间接触条件影响。相关的三维刚性铺面有限元专用计算程序有美国的 EverFE。采用三维模型,可以研究路面结构层间接触条件对刚度弱化的影响。

水泥混凝土路面板为承重结构,面层板被接缝划分为有限尺寸的矩形板,平面方向上的尺度远大于厚度方向上的尺度,板块间或者通过集料嵌锁作用传荷,或者以传力杆、拉杆等连接传荷。早期的水泥混凝土面层板通常置于土基上或略加处理的基层上,近年来,半刚性材料(水泥稳定粒料、石灰-粉煤灰稳定粒料、碾压混凝土、贫混凝土等)广泛用作刚性铺面的基层。由于路面板的板体性强、抗弯刚度大,在交通荷载作用下,路面板变形很小(小于 1mm),进行结构分析时,需针对实际的路面结构和各结构层的材料特性建立合理的力学模型。已建立的水泥混凝土路面结构力学模型包括弹性地基薄板、中厚板模型(Winkler 地基、半空间地基),Pasternak 地基板模型、有弹性层状体系模型以及三维实体模型。

(1)地基薄板理论

地基薄板理论将刚度大的水泥混凝土面层看作支承于地基上的小挠度弹性板,对面层板及地基做如下假定:

①板为具有弹性常数 E(弹性模量)和 μ(泊松比)的等厚弹性体;

②作用于板上的荷载,其施压面的最小边长或直径大于板厚时,可近似地忽略竖向压缩应变和剪应变的影响,而利用薄板(或中厚板)弯曲理论进行分析;施压面尺寸小于板厚时,需采用厚板理论分析,或者依据厚板理论对薄板理论的计算结果进行修正;

③在荷载作用下,在未脱空时,板同地基的接触保持完全连续,板的挠度即为地基顶面的挠度;在脱空时,脱空区的板同地基的接触情况随荷载作用大小、脱空范围、脱空量、地基反应模量 k 或地基弹性模量 E 及泊松比 μ、板的抗弯刚度等因素而变化,未脱空区的板同地基接触仍然保持完全连续。

在研究板顶面受到局部荷载作用的薄板弯曲问题时,通常采用 3 个基本假设:

①中面内各点无平行于中面的位移;

②弯曲前垂直于板中平面的直线纤维,在弯曲后仍保持为直线并垂直于中曲面,因而,横向剪切应变 $\gamma_{xz}=\gamma_{yz}=0$;

③同其他应力分量和应变分量相比，垂直于中面方向的正应力 σ_z 和正应变 ε_z 很小，可以忽略不计。

由几何方程、本构关系及平衡方程，可建立薄板在局部荷载 $p(x,y)$ 和地基反力 $q(x,y)$ 作用下弯曲时的挠曲面微分方程如下：

$$D\nabla^2\nabla^2W(x,y)=p(x,y)-q(x,y) \tag{3-1}$$

式中：$W(x,y)$——板的挠度；

$p(x,y)$——薄板上作用的荷载；

$q(x,y)$——地基反力。

板的弯曲刚度

$$D=\frac{Eh^3}{12(1-\mu^2)}$$

笛卡儿坐标形式的 Laplace 算子

$$\nabla^2=\frac{\partial^2}{\partial x^2}+\frac{\partial^2}{\partial y^2}$$

式中：E,μ,h——板弹性模量、泊松比和厚度。

根据对地基反力假设的不同，分为 Winkler 地基板、Kelvin 地基板以及弹性半空间地基板等，如图 3-1 所示。

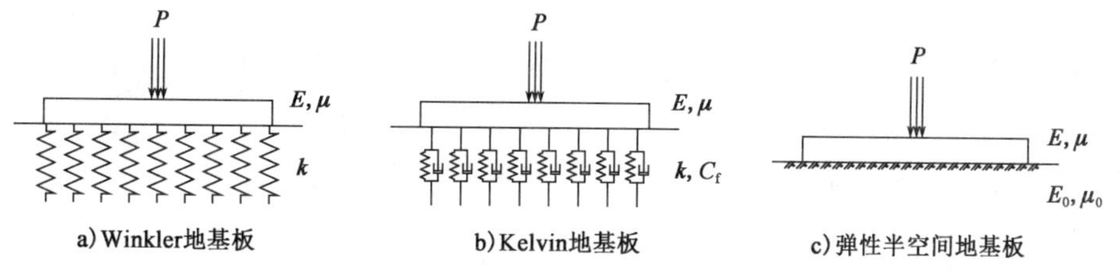

图 3-1　地基薄板模型

(2) 中厚板理论

随着板厚度的增加，沿板厚方向的剪切变形不能忽略，若仍采用薄板理论进行分析，计算结果的误差将明显增大。为计及横向剪切变形的影响，很多学者进行过研究，提出了各种板的精化理论，即中厚板理论。其中，较广泛应用的有 Reissner 理论，该理论仍假设应力分量 σ_x，σ_y，$\tau_{xy}=\tau_{yx}$ 在中面上等于零，且沿板厚度方向（z 方向）呈直线分布，横向剪应力 τ_{xz}、τ_{yz} 沿板厚方向按二次抛物线分布，z 方向的正应力 σ_z 由弹性理论平衡微分第三式积分求得。对板进行几何分析时，将不再忽略横向剪切变形，为了简化分析，引入“平均位移”的概念，认为任一横截面上的内力在其相应的平均位移上做的功等于同一横截面上的应力分量在相应的实际位移上做的功。对于 Winkler 地基板，简化后的控制微分方程为：

$$\nabla^2\nabla^2F(x,y)-\frac{k}{C}\nabla^2F(x,y)+\frac{k}{D}F(x,y)=\frac{1}{D}q(x,y) \tag{3-2}$$

$$\nabla^2G(x,y)-\frac{2C}{D(1-\mu)}G(x,y)=0 \tag{3-3}$$

而三个广义位移为：

$$w(x,y)=F(x,y)-\frac{D}{C}\nabla^2F(x,y) \tag{3-4}$$

$$\psi_x = \frac{\partial F(x,y)}{\partial x} + \frac{\partial G(x,y)}{\partial y} \tag{3-5}$$

$$\psi_y = \frac{\partial F(x,y)}{\partial y} - \frac{\partial G(x,y)}{\partial x} \tag{3-6}$$

式中：$F(x,y)$,$G(x,y)$——引入的两个函数；

k——地基反应模量；

C——板的抗剪刚度；

D——板的抗弯曲刚度；

ψ_x、ψ_y——变形前垂直板中平面的直线段在变形后在 x_z面、y_z面内的转角。

对于中厚板而言，由于控制微分方程、相应的边界条件的复杂性，能求得解析解的很少，一般需用数值方法求解。

对于双层板的情况，如混凝土路面的基层采用刚度大、板体性好的材料，可近似地当作弹性薄板处理的话，则路面结构可模型化为弹性地基上由面层和基层组成的双层板。旧混凝土路面上加铺新的混凝土面层时，也可将此结构看作弹性地基上的双层板。层间接触状况有三种情况：

①分离式——层间无摩擦力；

②结合式——上下层接触面的位移完全连续；

③半结合式——介于分离式和结合式之间的一种状况。

通常采用刚度等效的原则，依据材料力学理论，将不同层间接触状况的双层板转换为刚度相当的单层板，按弹性地基上的当量单层板计算荷载作用下的应力，而后再按上下层的刚度计算各层所分担的弯矩和应力。半结合式的情况较为复杂，这种刚度等效方法的缺陷在于要求上下板平面尺寸相同，若不同则等效换算公式不能应用。

2）双层结构

直接将面层、基层视为支承于稠密液体地基之上的实体。以弹性力学的一般平衡微分方程、几何方程、本构关系及边界条件为基础建立三维实体分析模型，实体用 20 节点三维等参单元模拟，层间接触状况采用 8 节点平面等参单元模拟。力学图式如图 3-2 所示。

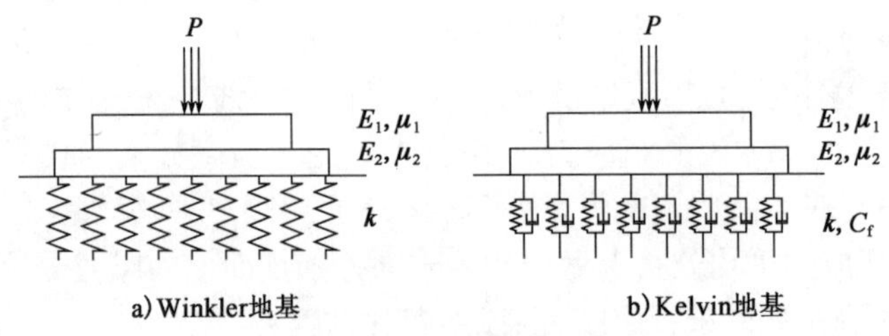

图 3-2　Winkler 和 Kelvin 地基实体模型

由于这种模型采用实体单元，而实体单元自由度较板单元的有显著增加。刚性铺面三维有限元程序 EverFE2.24 就是基于上述地基实体板理论建立的。程序中层间接触状况分为结合式、分离式和半结合式等，可以考虑接缝间传力杆的传荷作用、面层板温度翘曲效应，分析时不要求上下层板的尺寸保持一致，从而能考虑基层尺寸较面层板尺寸大时基层的影响。

3.1.2　不等平面尺寸双层板模型

1)力学模型

水泥混凝土路面结构为层状结构,除碾压式混凝土、高强的贫混凝土之外,基层纵向往往不设横缝,横向也一般不设纵缝,两侧视施工工艺而定,基层比面层均有不同程度的超宽。因此,水泥混凝土路面结构的力学分析模型可视为弹性地基上不等平面尺寸的双层结构。层间接触条件介于结合和分离之间的任意情形。面层接缝之间因拉杆、传力杆,和(或)混凝土接触面之间嵌锁而具有一定荷载传递能力。地基可采用 Winkler 假设(以下简称 k 地基),或弹性半空间体假设(以下简称 E 地基)。

图 3-3 为不等尺寸双层路面层板结构的力学模型示意图。图 3-3a)中,h_1、E_1、v_1分别为面层板的厚度、弹性模量和泊松比;h_2、E_2、v_2分别为基层的厚度、弹性模量和泊松比;$k(E_0$、$v_0)$为 k 地基的反应模量(E 地基的回弹模量、泊松比)。图 3-3b)中,L、B 分别为面层板长度与宽度;L_{a_1}、L_{a_2}、B_{a_1}、B_{a_2}分别表示四边的基层超宽量,δ 为接缝宽度。

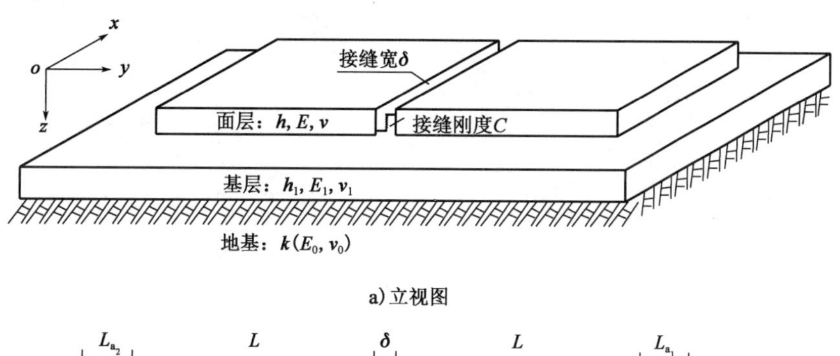

a)立视图

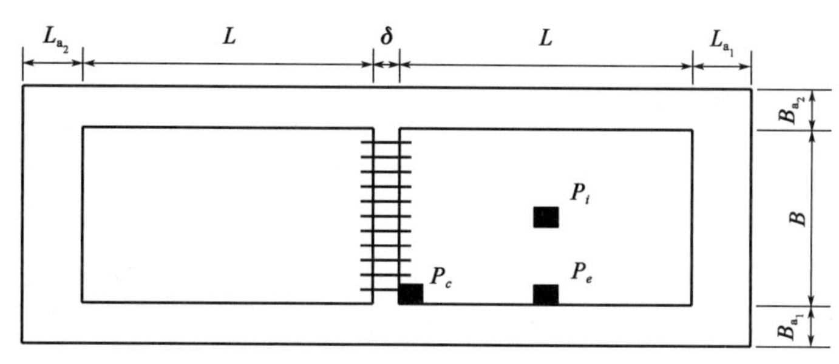

b)平视图

图 3-3　弹性地基不等平面尺寸双层板模型

面层与基层的层间竖向力 q 和水平向剪力 τ 应满足如下方程。

$$q=\begin{cases}k_{n0}^{c}\cdot\Delta v & q<0\\ k_{n0}^{l}\cdot\Delta v & q\geqslant 0\end{cases}\tag{3-7}$$

$$\tau=\begin{cases}k_{t0}\cdot\Delta u & \Delta u<\Delta u_0\\ k_{t0}\cdot\Delta u_0 & \Delta u\geqslant\Delta u_0\end{cases}\tag{3-8}$$

式中:k_{n0}^{c},k_{n0}^{l}——层间竖向受压与受拉时的弹簧刚度(MPa);

k_{t0}——层间水平向弹簧刚度(MPa);

Δv——层间竖向位移差;

Δu——层间水平位移差；

Δu_0——层间出现滑动时的临界位移差(图 3-4)。

图 3-4　层间滑动模型

2)模型网格划分与精度

考虑层间设封层或隔层及车辆荷载与温、湿度翘曲作用产生的松动效应，可假设面层与基层的层间接触条件为水平光滑无摩阻，竖向受压时连续，受拉时分离。路面结构分析应用有限元方法。面层和基层可采用较好反映单元弯曲形变的 20 节点实体单元或薄板单元。层间接触状况采用 8 节点(或 4 节点)接触单元。在考虑面、基层间竖向可能出现脱开时，采用迭代方法将层间拉力撤去。多块路面层板纵、横接缝间的荷载传递效应采用剪切弹簧模拟。地基采用弹簧单元(k 地基)或 20 节点实体单元(E 地基)。单块路面结构的实体模型网格划分见图 3-5。

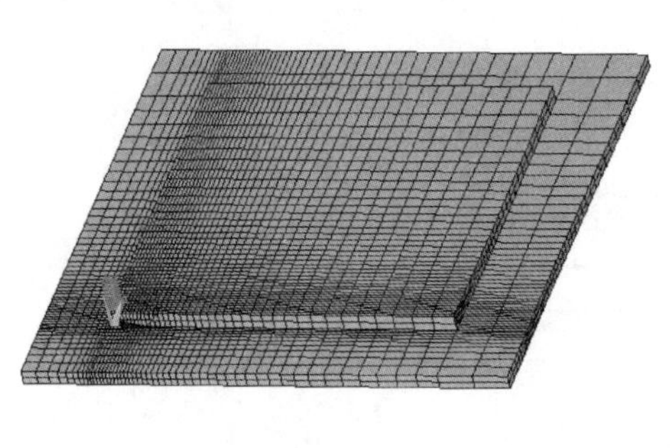

a) k地基

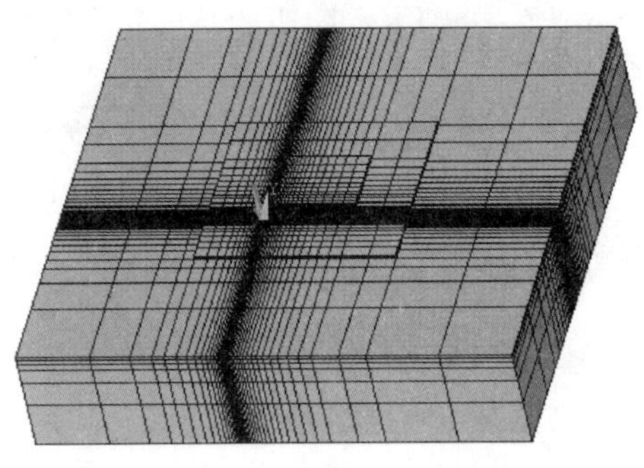

b) E地基

图 3-5　模型网格划分

通过典型不等平面尺寸双层结构在局部方形荷载位于面层边缘中部、角隅、板中央[图 3-3b)中的荷位 P_c、P_e、P_i]的算例，考察 20 节点实体单元和薄板单元解的收敛性与合适的单元尺寸。结构参数为：$L = B = 5\text{m}, h_1 = 0.22\text{m}, E_1 = 30000\text{MPa}, v_1 = 0.15; h_2 = 0.20\text{m}, E_2 = 3000\text{MPa}, v_2 = 0.25; k = 30\text{MN} \cdot \text{m}^{-3}; L_{a1} = L_{a2} = B_{a1} = B_{a2} = 1\text{m}$；局部方形荷载接地面积为 $0.04\text{m}^2; k_{t0} = 0, k_{n0}{}^{c} = 1 \times 104\text{GN} \cdot \text{m}^{-3}, k_{n0}{}^{1} = 1\text{N} \cdot \text{m}^{-3}$。

计算结果表明，采用薄板单元时，面层最大弯曲应力在单元平面尺寸小于 0.1m×0.1m 时的误差可控制在 2% 之内，而基层弯曲应力的收敛稍慢一些，单元平面尺寸需小于 0.05m×0.05m才能确保误差小于 2%；对于 20 节点实体单元来说，欲达到与薄板单元相近的精度要求，即误差小于 2%，除了平面尺寸与板单元相同之外，面、基层层厚方向还需划分为 4 层，见图 3-6。图 3-6 中的横坐标为单元平面长、宽尺寸，纵坐标 λ 是以单元平面尺寸 0.025m×0.025m为基准的弯曲应力相对比值。

3)面、基层单元类型的差异

20 节点实体单元与薄板单元具有相近的计算精度时，单元数是后者的 4 倍(厚度方向)，每一单元的自由度是后者的 5 倍，刚度矩阵比后者大 400 倍左右。经过简单处理，若薄板单元仍可适用于分析不等尺寸双层结构荷载应力问题，则分析精度更易保证，计算也更为简便。

假设由于忽略了薄板板厚方向拉压应力和截面剪应力引起的结构形变作用，荷载面积较小时，薄板假设的误差明显。对 k 地基单层板，荷载位于板中、板边缘中部时，忽略板厚方向拉压和剪应力效应，会使板底弯拉应力计算结果偏大，而荷载位于板角隅时，会造成板顶弯拉应力计算结果偏小。

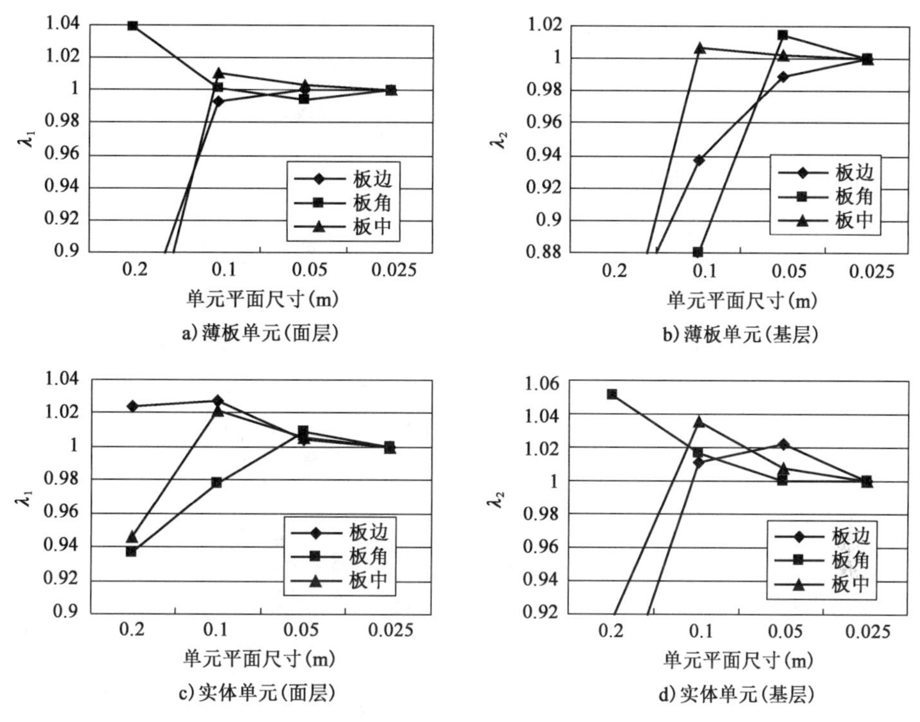

图 3-6 不等尺寸双层板弯曲应力比 λ 和单元尺寸关系

对于单圆荷载位于板中时的薄板假设误差，威氏(Westergaard,1933)提出了当量计算半径的修正方法，当量计算半径 b 的计算式为：

$$b=\begin{cases}\sqrt{\alpha\times a_1^2+H^2}-\beta\times H & a_1<\eta H\\ a_1 & a_1\geqslant\eta H\end{cases}$$

$$\eta=\frac{\beta+\sqrt{1-\alpha(1-\beta^2)}}{\alpha-1} \tag{3-9}$$

式中：a_1——实际单圆荷载半径(m)；

α——系数，可取 $\alpha=1.6$；

β——系数，可取 $\beta=0.675$；

H——板厚；

η——与 α、β 相关的换算系数。

对于无基层的单层结构而言，局部正方形荷载位于板中时的薄板单元与实体单元的计算结果比较表明，当荷载面积较小时，薄板解误差可能超过 10%；应用威氏的当量计算半径修正方法，可有效减少其误差；若将式(3-9)的系数 β 改为 0.65，则其误差可控制在 5‰以下，参见图 3-7a)。当荷载位于板边缘中部时，威氏修正方法的精度稍差，式(3-9)中的系数 α、β 分别取1.85、0.65时,薄板误差可控制在1%左右,参见图3-7b)。荷载位于板角隅时,实体单元的板顶最大弯拉应力较薄板解的大,且位置更靠近角隅。借用式(3-9)形式对实体的荷载半径进行修正,取系数 $\alpha=2.00$,$\beta=0.62$,可得到与薄板解十分接近的结果,参见图3-7c)。图3-7的结构计算参数为 $L=B=5\text{m}$,$h_1=0.22\text{m}$,$E_1=30000\text{MPa}$,$v_1=0.15$,$k=30\text{MN}\cdot\text{m}^{-3}$。

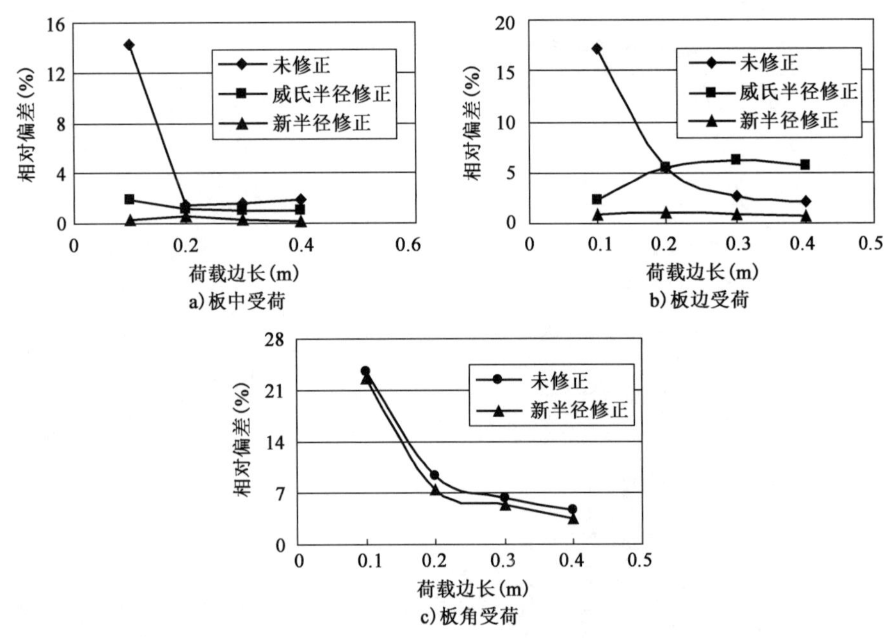

图3-7　薄板单元、实体单元与威氏公式结果比较的相对偏差图

荷载半径修正方法适用于其他单层结构,同时也适用于平面等尺寸双层板。在计算上层板弯拉应力时,当量荷载半径计算的板厚 H 用作上层板板厚 h_1,而计算下层板弯拉应力时,用作双层板的总厚度 h_1+h_2。不等尺寸的双层板板中受荷时,当量荷载半径公式仍适用,但对于板边、板角受荷,这种处理方法不再适用,其原因可能是这种处理方式无法反映面层边缘与超宽基层之间存在着的明显应力集中现象。因此,不等尺寸双层板的板边、角受荷时的结构响应需采用实体单元解求。

4)基层超宽影响

基层超宽对板中受荷的双层板结构的弯沉和应力均影响很小,可忽略。局部荷载位于面层板边缘中部时,只有临荷载侧的基层超宽对双层板结构弯沉和应力影响较大,而其他三边的基层超宽的影响均很小,可忽略;临荷载侧的基层超宽会使双层板弯沉下降,上层板弯曲应力下降,下层板最大弯曲应力的方向从垂直板边迅速转为平行板边,其值也随之快速上升。板角受荷时,与该角隅相对两边的基层超宽影响可忽略,而临该角隅两边的基层超宽会使双层板弯沉及上层板应力下降,下层板最大弯曲应力转向上层板角隅处,其值快速增大,见图3-8。图3-8中纵坐标 $\xi_{\sigma1}$、$\xi_{\sigma2}$ 分别为基层超宽时面、基层最大应力与无超宽时相应应力的比值。

不同荷位应力比随超宽变化的规律很相似,超宽量大于1m,双层板应力就基本不变。

进一步计算分析表明,双层板应力的收敛速度取决于超宽量 L_a 与基层相对刚度半径 r_2 之比值，当该比值大于2时，双层板应力变化基本收敛，而应力比收敛值同基层与面层的抗弯刚度比 $\lambda(=D_2/D_1)$、荷载位置等因素有关。

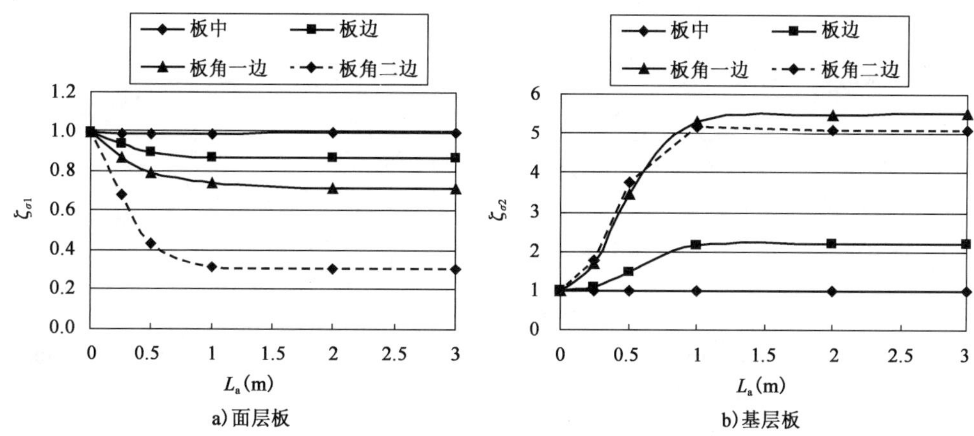

图3-8 面、基层应力比 ζ 与基层超宽 L_a 关系

面、基层弯曲刚度 D_1、D_2，及基层相对刚度半径 r_2 的计算式为：

$$D_i=\frac{E_i h_i^3}{12(1-v_i^2)} \qquad i=1,2$$

$$r_2=\begin{cases}\sqrt[4]{\dfrac{D_2}{k}} & (k\ \text{地基})\\[2ex] \sqrt[3]{\dfrac{2D_2(1-v_0^2)}{E_0}} & (E\ \text{地基})\end{cases} \tag{3-10}$$

式中有关变量的含义如前。

3.1.3 相邻板块之间相互影响

普通水泥混凝土路面的面层板被纵、横向接缝划分，接缝间因设拉杆、传力杆，或嵌锁作用而具有一定传递荷载能力，这种传递荷载能力对水泥混凝土路面结构应力和弯沉的影响可称之为邻板影响。在已往邻板影响的研究中存在着两大缺陷，一是忽略了基层的存在，将基层的荷载传递作用计入了接缝传递能力中；二是将面层与基层或地基之间视为可承受拉应力的连续体系，从而使基层或地基的变形扩散不适当地作为接缝荷载传递。这两种缺陷均夸大了接缝荷载传递能力，使得荷载应力分析结果失真。

接缝宽度 $\delta=10$mm，计算结果表明面层与基层层间接缝条件的影响是明显的，当接缝无传荷（接缝剪切刚度 $C_w=0$）时，层间连续条件下的双层板最大弯沉和面层、基层最大应力要比层间无拉力条件的小，其中，板边受荷时分别小24.5%、17.6%和8.3%，板角受荷时分别小12.8%、20.5%和15.2%，其原因是层间连续条件使邻板受到实际上不存在的向下拉力，从而基层被向上拉起的缘故；其次，由于面、基层连续，使得接缝两侧面层板之间无明显位移差，接缝剪切刚度 C_w 的作用被大大削弱，即便 C_w 值很大，面、基层最大应力只减小5%～10%左右；

在层间无拉力条件下，在基层变形剧烈区域，邻板因不会跟随基层变形而出现脱空，接缝两侧面层板位移差明显，接缝剪切刚度 C_w 的荷载传递作用才得以体现，对面、基层最大应力的减小效应较强，见图 3-9。

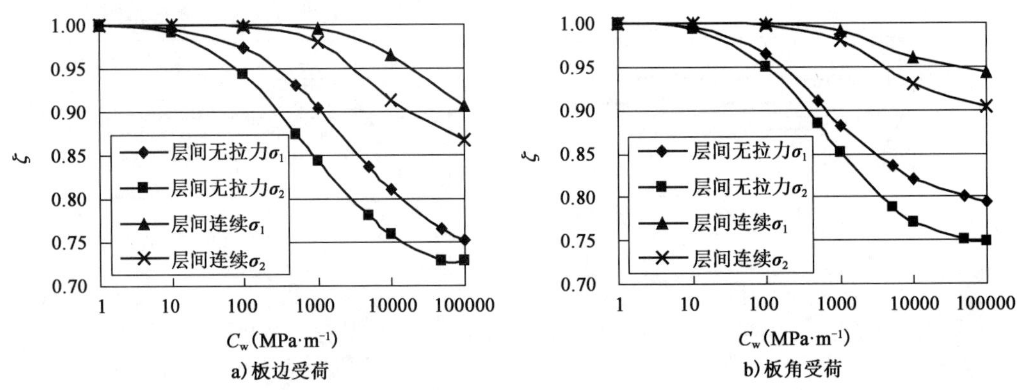

图 3-9　面、基层最大应力比 ζ 与接缝剪切刚度 C_w 关系图

图 3-9 中的纵坐标 ζ 为不同接缝剪切刚度下的面层、基层最大应力与无接缝传荷能力的最大应力比值。

衡量接缝传荷能力大小的指标，除了上述的受荷面层板的应力比 ζ 之外，还有易实测的接缝两侧弯沉比 E_w（未受荷板与受荷板弯沉之比）。有很多研究致力于寻找 C_w-E_w、E_w-ζ 之间相互关系，以解决实际水泥混凝土路面接缝传荷能力以及路面结构剩余寿命的实测评定问题，但是除了 k 地基上单层板外，未能找到简明的普遍关系式。就 C_w-E_w 的关系而言，$C_w\to\infty$，$E_w\to1$，当 $C_w=0$ 时，除 k 地基上单层板的 $E_w=0$ 之外，E 地基上板或有基层的双层板的 E_w 均存在不为零的初值。在上述例子中，面、基层层间连续条件时的 E_w 初值分别为 0.902（板边受荷）、0.877（板角受荷），面、基面间无拉力条件时的 E_w 初值分别为 0.610（板边受荷）、0.439（板角受荷）；E_w-ζ 之间唯一的对应关系为 k 地基上单层板且荷载半径趋向零（集中力）时，$E_w\to1$，$\zeta\to0.5$，其他情况时，它们之间关系更为复杂，找出规律是困难的，参见图 3-10。

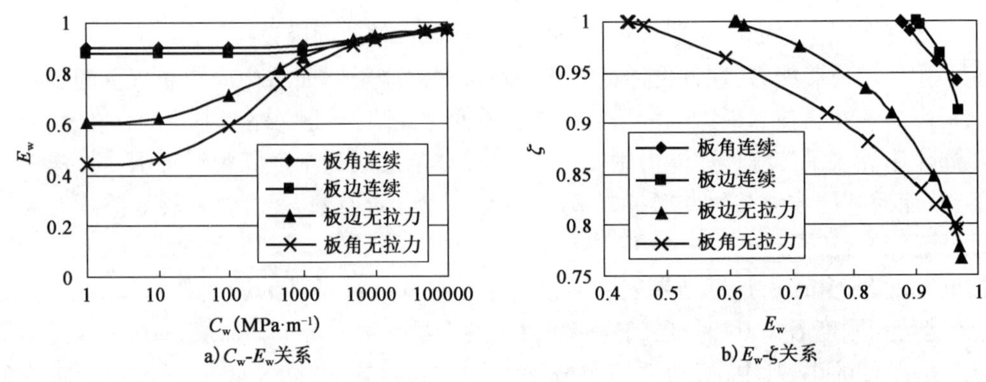

图 3-10　C_w-E_w 与 E_w-ζ 关系图

面层板板角和横边中部受荷，接缝无传荷能力时（$C_w=0$），邻板板底的脱空区形状和大小示意图见图 3-11（为了脱空区显示方便，基层未全部画出）。

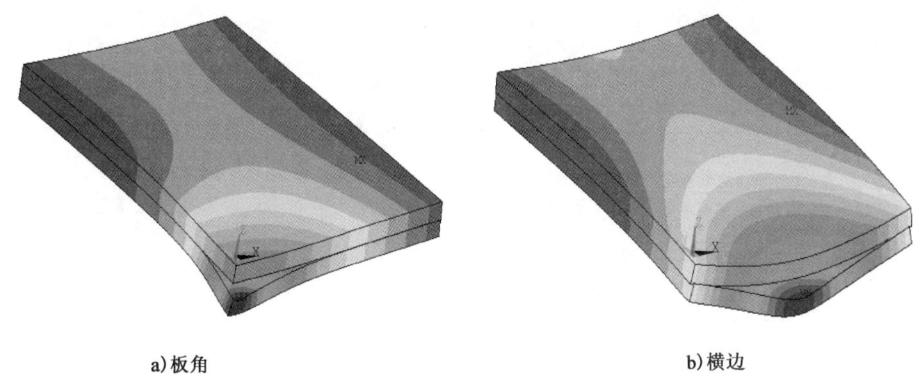

图 3-11 邻板板底脱空区

在实际工程中,接缝剪切刚度 C_w 值一般不超过 3000MPa · m^{-1},接缝设置间距 0.3m ϕ30mm 的传力杆,C_w 约为 1000MPa · m^{-1},可使层间无拉力条件下(层间连续不再讨论)的面层最大应力下降 10% 左右,邻板板底脱空区面积 S_w 与接缝无传荷的脱空区面积 S_{w0} 相比减小 3/4 左右,脱空区体积 V_w 下降了 90% 以上,见图 3-12。

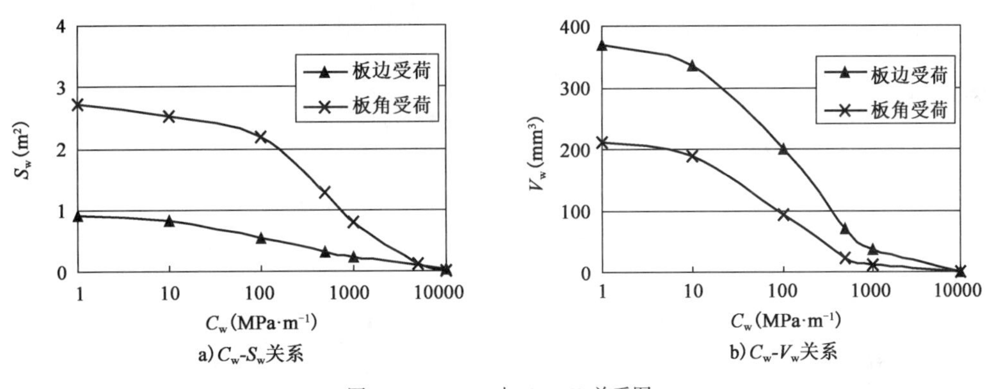

图 3-12 $C_w \sim A_w$ 与 $C_w \sim V_w$ 关系图

缩小脱空区面积和体积对预防雨水滞留在基层顶面造成基层冲刷与唧泥具有决定性作用。

3.1.4 E、k 地基模型的差异

对于单层板或等尺寸双层板而言,E 地基与 k 地基假设的差异,主要体现在二点。第一,E 地基上板的弯沉盆较平坦,当板的最大弯曲应力相同时,E 地基板的最大弯沉明显比 k 地基的最大弯沉大;其次,E 地基的板边、角受荷时的最大弯沉与板中受荷时的最大弯沉之比值明显小于 k 地基的,二者相差 1/2 至 1 倍。

基层超宽对 E、k 地基上双层板应力的影响,不仅规律相同,数值上也十分接近,见图 3-13a);但对弯沉的影响有较大差异,E 地基上双层板弯沉的减小速度与减小量明显低于 k 地基的弯沉减小速度与减小量,见图 3-13b)。

图 3-13 中面层、基层结构、荷载参数及 k 地基的反应模量不变,E 地基的参数为:E_0 = 30MPa,v_0 = 0.4,计算深度取 6m,长宽取 15m;纵坐标 ξ_σ、ξ_w 为双层板面层最大弯沉、应力与基

层无超宽时的相应量之比值，横坐标 L_a 为基层超宽量。

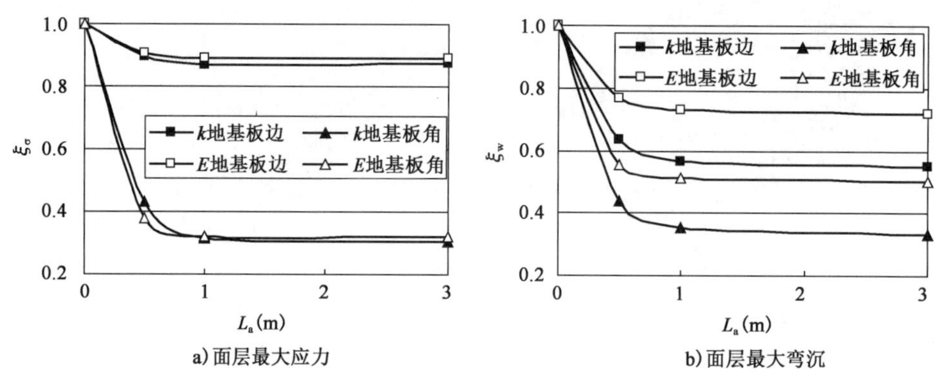

图 3-13　面层最大应力 ξ_σ、弯沉比 ξ_w 与基层超宽 L_a 关系图

当路面结构的垫层、基层为粒料或稳定土类材料时，k 地基上单层板模型可较好模拟不同荷位的板挠曲面。随着路面结构整体刚度的增大，尤其是超宽的刚性、半刚性基层的应用，不计入超宽基层影响的 E 地基或 k 地基上单层板或等尺寸双层板模型，均不能取得令人满意的结果。室内超宽半刚性基层上水泥混凝土板在板中、板边、板角受荷的试验结果表明，不同荷位条件下，按 k 地基或 E 地基上单层板模型反算得到的地基反应模量、反应回弹模量的值均不相等，其中，荷载位于板中时反算得到的地基回弹模量 E_i，用于计算板边、角受荷时的路面结构需乘上一小于 1 的系数；而 k 地基模型恰好相反，用板中反算的地基反应模量 k_i 计算板边、角受荷时需乘上一大于 1 的系数，这让人产生一个地基回弹模量或反应模量与所处位置有关的错觉；而按 k 地基上不等尺寸双层板模型反算得到的板中、板边、板角受荷的地基反应模量基本一致，见表 3-1。

不同荷位板顶弯沉反算的地基回弹模量或反应模量　　表 3-1

荷载作用位置	板中	板边	板角
k 地基上单层板 k(MN/m)	70	150	158
E 地基上单层板 E(MPa)	113	95	58
k 地基上不等尺寸双层板 k(MN/m)	61	63	63

3.2　水泥混凝土路面温度应力分析

国外针对水泥混凝土路面温度翘曲应力已有较长时间的研究。威斯特卡德(H. M. Westergaard)于 1927 年，将路面板翘曲变形视为 2 组垂直交叉地基梁翘曲变形的叠合，从而导出了迄今仍在广泛应用的 Winkler 地基板上的温度翘曲应力计算公式。Westergaard 公式不考虑板自重约束和板与地基始终保持接触的假设，同短板时的实际情况有较大的出入，导致翘曲应力的计算值偏大。

1938 年，布莱伯雷(Bradbury)对 Westergaard 公式通过 X 和 Y 方向进行叠加，并引入泊松比的影响后，得到了水泥混凝土有限尺寸矩形板中最大温度应力计算公式。1940 年，汤姆林森(Thomlinson)提出了一个简单的理论的受表面温度周期性变化的半无限板模型。

Teller 等在 20 世纪 30 年代初期曾在 Arlington 试验场对混凝土面层的温度状况和温度应力进行了量测,而所得到的温度应力实测值小于按威斯特卡德无限长板公式计算得到的理论值。

1959 年,Harr 和 G. Leonards 等对 Winkler 地基上的圆板载负温差和正温差作用下出现局部支承时承受均布荷载所产生的应力进行了分析,并提出了一般解。解算结果同威斯特卡德公式相比较后发现,仅在圆板相对直径(直径/相对刚度半径)大于 8 时,二者的应力值接近,相对差小于 4%。而在板相对直径小于 8 时,板边也会出现同地基不接触的情况,而局部支承圆板的应力低于威氏解,并且随直径减小而偏低越多。

戈西(Ghosh R. K.)于 1961 年提出了一种新的计算方法,考虑 Winkler 地基上矩形板载正温度梯度作用下中部拱起时,由于板自重和四个角端处的地基反力的约束而产生的翘曲应力。而这种翘曲应力计算公式的解算结果,同威氏公式的结果相差较大。

1964 年,日本的岩间滋(Iwama. S)根据温度翘曲应力和内应力的试验验证结果,提出了在日本混凝土路面设计中应用的板边温度应力计算公式。按岩间滋的试验修正公式,对短板计算得到的板边的温度应力要比威氏公式计算结果小得多。

而汉那(Hanna A. N.)于 1971 年采用刚性地基上圆板的假设,提出了周边铰支圆板在正温度梯度作用下中部拱起时因自重约束而产生的翘曲应力计算公式。这种翘曲应力计算公式与威氏公式的结算结果相比较而言,短板时按威氏公式算出的翘曲应力值最大,按 Hanna 公式算出的应力值最小,二者相差近 1 倍或 1 倍以上;而长板时翘曲应力计算结果的大小次序正好相反,但彼此的差值要比短板时小得多。

对于非 Winkler 地基假设,如半无限弹性地基、层状弹性地基上板的翘曲应力问题,自 20 世纪 70 年代有限元方法的出现之后也得到了较好的解决。应用有限元法,既可方便地考虑正或负温度梯度作用下地基反力和板内翘曲应力的影响,也可进一步分析板翘曲变形时和地基的接触情况,并考虑板与地基脱空对翘曲应力的影响。有限元分析方法不仅能够给出结构的内力和变形发展的全过程,能够对结构的极限承载力和变形做出评估,揭示出结构的薄弱部位及性态,对研究混凝土结构的性能,改进工程设计和施工都有重要的意义,还能够有效分析结构的温度场和温度应力,是对温度应力与一般应力共同作用的结构进行计算的最有效的方法。

1992 年,得克萨斯农工大学 Dan Zollinger 提出了一种了在 Winkler 地基上,负温度梯度下,由温度翘曲引起的混凝土板板底脱空的情况下,半无限大板以及无限长,有限宽板的位移和应力分布的分析方法。通过此分析,他们提出了在有限尺寸板上最大应力的计算公式。

1998 年,郭成铭(Chen-Ming Kuo)建立了三维有限元模型来判断路面破坏。他在美国的 14 个站点测量了 1d 不同时期的温度场,用来计算混凝土路面在翘曲和轴载共同作用下的复合应力。并根据疲劳假设,提出了一个算法来获得"等效破坏"和"有效温差"。计算得到的有效温差与当地的气候数据有良好的相关性。

2005 年,Yunus Dere 等人研究了在 3 种不同的土基材料的情况下,轴载应力和非线性的温度应力的共同作用下,可以应用三维有限元模型预测出倾斜接缝的水泥混凝土路面的开裂,并且比较了非线性的温度梯度和的温度梯度对预测混凝土路面开裂的影响。

2007 年,S. N. Shoukry 等人应用三维有限元模型做了非线性温度梯度和移动的轴载的共同作用对有传力杆连接的混凝土路面的响应分析,并给出了双联轴轴载和非线性温度梯度共同作用下的混凝土路面板的最大主应力的计算公式。

我国学者对于水泥混凝土路面温度应力的研究也开展了很多工作。1981 年,姚祖康利用有限元方法对半空间地基板的温度翘曲应力进行了研究。他将板划分为矩形单元,建立了各离散单元集合体的广义节点力和节点位移的平衡方程组。解此方程组,可相应得到板内各节点处的位移和应力。随后他又大量计算分析不同结构参数和温度梯度情况下的翘曲应力值,将得到的翘曲应力值按 Bradbury 公式的形式整理出相应的翘曲应力系数,并点绘成板中点和板边缘中点的翘曲应力系数同板相对长度(或相对宽度)的关系曲线。

1983 年,姚祖康等在合肥近郊修建了全长 100m 的试验路段,采用量测板顶应变的方法验证温度翘曲应力。他通过调整相对刚度半径或地基模量的方法,使翘曲应力系数的计算值与测定值较好地相符。

严作人 1985 年分析了非线性温度分布所产生的内应力,并提出了计入内应力的翘曲应力的计算方法。谈至明进一步考虑到线性分布产生的翘曲应力与非线性分布的内应力在不同时刻的变化为非同步的特性,提出了计入内应力的翘曲应力计算方法。

1995 年,周互鑫、陈荣生和何兆益对水泥混凝土路面的温度翘曲应力做了分析。他们对威斯特卡德计算温度翘曲应力方法与有限元方法进行理对比研究,并运用温度翘曲应力有限元程序 CTOS 计算了水泥混凝土路面的路面翘曲应力,得出了温度翘曲应力与水泥混凝土的基层材料参数间的关系。

2004 年,谈至明、周玉民和刘伯莹通过对水泥混凝土路面板温度翘曲应力的研究,得出如下结论:将路面板翘曲变形视为 2 组垂直交叉地基梁翘曲变形的叠合的威斯特卡德处理方法,对于板最大主应力而言,具有很高精度。不仅对 Winkler 地基上板适用,对半无限地基上板和半刚性基层上板也适用。

2008 年,哈尔滨工业大学的李新凯对轴载与温度作用下的水泥路面板的变形与应力进行了简要的分析,提出了单自由板分别在正温度梯度和负温度梯度情况下,易发生的开裂方式。但是他的研究只是考虑了 4m × 4m 一种尺寸的水泥混凝土板,而且只考虑了单轴-双轮的作用,没有考虑多轴作用以及轴距变化对水泥混凝土板的影响。

3.2.1 翘曲变形和翘曲应力计算

弹性地基板在温度梯度作用下的翘曲变形,可近似视为二组垂直交叉地基梁翘曲变形的叠合,即:

$$w(x,y) = w_x(x) + w_y(y) \tag{3-11}$$

温度梯度引起的地基梁梁底翘曲应力 $\sigma_{x(y)}$ 可用式(3-12)表示,下标为坐标 x 轴(或 y 轴)方向。

$$\sigma_{x(y)} = \sigma_0 C_{x(y)} \tag{3-12a}$$

$$\sigma_0 = \frac{\alpha T_g h_c \widetilde{E}_c}{2} \tag{3-12b}$$

式中:σ_0——翘曲变形完全被约束的梁底应力(MPa);

α——梁的材料热膨胀系数,混凝土 α 约为 $8 \sim 12 \times 10^{-6}$/℃;

$\widetilde{E}_c$——梁的材料当量弹性模量(MPa);

h_c——梁的厚度(m)；

T_g——梁厚方向的温度梯度(℃/m)；

C——温度翘曲应力系数。

温度翘曲应力系数 C 与地基类型,地基梁的相对长度以及位置有关。除了梁很长之外,梁翘曲应力最大值发生在梁中点。Winkler 地基梁梁中点的温度翘曲应力系数 C 的解析解如式(3-13)所示。对这两种计算结果分析发现,在 $C>0.1$ 时,它们可采用式 3-13b)表示,当地基水平无限时,回归系数 $A_s=0.46$,$A_c=0.74$;梁端地基滑支时,$A_s=0.75$,$A_c=0.45$。

$$C\left(\frac{L}{r}\right)=1-\frac{\mathrm{sh}\left(\frac{L}{r\sqrt{8}}\right)\cos\left(\frac{L}{r\sqrt{8}}\right)+\mathrm{ch}\left(\frac{L}{r\sqrt{8}}\right)\sin\left(\frac{L}{r\sqrt{8}}\right)}{\cos\left(\frac{L}{r\sqrt{8}}\right)\sin\left(\frac{L}{r\sqrt{8}}\right)+\mathrm{sh}\left(\frac{L}{r\sqrt{8}}\right)\mathrm{ch}\left(\frac{L}{r\sqrt{8}}\right)} \tag{3-13a}$$

$$C\left(\frac{L}{r}\right)=1-A_s\frac{\sin\left(\frac{L}{r\sqrt{8}}\right)}{\mathrm{sh}\left(\frac{L}{r\sqrt{8}}\right)}-A_c\frac{\cos\left(\frac{L}{r\sqrt{8}}\right)}{\mathrm{ch}\left(\frac{L}{r\sqrt{8}}\right)} \tag{3-13b}$$

式中:L——地基梁的长度(m);

r——地基梁的相对刚度半径,Winkler 地基梁按式(3-14a)确定,半无限弹性地基梁按式(3-14b)确定。

$$r=\left(\frac{D_c}{k}\right)^{\frac{1}{4}} \tag{3-14a}$$

$$r=\left(\frac{2D_c}{\tilde{E}_0}\right)^{\frac{1}{3}} \tag{3-14b}$$

式中:k——Winkler 地基的反应模量(MPa/m);

$\tilde{E}_0$——半无限弹性地基的当量弹性模量(MPa)。

D_c 梁弯曲刚度:

$$D_c=\frac{\tilde{E}_c h_c^3}{12} \tag{3-15}$$

地基板的温度翘曲应力则为垂直相交梁温度翘曲应力的叠加,其计算式为:

$$\sigma_{x(y)}=\sigma_0(C_{x(y)}+vC_{y(x)}) \tag{3-16}$$

半无限弹性地基时,当量弹性模量 $\tilde{E}_0$ 取 $E_0/(1-v_{02})$;

梁当量弹性模量 $\tilde{E}_c$ 时,当考察点位于板中部时,取 $E_c/(1-v_{c2})$;

当考察点位于板边缘时,因无侧向约束,取 E_c;

v_c、v_0分别为梁与地基的泊松比。

3.2.2　不同基层类型水泥混凝土路面温度翘曲应力试验方案

1)不同基层类型水泥混凝土路面结构

不同基层类型水泥混凝土路面结构组合方案如图 3-14 所示。

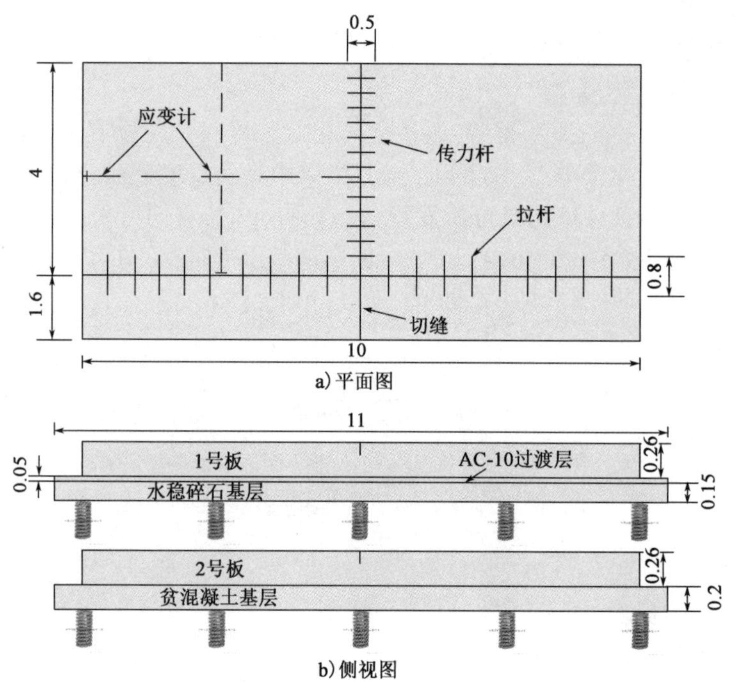

图 3-14　不同基层类型水泥混凝土试验路示意图(尺寸单位:m)

2)振弦式应变计的选取与布设

(1)振弦式应变计工作原理

目前用来测量混凝土应变的应变计有电阻式应变计、差动式应变计和振弦式应变计(图 3-15)等几种。振弦式应变计是目前国内外普遍重视和广泛应用的一种非电量电测的传感器。由于振弦应变计直接输出振弦的自振频率信号,因此,具有抗干扰能力强、受电参数影响小、零点漂移小、受温度影响小、性能稳定可靠、耐震动、寿命长等特点。

如图 3-16 所示,振弦式应变计由受力壳体(或膜片)、钢弦、紧固夹头、激振和接收线圈等组成。钢弦自振频率与张紧力的大小有关,在振弦几何尺寸确定之后,振弦振动频率的变化量,即可表征受力的大小。

现以双线圈连续等幅振动的激振方式,来表述振弦式应变计的工作原理。工作时开启电源,线圈带电激励钢弦振动,钢弦振动后在磁场中切割磁力线,所产生的感应电势由接收线圈送入放大器放大输出,同时将输出信号的一部分反馈到激励线圈,保持钢弦的振动;这样不断地反馈循环,加上电路的稳幅措施,使钢弦达到电路所保持的等幅、连续的振动,然后输出的与钢弦张力有关的频率信号。

振弦这种等幅连续振动的工作状态,符合柔软无阻尼微振动的条件,振弦的振动频率可由式(3-17)确定。

$$f_0 = \frac{1}{2L}\sqrt{\frac{\sigma_0}{\rho}} \tag{3-17}$$

图 3-15 振弦式应变计示意图

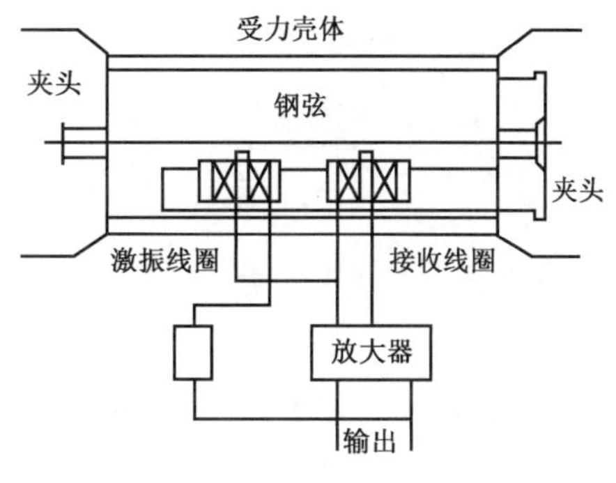

图 3-16 振弦式应变计工作原理图

由于钢弦的质量 m、长度 L、截面积 S、弹性模量 E 密度 ρ 可视为常数,因此,钢弦的应力与输出频率 f_0 建立了相应的关系。当外力 F 未施加时,则钢弦按初始应力作稳幅振动,输出初频 f_0;当施加外力(被测力)时,则受力壳体(或膜片)发生相应的拉伸或压缩,使钢弦的应力增加或减少,这时初频也随之增加或减少。因此,只要测得振弦频率值 f,即可得到相应被测力——应力或压力值等。

(2)振弦式应变计的布设

通过实测混凝土板内不同位置的应变,推算温度翘曲应力的大小,需要知道各点的单纯由温度梯度引起的翘曲应变。根据姚祖康等人的研究,各测点的应变值减去自由边边缘中点垂直边缘方向上的应变值,即为该点受约束的翘曲应变量。因此本研究在各水泥板短自由边中点、板中、长受约束边中点分别布设振弦式应变计,沿深度方向分为三层,深度分别位于 3cm、13cm、23cm。

3)传力杆、拉杆的布设

水泥混凝土路面是连续铺筑之后通过切缝将其分割成块,板块之间通过传力杆连接;外侧车道还有边板,通过拉杆与主板相连。考虑实际路面的这种构成,试验路在水泥板内设置传力杆和拉杆,硬化后通过切缝形成两块主板和两块边板的结构。13 根传力杆为 $\phi28 \times 500$mm,间距为 300mm,两头距板边各 20cm。通过支架保证其竖向和水平向均无倾斜;18 根拉杆为 $\phi16 \times 800$mm,间距 500mm,横向接缝处取消,两头距板边各 50cm,通过支架保证安装精度。如图 3-17 所示。

4)试验板铺筑

完成传感器布设及调试后,选择商用混凝土浇筑水泥路面板,切缝、养生。同步制备测定必要参数的试件。

3.2.3 不同基层类型的路面时变温度场和应变场采集分析

选择典型天气状况,对水泥板内不同位置温度场与应变场进行连续采集数据,保证采集的数据样本量足够用以数据分析与模型验证。

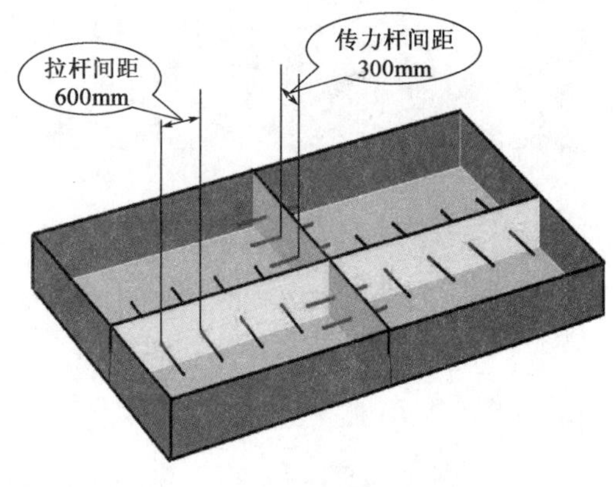

图3-17　传力杆、拉杆布设示意图

1)不同基层类型水泥混凝土板温度场变化规律

水泥混凝土路面的温度状况是温度应力计算的基础,在计算温度翘曲应力前,必须明确不同基层类型水泥混凝土路面温度场状况的差异。通过对水泥板温度场的连续观测,发现晴天、多云天板内各点的温度变化规律呈现周期性变化。取2011年4月7日—9日(晴天)的观测结果,绘制不同基层上水泥板板中各点温度时变曲线。

对单块板来说,7:00—8:00,板内不同深度处的温度基本相同,板内温度梯度很小,接近于零;13:00—14:00,板顶的温度达到最大值,板内各层达到最大值的时间随深度增加依次滞后。白天板顶温度高于板底,呈正温度梯度,夜间则板底的温度高于板顶,呈负温度梯度。

两块板不同深度温度幅值差异均不大,差异最大的顶面也只有2℃;两块板板中、板底温度曲线相位角差异却比较明显。

分别绘制各块板上、下半层温度梯度时变曲线,如图3-18所示。可见上、下半层温度梯度均呈现日周期性变化,但幅值差异特别明显,上半层温度梯度远大于下半层,尤其在中午时分,差异最大。一天之内,分别在升温阶段和降温阶段,板内温度梯度存在上下一致的时刻。

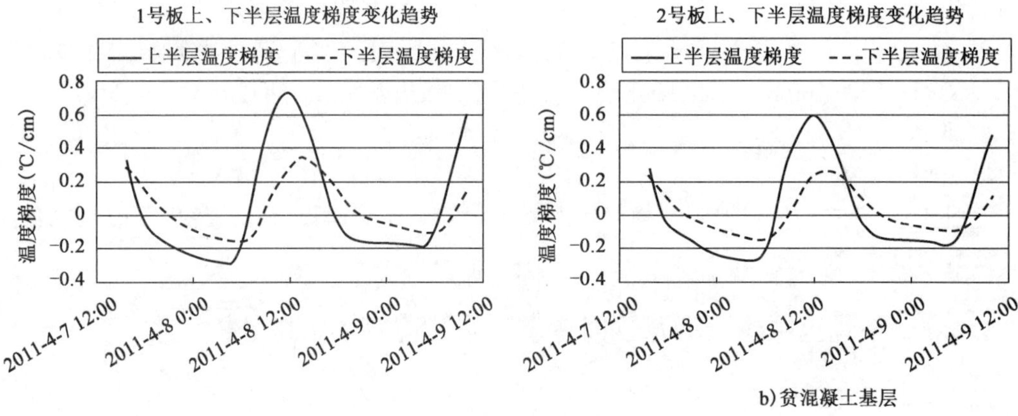

图3-18　面板温度梯度时变曲线

大部分时间水泥板温度场在深度方向呈现出非线性特征。在路面受太阳辐射发生热交换的时间段，这种现象尤为明显。

2）不同基层类型水泥混凝土板应变场变化规律

将水泥板温度梯度为零时刻作为基准，其他各时刻应变为相对于基准时刻的应变增量。分别绘制各块板板中三个深度应变随时间变化曲线，如图3-19所示。各位置应变随温度场呈周期性波动，应变增量值出现正负交替，板顶应变幅值大于板中和板底；两块板板底应变均在板内温度梯度较为稳定的时间段内呈现出平台现象，在温度梯度变化剧烈时段内呈现明显的尖角现象。平台是由于缓慢的温度均匀变化引起，而尖角则应该由于温度梯度引起；两块板板中应变均呈现分段线性的变化趋势，与其温度均匀变化有关，在温度场变化剧烈时段，应变变化亦剧烈；与2号板相比，1号板板顶应变平台现象没有那么明显。

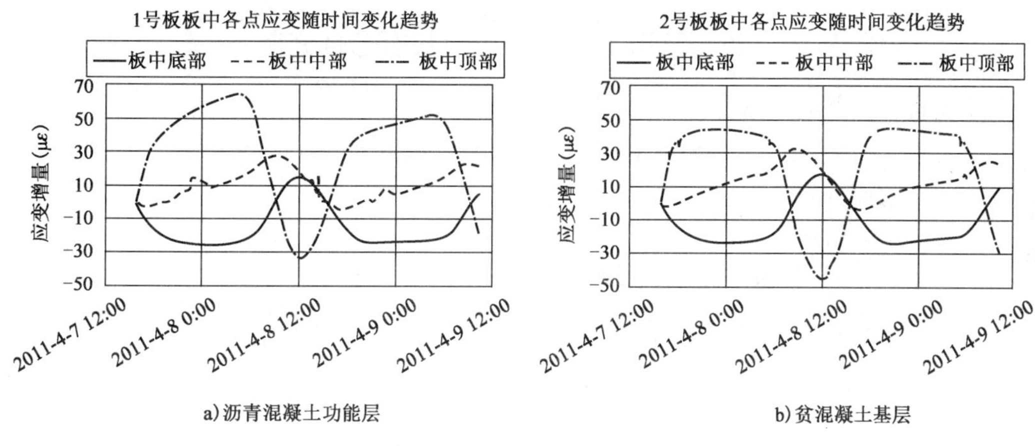

图3-19　面板各点应变时变曲线

两块板应变变化趋势基本一致，在温度场剧烈变化时出现较大波动；2号板幅值明显高于1号板。

3）不同基层类型水泥混凝土板翘曲应变分析

水泥板内各点应变量是四部分应变的代数和：温度均匀变化引起的伸缩应变；板顶和板底温差引起的自由翘曲应变；受自重、相邻板和地基反力等约束作用而引起的受约束翘曲应变；受平截面变形约束的内应变。

在同一时刻板顶各点伸缩应变和内应变量是相同的，而自由边边缘中点垂直边缘方向上的翘曲应变应为不受约束作用的自由翘曲应变。因而各测点的应变值减去自由边边缘中点垂直边缘方向上的应变值，即为该点受约束的翘曲应变量。

两块板板中底部翘曲应变与板顶底温差存在良好的线性关系，见图3-20。两块板翘曲应变随温差变化的斜率，1号板和2号板相关系数都在90%以上。

2号板的斜率最大，为14.10；1号板次之，为6.188，表明相同温差引起2号板的翘曲应变最大，这是由于该应变即为板受周边与地基约束而不能自由变形的应变。贫混凝土基层与面层接近完全连续，对其约束能力最强；设置沥青混凝土功能层后，面层与基层处于有限摩擦状态。

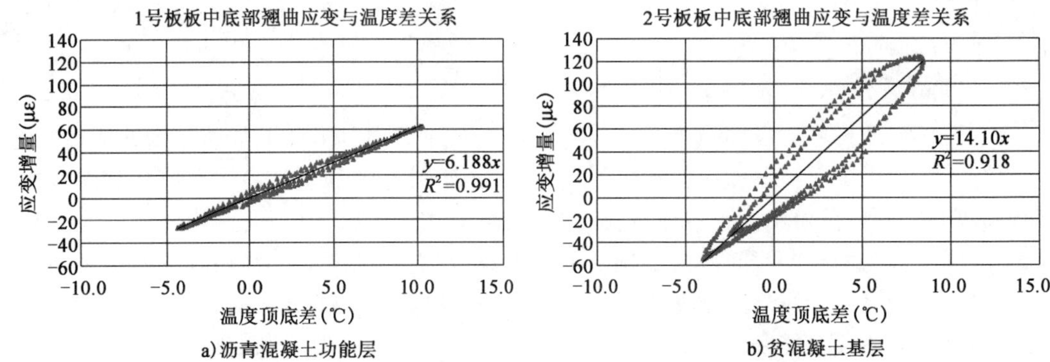

a)沥青混凝土功能层　　b)贫混凝土基层

图 3-20　板中底部翘曲应变与板顶底温差关系

3.2.4　不同基层类型的路面温度翘曲应力数值仿真模拟

1)水泥混凝土路面板温度翘曲应力的解析解

1927 年,H. M. Westergaard 采用 Winkler 地基板模型和一些假设导出了迄今仍在广泛应用的温度翘曲应力计算公式。这些假设为:

(1)温度沿板厚的分布为一直线,板顶温度比板底低,即板边向上翘起;

(2)板厚 h 和顶底面温度差 ΔT 在全板各点上均相同;

(3)地基的反力仅为竖向,并与该点的挠度成正比;板与地基始终保持接触,即使在板边向上翘曲时也如此;

(4)不计板的自重。

对于长度为 L、宽度为 b 的有限尺寸矩形板,可以通过在 X 和 Y 方向进行叠加,并引入泊松比的影响后得到。矩形板板中最大翘曲应力计算公式:

$$\sigma_{tx} = \frac{E\alpha\Delta T}{2}\left(\frac{C_x + \mu C_y}{1 - \mu^2}\right) \tag{3-18}$$

$$\sigma_{ty} = \frac{E\alpha\Delta T}{2}\left(\frac{\mu C_x + C_y}{1 - \mu^2}\right) \tag{3-19}$$

板边缘中点最大翘曲应力为:

$$\sigma_{tx}(\text{或 } \sigma_{ty}) = \frac{E\alpha\Delta T}{2} C_x(\text{或 } C_y) \tag{3-20}$$

式中:σ_{tx}(或 σ_{ty})——板内任意点的竖向变形值;

α——水泥混凝土的温度收缩系数;

ΔT——板顶面和底面的温度差;

E——水泥混凝土的弯拉弹性模量;

μ——水泥混凝土的泊松比;

C_x(或 C_y)——随 b_1 而变化的翘曲应力系数。

$$C_x(\text{或 } C_y) = 1 - \frac{2\cos b_1 \operatorname{ch} b_1}{\sin 2b_1 + \operatorname{sh} 2b_1}(\tan b_1 + \operatorname{th} b_1)$$

$$b_1 = \frac{L}{l\sqrt{8}}(\text{计算 } C_x \text{ 时})\text{或}\frac{B}{l\sqrt{8}}(\text{计算 } C_y \text{ 时})$$

式中:l——相对刚度半径。

系数 C_x和 C_y同板相对长度(L/l)或宽度(B/l)的关系已绘成曲线图以供查用。C_x和 C_y实质上是一项比例系数,反映了矩形板长度或宽度方向的最大翘曲应力 σ_x或 σ_y同翘曲变形完全受约束的大板中央的翘曲应力的比值。在板长小于 $6.7l$ 时,系数 C_x小于 1.0,并随板长度的减小而降低;而在板长大于 $6.7l$ 时,由于板自重的约束,板中部无翘曲变形,板挠度曲线便在中部附近出现反弯,从而增加翘曲应力,使系数 C_x大于 1.0。在板长小于 $12l$ 时,最大翘曲应力发生在板中;当板长大于 $12l$ 时,最大翘曲应力并不在板中,而在距板端部 πl 附近。

2)水泥混凝土路面板温度翘曲应力有限元分析

从 Westergaard 到 Bradbury 的解析法,都基于一系列假设。实际路面有多块板通过传力杆连接,行车道主板与边板有拉杆连接,结构比较复杂;同时为考虑基层类型对水泥板翘曲应力的影响,需要采用适用性更广的有限元方法及软件。

具有直接模拟 Winkler 地基的 elastic foundation 模块,选择有限元软件建立模型分析水泥混凝土板温度翘曲应力变化规律。

(1)水泥混凝土路面温度翘曲应力分析有限元模型的建立

按照足尺试验路建立水泥板温度翘曲应力有限元计算模型,有以下特点:

①模型参照试验路原型建立,两块水泥板加边板,通过切缝分割,切缝深度为1/3 板厚,传力杆和拉杆以梁单元模拟,按照试验路中安放位置布设。

②自重引起的应力很小,在 0.02MPa 左右,本模型计算时不考虑水泥板的自重作用,计算翘曲应力时可叠加此项。

③采用 Winkler 地基模型,直接作用于板底。

模型示意图如 3-21 所示。

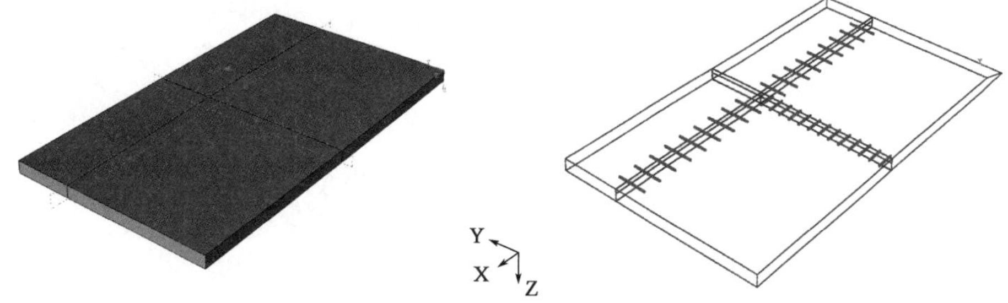

图 3-21 混凝土板有限元模型示意图

(2)模型材料参数

有限元模型中采用的材料参数如下:

①水泥混凝土板材料参数如表 3-2 所示。模型输入参数如表 3-3 所示。

有限元模型水泥混凝土板材料参数 表 3-2

参数	本构模型	密度(kg/m³)	弹性模量(MPa)	泊松比	热膨胀系数(/℃)
数值	线弹性	2400	30000	0.18	9.6×10^{-6}

计算 *k* 值模型输入参数汇总　　表 3-3

参　数	沥　青　层	水 稳 基 层	土　基	贫混凝土基层	碎 石 基 层
材料模型	弹性	弹性	弹性	弹性	弹性
弹性模量(MPa)	1400	1500	50	20000	400
泊松比	0.35	0.25	0.4	0.2	0.3

②基层顶面当量地基反应模量如表 3-4 所示。条件具备时应采用 76cm 承载板试验实测基层顶面当量反应模量。

计算基层顶面当量反应模量　　表 3-4

板　号	计算值(MPa/m)
1 号板	143
2 号板	286

(3)基层类型差异的考虑

不同基层类型对水泥混凝土路面翘曲应力有非常明显的影响,这种情况下,既要采用 Winkler 地基模型,又要考虑基层类型差异的影响,工况组合又非常多,这在模型中是很难实现的。因此,不同工况的有限元模型计算时不考虑基层类型的差异,统一按照光滑处理,但是在计算实际应变时考虑基层类型差异的影响,即引入基层类型系数 B,然后通过下述公式计算板底翘曲温度应力和相应的 C_x 和 C_y(由 Westergaard 公式推导得到):

$$\sigma_{tx}=\frac{E}{1-\mu^2}(\varepsilon_x+\mu\varepsilon_y)-\frac{E\alpha T_z}{1-\mu} \tag{3-21}$$

$$\sigma_{ty}=\frac{E}{1-\mu^2}(\varepsilon_y+\mu\varepsilon_x)-\frac{E\alpha T_z}{1-\mu} \tag{3-22}$$

$$C_x=\frac{2(\sigma_{tx}-\mu\sigma_{ty})}{E\alpha\Delta T}=1+2\times\frac{\varepsilon_x}{\alpha\Delta T} \tag{3-23}$$

$$C_y=\frac{2(\sigma_{ty}-\mu\sigma_{tx})}{E\alpha\Delta T}=1+2\times\frac{\varepsilon_y}{\alpha\Delta T} \tag{3-24}$$

$$\varepsilon_x=B\cdot A_x\cdot\Delta T \tag{3-25}$$

$$\varepsilon_y=B\cdot A_y\cdot\Delta T \tag{3-26}$$

式中:T_z——沿板厚方向的温度梯度。

3)基层类型系数 B 的推导

(1)不同基层类型水泥混凝土板翘曲应变试验结果分析中得到两块板纯翘曲应变与温度差的线性关系;

(2)通过有限元计算可以得到各测点纵、横向应变与温度差的线性关系,即下式中的 A_x 和 A_y:

$$\varepsilon_x'=A_x\cdot\Delta T \tag{3-27}$$

$$\varepsilon_y' = A_y \cdot \Delta T \tag{3-28}$$

(3)上述两种应变需要通过基层类型系数 B 的修正才能相同,即下式中的 B:

$$\varepsilon_x = B \cdot A_x \cdot \Delta T \tag{3-29}$$

$$\varepsilon_y = B \cdot A_y \cdot \Delta T \tag{3-30}$$

(4)计算不同基层类型的 B 值,结果如表 3-5 所示。

不同基层类型水泥板的 *B* 值计算结果 表 3-5

板号	1 号板	2 号板
B 的计算结果	1.107	2.607

4)考虑基层类型差异的翘曲应力系数计算

得到基层类型修正系数,为便于路面结构设计中计算板底翘曲应力,需要建立更为广泛的翘曲应力计算公式或者图表。参考 Bradbury 的思想,通过有限元计算得到不同工况下的 A_x 和 A_y 值(不同工况组合,如表 3-6 所示),通过下述公式计算相应的翘曲应力系数。

***k*,*h* 组合方案** 表 3-6

k(MPa/m)	10,25:25:300(13 组)
h(m)	0.16:0.02:0.40(13 组)

$$\varepsilon_x = B \cdot A_x \cdot \Delta T \tag{3-31}$$

$$\varepsilon_y = B \cdot A_y \cdot \Delta T \tag{3-32}$$

$$\sigma_{tx} = \frac{E}{1-\mu^2}(\varepsilon_x + \mu\varepsilon_y) - \frac{E\alpha T_z}{1-\mu} \tag{3-33}$$

$$\sigma_{ty} = \frac{E}{1-\mu^2}(\varepsilon_y + \mu\varepsilon_x) - \frac{E\alpha T_z}{1-\mu} \tag{3-34}$$

$$C_x = \frac{2(\sigma_{tx} - \mu\sigma_{ty})}{E\alpha\Delta T} = 1 + 2 \times \frac{\varepsilon_x}{\alpha\Delta T} \tag{3-35}$$

$$C_y = \frac{2(\sigma_{ty} - \mu\sigma_{tx})}{E\alpha\Delta T} = 1 + 2 \times \frac{\varepsilon_y}{\alpha\Delta T} \tag{3-36}$$

绘制翘曲应力系数随基层顶面当量反应模量和板厚变化曲线图,如图 3-22 ~ 图 3-25 所示。水泥路面结构设计中,需要首先确定基层类型、基层顶面当量反应模量和板厚,然后到相应的诺模图中查找相应的翘曲应力系数值,最后代入 Westergaard 公式中计算板底温度翘曲应力。

对于两块板来说,存在着相同的规律,翘曲应力系数均随着基层顶面当量反应模量先增大后缓慢减小;随板厚增加而减小,当板厚很大时,翘曲应力系数趋于稳定;相同工况下一般 C_x 大于 C_y,表明路面纵向约束能力强于横向边板的作用。

贫混凝土基层水泥板翘曲应力系数变化范围跨度很大,当板厚较小,k 值较大时,翘曲应力系数为正,计算结果为拉应力;当板厚较大,k 值较小时,翘曲应力系数为负,计算结果为压应力,1 号板也有这种现象。

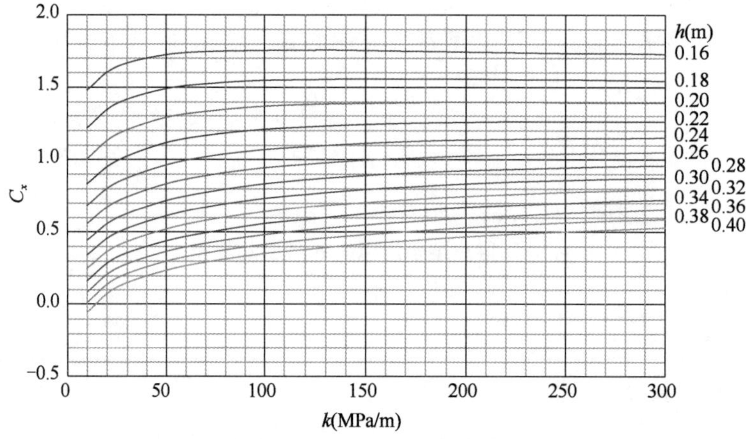

图 3-22　设置沥青混凝土功能层的温度翘曲应力系数 C_x 曲线图

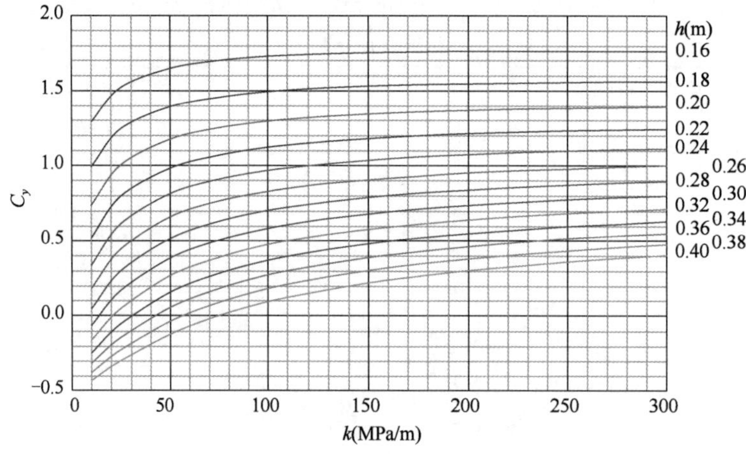

图 3-23　设置沥青混凝土功能层的温度翘曲应力系数 C_y 曲线图

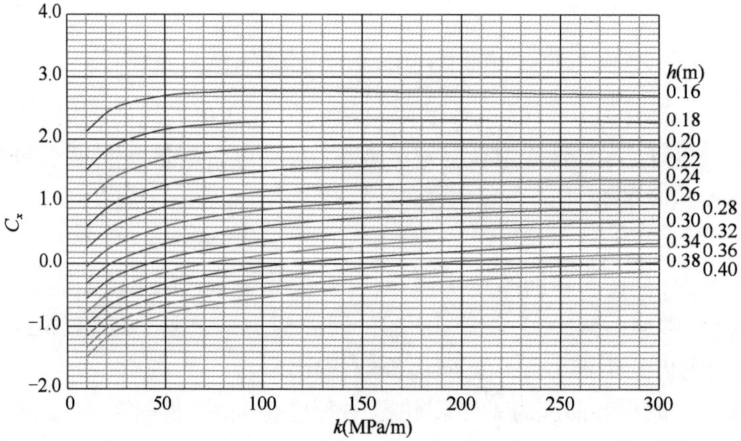

图 3-24　设贫混凝土基层的温度翘曲应力系数 C_x 曲线图

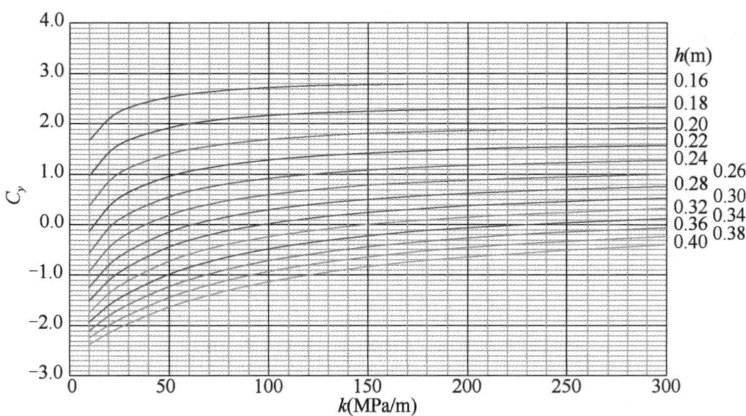

图 3-25　设贫混凝土基层的温度翘曲应力系数 C_y 曲线图

3.3　路面结构组合

水泥混凝土路面结构应依据公路等级、交通荷载、路基条件、当地温度和湿度状况以及使用性能要求，选择及组合与之相适应的结构，即应使各个结构层的力学特性及其组成材料性质满足相应的功能要求。充分考虑各相邻结构层的相互作用、层间结合条件和要求以及结构组合的协调与平衡。同时，充分考虑地表水的渗入和冲刷作用。采取封堵和疏排措施，减少地表水入渗，防止渗入水积滞在路面结构内。基层应选用抗冲刷能力强的材料。

以内蒙古地区白音华—霍林河公路为例，依据公路等级、交通荷载、路基条件、当地温度和湿度状况以及使用性能要求，进行结构组合设计，见图 3-26 和表 3-7。

图 3-26　白霍重载路面结构详图

内蒙古白音华—霍林河公路(主线)结构组合设计　　表 3-7

序号	轻载一幅			重载一幅		
	层位	厚度	路面厚度	层位	厚度	路面厚度
1	水泥混凝土板面层	28cm	88cm	水泥混凝土板面层	32cm	91cm
2	稀浆封层	6mm		AC-10 细粒式沥青混凝土	3cm	
3	乳化沥青 PC－2 型透层	—		SBS 改性沥青粘层	—	
4	5% 水泥稳定级配碎石基层	20cm		贫混凝土上基层	18cm	
5	级配碎石垫层	20cm		5% 水泥稳定级配碎石下基层	18cm	
6	级配碎石垫层	20cm		级配碎石垫层	20cm	

3.3.1 粒料垫层

在严寒季节性冰冻地区,土基不均匀变形不可避免,路床顶部设置粒料垫层,同时粒料垫层有调节湿度的作用。粒料垫层应满足如下条件:

(1)季节性冰冻地区,路面结构厚度小于最小防冻厚度要求(表3-8)时,应设置防冻垫层,使路面结构厚度符合要求;

(2)水文地质条件不良的土质路堑,路床土湿度较大时,宜设置排水垫层。垫层应与路基同宽,厚度不得小于150mm。防冻垫层和排水垫层宜采用碎石、砂砾等颗粒材料。

水泥混凝土路面结构层最小防冻厚度(m) 表3-8

路基干湿类型	路基土类别	当地最大冰冻深度			
		0.50~1.00	1.00~1.50	1.50~2.00	>2.00
中湿路基	易冻胀土	0.30~0.50	0.40~0.60	0.50~0.70	0.60~0.95
	很易冻胀土	0.40~0.60	0.50~0.70	0.60~0.85	0.70~1.10
潮湿路基	易冻胀土	0.40~0.60	0.50~0.70	0.60~0.90	0.75~1.20
	很易冻胀土	0.45~0.70	0.55~0.80	0.70~1.00	0.80~1.30

注:1. 易冻胀土——细粒土质砾(GM、GC),除极细粉土质砂外的细粒土质砂(SM、SC),塑性指数小于12的黏质土(CL、CH)。

2. 很易冻胀土——粉质土(ML、MH),极细粉土质砂(SM),塑性指数大于12、小于22的黏质土(CL)。

3. 冻深小或填方路段,或者基层、垫层采用隔温性能良好的材料,可采用低值;冻深大或挖方及地下水位高的路段,或者基层、垫层采用隔温性能稍差的材料,应采用高值。

3.3.2 防冻、缓解变形协调碎石层

变形协调层具有抑制变形(下沉缓解和冻胀抑制)作用,同时可以阻断毛细水上升起到隔热作用,阻止冷凝水改善微循环。为缓解水泥混凝土路面可能承受的不均匀沉降,白音华—霍林河一级公路施工时在路面下铺设了厚度为20cm的级配碎石缓冲层。粒料层采用4%横坡,全幅摊铺方式,施工采用场拌机械摊铺方式。

为验证碎石层对其下部的差异沉降变形的调节能力,设计了差异沉降模拟试验箱,见图3-27。图中①为试验箱体,为方便观察,试验箱的两侧由透明的有机玻璃制成;②为细砂填充物,细砂应干燥,填充高度大于竖向抽屉的高度;③为箱体支座;④为可上下活动的竖向抽屉;⑤为漏砂孔,置于抽屉底部;⑥为千斤顶。图3-28为该试验箱的实体图。

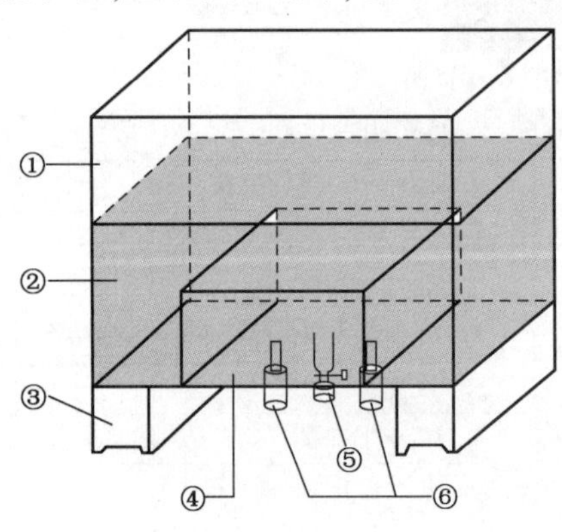

图3-27 模拟试验箱结构图

图3-28 模拟试验箱实体图

模拟试验实施前,首先用上置式平板振动器对试验箱体内的细砂压实、捣平(图3-29),应保证细砂在上覆碎石后没有残余变形,并用直尺量细砂的高度。然后将待验证的碎石材料分层填充于细砂上。为便于观察,填充前应先将碎石刷涂成不同的颜色,颜色晒干后将每层按顺序填充并记录下碎石的质量。然后使用上置式平板振动器对碎石层进行振动压实,并控制碎石的压实度(图3-30)。

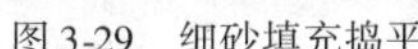

图3-29 细砂填充捣平

图3-30 石料分层填实

待碎石全部填充完毕后,在碎石最上层覆盖塑料薄膜并放入定量的清水,待水平后用直尺量水+碎石+细砂的高度,将此高度减去细砂的高度即可算出填充的碎石和水的总体积,减去水的体积后即可得到碎石的总体积。上述准备工作完成后即可采用第二种模拟方法:下撤顶住抽屉的千斤顶,并记录每次下撤的高度,然后可进行观察测试。测试后仍采用前述测体积的方法测得碎石松散后的总体积。

碎石层在下部出现差异沉降时具有很好的缓冲调节效果,见图3-31。

下撤千斤顶并使竖向抽屉下降后,碎石层底部出现了较明显的沉降曲线,且沉降曲线上的碎石层也随之运动。由于碎石层是散粒体材料,所以在运动过程中发生松散,空隙率变大;随着参与运动的碎石增多,其松散后释放的体积也逐渐增大,这些增加的体积弥补了下部差异沉降的体积损失。从图中可以看到,碎石层由下到上的变化均逐渐减小,沉降曲线的曲率越来越大,进而说明碎石层逐渐缓冲了下部较大的差异沉降曲面,说明变形协调层具有抑制变形的功用。

a)5~10mm碎石

b)10~20mm碎石

图 3-31

c)10~30mm碎石

d)20~40mm碎石

e)20~40mm卵石

f)40~60mm卵石

图3-31　碎石层缓冲差异沉降典型实例

碎石层散体材料具有非线性的应力应变特性,可使用回弹模量来进行描述,模拟碎石散体材料在现场重复交通荷载作用下的变形特性。像碎石这样的散粒体材料,在第一次加载时应变发展很快,在卸载后应变只能部分恢复,以后每加一次荷载都有一定的塑性应变和残余应变增量。累积塑性应变通常随荷载作用次数而增长,在峰值荷载下的最大应变与在卸载后的残余应变之差是弹性应变。弹性应变通常随荷载次数的增加而减小。散体材料的回弹模量即定义为重复的主应力差除以弹性应变。通过室内动三轴试验得到的数据可以较好地拟合非线性的回弹模量模型。

回弹模量的数值与应力状态密切相关。无约束散粒体材料的弹性响应随着围压的增加而大大增加,而重复荷载主应力差的影响要小得多,通常采用幂函数来描述回弹模量与应力状态之间的关系,如式(3-37)所示。

$$E_r = K_1(\theta')^{K_2} \tag{3-37}$$

式中:E_r——回弹模量;

K_1、K_2——通过室内试验测得的散粒体常数;

θ'——在荷载状态下的体积有效应力。

体积有效应力等于最大荷载作用下三个主有效应力(σ_1'、σ_2'、σ_3')之和,或者:

$$\theta' = \sigma_1' + \sigma_2' + \sigma_3' = 3\sigma_3' + (\sigma_1 - \sigma_3)_{\max} \tag{3-38}$$

在碎石的重复荷载试验中，回弹模量与荷载状态下的体积有效应力有如下线性关系：

$$E_r = K_3 + K_4\theta' \tag{3-39}$$

式中：K_3、K_4——散粒体常数。

阿尔瓦(Alva)利用粒径范围在19～29mm的花岗岩碎石在围压0.2MPa到0.9MPa的条件下进行了三轴重复荷载试验，作用次数10000次时拟合了的幂函数回弹模量关系及线性回弹模量关系，见图3-32和图3-33。

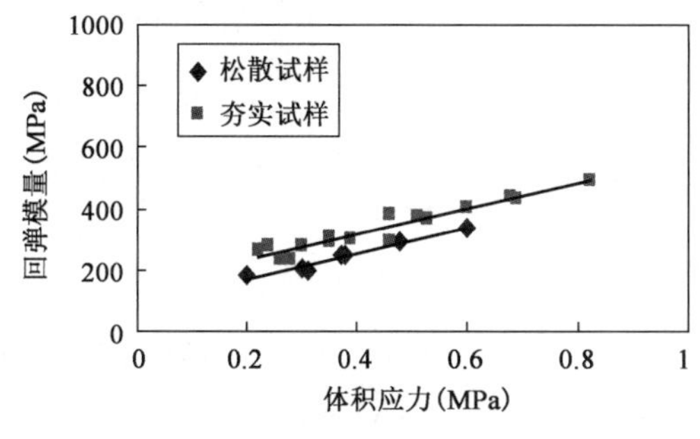

图3-32 碎石散体材料回弹模量幂函数关系

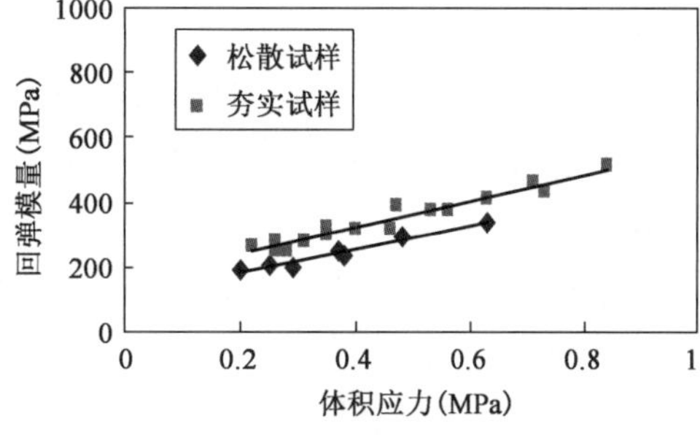

图3-33 碎石散体材料回弹模量线性关系

不管是幂函数关系还是线性关系以及碎石的密实情况如何，碎石的回弹模量均与体积应力成较好的线性关系，且对比两种关系的回弹模量值发现，在相同的体积应力下，松散碎石试样与夯实碎石试样的回弹模量差值大致相等，为80MPa左右，这一数据对于研究比较碎石松散部分及密实部分的回弹模量具有很好的借鉴意义。在表征碎石的回弹模量时，取体积应力为0.25MPa时对应的回弹模量为参考值，松散碎石为200MPa，夯实碎石为280MPa。

3.3.3 基层

基层和底基层应具有适当的刚度，其冲刷性能可交由其他层次来完成，而不应一味增加基层刚度来提高基层的抗冲刷性能。

基层和底基层的材料可依据交通荷载等级、结构层组合要求和材料供应条件分别参照表3-9和表3-10选用。

各交通荷载等级的基层材料类型 表3-9

交通荷载等级	基层材料类型
极重、特重	贫混凝土、碾压混凝土
	沥青混凝土
重	密级配沥青稳定碎石
	水泥稳定碎石
中等、轻	级配碎石
	水泥稳定碎石、石灰-粉煤灰稳定碎石

各交通荷载等级的底基层材料类型 表 3-10

交通荷载等级	底基层材料类型
极重、特重、重	级配碎石、水泥稳定碎石、石灰-粉煤灰稳定碎石
中等、轻	未筛分碎石、级配砾石,或不设

承受极重、特重或重载荷载的路面,基层下应设置底基层。承受中等或轻交通荷载时,可不设底基层。当基层采用无机结合料稳定类材料,且上路床由细粒土组成时,应在基层下设置粒料类底基层。

基层采用无机结合料稳定类材料时,底基层宜选用小于 0.075mm 的颗粒含量少于 7% 的粒料类材料。

混凝土或碾压混凝土作为基层时,因其温度翘曲应力较大,应铺设沥青混凝土功能层,层厚不宜小于 30mm。无机结合料稳定碎石基层上应设置封层,封层可采用单层沥青表面处治等,层厚不宜小于 6mm。

当路基由低透水性细粒土组成的高速公路和一级公路或者承受极重或特重载荷载的二级公路,宜设置由开级配沥青稳定碎石或开级配水泥稳定碎石组成的排水基层。排水基层下应设置由密级配粒料或水泥稳定碎石组成的不透水底基层。底基层顶面宜铺设沥青类封层或防水土工织物。

用贫混凝土材料做基层,在面层和基层之间设置沥青混凝土功能层,用以调节面层与基层之间竖向变形、缓冲荷载冲击以及防雨水下渗,贫混凝土基层的下承层采用水泥稳定碎石底基层,以缓解过渡基层与土基的刚度差异。

3.3.4 沥青混凝土功能层

白霍公路在我国水泥混凝土路面中首次全线采用水泥混凝土板和刚性基层之间铺设 3cm 沥青混凝土功能层,形象讲为“白夹黑”结构。沥青混凝土功能层具有良好的耐冲刷性能,可以减小在冲击荷载下混凝土板的动应力;有释放层间黏结和协调混凝土板翘曲后接触状态的良好作用;同时对于半刚性基层的反射裂缝也有很好的缓解。

3.4 设置沥青混凝土功能层后结构评价

3.4.1 设置沥青混凝土功能层的混凝土板冲击试验

为了验证设置沥青混凝土功能层后的效果,采用铁球冲击路面结构(图 3-34)的方式检验判别。将 8kg 铁球置于距路面 2.2m 的高度上,自由落体冲击路面结构。

当层间滑动时(采用塑料布隔离),混凝土板板底应变(距底面 3cm)为 14$\mu\varepsilon$;当设置有功能夹层后,混凝土板板底应变降低到 2$\mu\varepsilon$。足见缓冲层的效果。

为了进一步判断缓冲层的作用,用 5kg 的铁锤人工敲击试件表面,见表 3-11。数据证明缓冲效果明显。

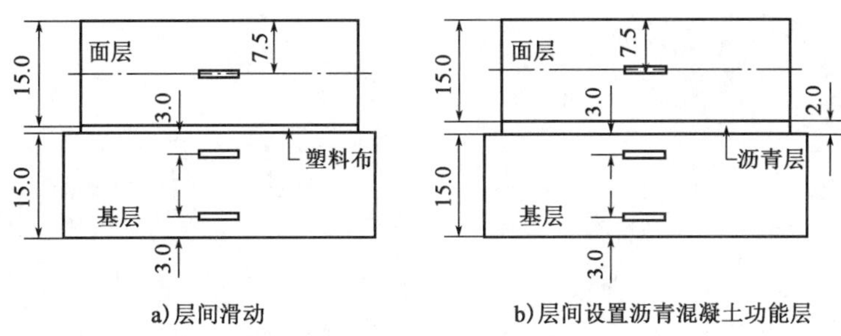

图 3-34 不同路面结构示意图(滑动和沥青混凝土功能层)(尺寸单位:cm)

不同结构形式冲击破坏描述 表 3-11

路面结构		敲击次数	说明
沥青混凝土功能层	2cm	4	面层断裂,基层完好
	4cm	6	面层断裂,基层完好
	6cm	6	面层断裂,基层完好
	8cm	9	面层断裂,基层完好
	10cm	6	面层断裂,基层完好
混凝土板直接浇筑		9	面层和基层直接一起断裂
层间放置塑料布		2	面层断裂

图 3-35 所示为面层与基层完全黏结状态下(面层直接浇筑于基层上,中间未设功能夹层)冲击引起的破坏形态。显然,不设功能夹层的混凝土路面结构抵抗冲击的能力较差。

图 3-35 层间黏结结构破坏照片

3.4.2 板与基层层间黏结不同状况下的路面结构承载力

1)路面结构承载力

模型结构试验组合比较接近真实情况,其试验结果一定程度上可以反映路面结构的受力和承载力,同时可修正有限元计算结果。模型试验选取的结构方案是保持半刚性基层厚度20cm 不变,仅变换沥青混凝土功能层的厚度(图 3-36)。

试验过程中共采用 7 种大尺寸模型结构(1m×2m),具体结构及极限破坏荷载见表 3-12,试验结果表明层间结合状态是影响路面结构承载力的主要因素之一,层间结合的路面结构承载力高于层间分离的路面结构。但是层间结合状态是暂时的,随着路面周而复始的升温降温,路面和基层之间层间分离为常态。

图 3-36　模型结构试验

不同模型路面结构层对应的试验结果　　表 3-12

编　　号	路 面 结 构	极限破坏荷载(kN)
1	15cm 水泥混凝土板 + 20cm 半刚性 + 乳化沥青	270
2	15cm 水泥混凝土板 + 20cm 半刚性 + 2cm 沥青混凝土	250
3	15cm 水泥混凝土板 + 20cm 半刚性 + 4cm 沥青混凝土	230
4	15cm 水泥混凝土板 + 20cm 半刚性 + 6cm 沥青混凝土	280
5	15cm 水泥混凝土板 + 20cm 半刚性 + 8cm 沥青混凝土	220
6	15cm 水泥混凝土板 + 20cm 半刚性 + 土工布	330
7	15cm 水泥混凝土板 + 20cm 半刚性 + 无夹层	350

设置沥青功能层后，混凝土板和基层处于分离状态，所以设置沥青混凝土功能层后路面极限承载力由 270kN 降低为 250kN。在相同半刚性基层厚度和相同水泥混凝土板厚条件下，编号 7 因其层间结合，所以其承载力能力最大，土工布隔离层的承载能力居中间，承载能力相对较低的是乳化沥青隔离层。

随着沥青功能层厚度的逐渐增加，路面结构整体承载逐渐恢复，在沥青混凝土层 6cm 时，路面结构的极限承载能力才恢复到“20cm 半刚性基层加乳化沥青”的水平；但路面结构编号 4 的韧性和柔度远大于路面结构编号 1。当沥青混凝土功能进一步增厚之后，路面结构变成一个三明治结构，沥青功能层逐渐变成沥青“结构”层，在极限加载试验中，破坏首先出现在 8cm 沥青混凝土层——出现流变，随后混凝土板断裂，最后半刚性基层退出工作。

2）设沥青混凝土功能层的层间黏结力试验

为使室内试验更好地与野外实际情况相符，试验板块采用 C35 混凝土，板厚 26cm，平面尺寸 0.8m × 0.8m。基层采用使用范围最广的半刚性基层，在混凝土板和基层之间分别采用直接浇筑混凝土板、撒乳化沥青封层、铺 2cm、4cm、6cm 厚度的沥青功能层、铺土工布、铺塑料薄膜等方式形成不同的层间结合方式。

为了更好地模拟环境中温、湿度的变化对水泥混凝土板长度变化的影响，实时测量混凝土面层位移及水平作用力。试验时，用 8 个千斤顶将基层试块从前后左右四个方向锁住，保证基层在加载过程中不会发生位移。加载过程分两阶段，第一阶段：面板与基层紧密结合，施加每一级荷载，由位移传感器读出轴向位移量，直到面板与基层接触界面完全破坏后卸载；第二阶段:面板与基层界面接触完全破坏后,试验板恢复到原位,重新加载,定每级荷载下的轴向位移量。

利用 MTS 动力加载系统对混凝土试块进行加载,每秒采集 100 个数据点,保证试验数据采集的连续可靠。整个顶推试验大致可以分为三个阶段。阶段 1:随着水平方向位移的增加,混凝土路面板与基层之间的摩阻力呈抛物线型增加,曲线上升速度较快。阶段 2:随着位移的继续增大,层间黏结力也逐渐增加,当摩阻力大小超过层间最大黏结力时,试块层间发生剪切破坏,此时的摩阻力为层间最大摩阻力。阶段 3:试块层间发生破坏后,随着位移的均匀增加,层间黏结力几乎保持不变,此时的摩阻力变为滑动摩阻力。

由于水泥混凝土直接浇筑在基层上的结合形式其层间黏结力太大,超过了 MTS 的加载量程(100kN),未能使其发生层间破坏。其次剩余层间结合形式中,涂有乳化沥青的试块其层间黏结力最大,铺塑料薄膜的试块其层间黏结力最小。

3.5 重载作用下土基工作区

路基模量一般在 20 ~ 80MPa 之间,分别考察路基模量为 20MPa、50MPa 和 80MPa 时,路基压应力的变化情况。在研究过程中,只考虑路基弹性变形的情况,不考虑路基弹塑性或塑性变形。

以重载一级公路的路面结构为例,不同路基模量(20MPa、50MPa 和 80MPa)时,路基顶面压应力分别为 11.4kPa、16.5kPa 和 18.5kPa,见图 3-37。由此可知,路基顶面压应力随着路基模量的增长并非呈现出线性增长的趋势,而是一种非线性增长的过程。在 20 ~ 50MPa 时,随着路基模量的增长,路基顶面压应力有较大增长;在 50 ~ 80MPa 时,路基压应力随路基模量的增加而增长的速度减慢。随着路基深度的增加,路基模量对路基压应力的影响减弱,在路基顶面以下 3m 处,路基模量对路基压应力的影响可以忽略。

20 世纪 80 年代,我国水泥混凝土材料强度及路面结构都较弱,水泥混凝土模量有的只有 28000MPa,特重载面板初估厚度只有 26cm。如今,水泥混凝土模量一般为 31000MPa,考虑到交通荷载等级和交通量水平较 20 世纪 80 年代我国当时的情况有很大不同,特重载面板厚度可达 32cm。因此,有必要分析不同路面结构组合时,多轴荷载的应力扩散特征。单轴-双轮荷重为 100kN、双轴-双轮荷载取 200kN。路面结构组合对路基应力扩散深度的影响见图 3-38。

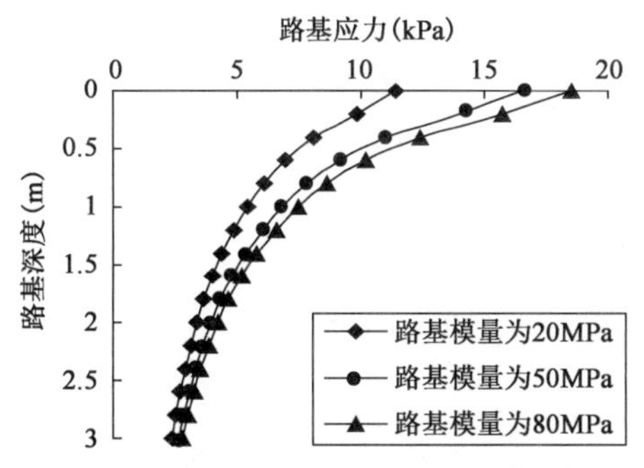

图 3-37 路基模量对路基压应力的影响

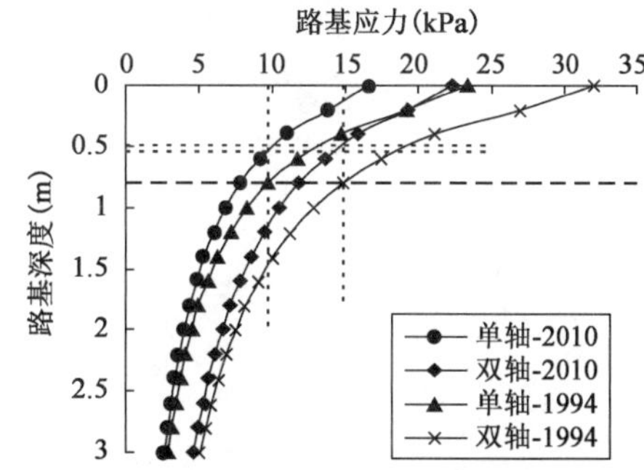

图 3-38 结构组合对路基应力扩散深度的影响

路面结构得到增强以后,路基顶面压应力有较大的变化,其值随着路面结构的增强而减小。水泥混凝土面板作用单轴-双轮荷载时,荷载作用在现路面结构时的路基顶面压应力要小于作用在原路面结构时的压应力，减少量约为7kPa。随着路基深度的增加，两者之间的差距逐渐减小，在路基顶面以下3m处，两者几乎重合。这时，荷载应力已经得到了充分的扩散。当水泥混凝土面板作用双轴-双轮荷载时，新、旧路面结构下路基顶面应力差值达10kPa。随着路基深度的增加，两者之间的差距也逐渐减小，并在路基顶面以下3m处，几乎重合。

从应力扩散深度来看，现路面结构在单轴-双轮荷载作用下，在路基深度为0.55m处的压应力值已经小于原路面结构在单轴-双轮荷载作用下在0.8m处的压应力水平；当两种路面结构均作用双轴-双轮荷载时，现路面结构在路基深度为0.50m处的压应力值已经小于原路面结构在0.8m处的压应力值。由此可以看出，新、旧路面结构对应力扩散深度影响较大。

3.5.1 多轴重载的应力扩散特征

对于水泥混凝土路面，典型的荷载位置有板中、板边中点和板角。对不同荷位时的路基应力均进行计算，着重分析不同层间接触、轴型、轴重、路面结构组合和路基模量时路基应力的扩散特征，在分析时选取重载一级公路的新、旧两种路面结构进行对比，路面结构参数见表3-13。

路面结构组合　　表3-13

路面结构	原规范(1994年)			规范(2010版)		
	厚度(m)	模量(MPa)	泊松比	厚度(m)	模量(MPa)	泊松比
面层	0.24	30000	0.15	0.27	31000	0.15
基层	0.20	400	0.30	0.20	2000	0.20
底基层	0.20	150	0.35	0.18	250	0.35
路基	8	50	0.40	8	50	0.40

1)层间接触条件的影响

考虑水泥混凝土板面层与基层层间不同条件(完全连续和完全光滑)下，路基应力随深度变化的情况。单轴-双轮100kN标准荷载作用在水泥混凝土路面板不同荷位时，不同层间接触条件时，路基应力随深度变化的情况见图3-39。

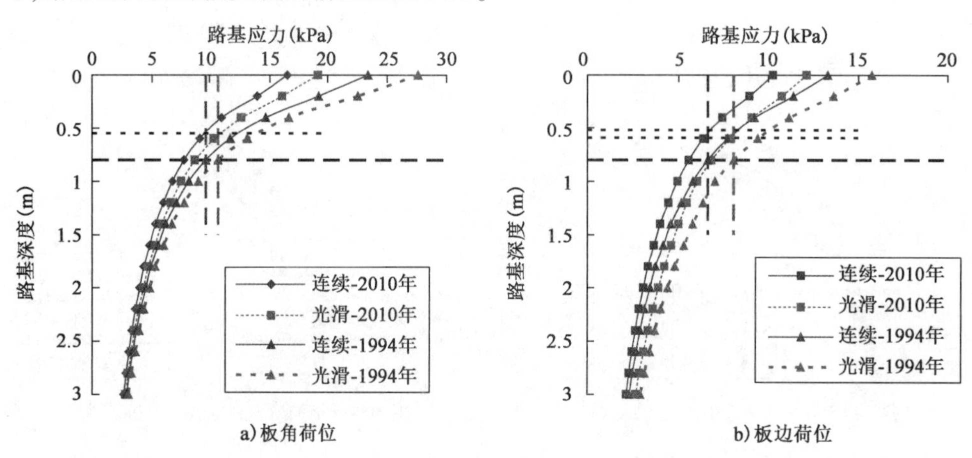

图 3-39

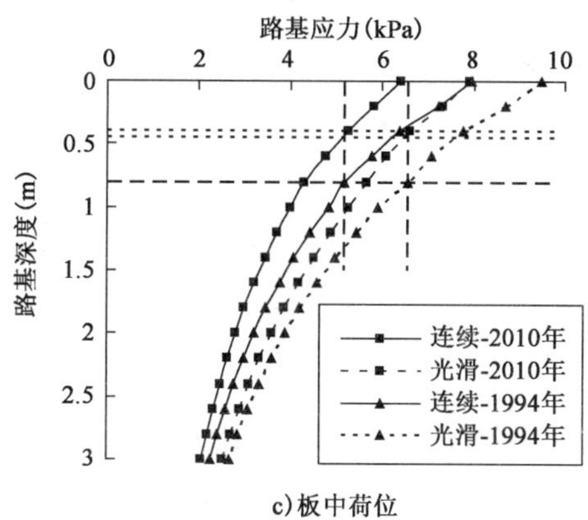

c)板中荷位

图 3-39 层间接触条件对路基应力扩散深度的影响

由图 3-39a)可以看出,板角荷位时路基应力随着路基深度的增加而减少。面层与基层层间完全光滑比层间完全连续时,路基应力要大,在路基顶面($z=0$m)处,这种差异比较明显,达 3~5kPa 左右。随着路基深度的逐渐增加,这种差异逐渐减小,在路基顶面以下 3m 处,几乎重合。对比相同层间条件下新、旧两种路面路基应力,可知:由于路面结构有所增强,在相同荷载作用下,路基达到相同应力时的深度减小。不同层间条件下,原路面结构扩散到 0.8m 处的应力与现路面结构扩散到 0.55m 处的应力值几乎相等。

板边荷位时,水泥混凝土板面层与基层层间完全连续或完全光滑的情况下,路基应力随深度变化的情况见图 3-39b)。荷载轴型仍为单轴-双轮,轴重为标准轴重 100kN。由图可以看出,板边荷位时,路基应力相对板角荷位有较大的减少。路基应力随路基深度的变化规律与板角荷位类似。面层与基层层间完全光滑比层间完全连续时,路基应力要大,在路基顶面($z=0$m)处,两者之间的差值达 3kPa 左右。不同层间条件下,原路面结构扩散到 0.8m 处的应力与现路面结构扩散到 0.50~0.6m 处的应力值几乎相等。

板中荷位时[图 3-39c)],水泥混凝土板面层与基层层间接触条件对路基应力的影响与板边或板角荷位时的规律相似。此时,路基顶面压应力相对板角荷位和板边荷位均有较大的减少。在路基顶面($z=0$m)处,层间完全连续和完全光滑条件下,路基顶面压应力差值已不到 2kPa。随着路基深度的逐渐增加,这种差异将变得更小。面层与基层层间不同条件下,原路面结构扩散到 0.8m 处的应力与现路面结构扩散到 0.40~0.45m 处的应力值几乎相等。

综合以上分析可知,荷载作用在水泥混凝土面板的三种典型荷位(板中、板边和板角)时,路基压应力在板角荷位时最大,板边次之,板中最小。随着路基深度的增加,这种差异逐渐减小。在路基顶面以下 3m 处,这种差异完全可以忽略。在对轴型和轴重进行分析时,选择路基顶面压应力最大的荷位—板角进行分析。轴载作用在其他荷位时的路基应力扩散特征与板角荷位时的情况类似。

2)轴型的影响

采用静力加载方式,对原路面结构分别施加单轴-双轮和双轴-双轮荷载,现路面结构施加单轴-双轮、双轴-双轮荷载和三轴-双轮荷载。单轴、双轴和三轴时车轮荷载轴重分别取 100kN、200kN 和 300kN。计算结果见图 3-40。

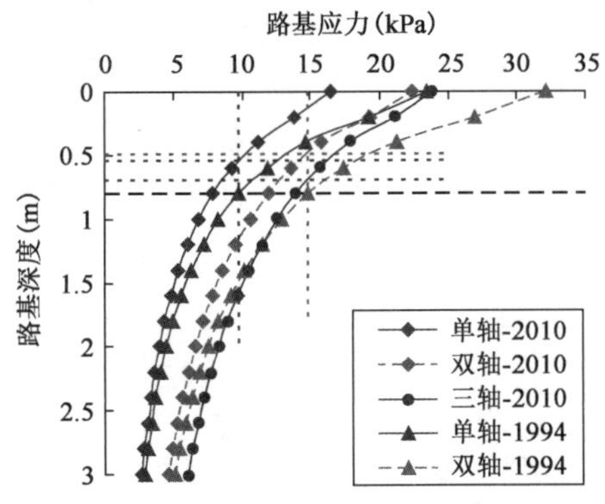

图 3-40　轴型对路基应力扩散深度的影响

由图 3-40 可以看出,路基应力随着轴数的增加而增大。在路基顶面,原路面结构单轴-双轮荷载作用下的路基应力比单轴-双轮荷载作用下的路基应力大 8kPa 左右。而作用在现路面结构时,由于路面结构的增强,轴数增加而引起的路基应力变化要小于原路面结构,但仍然很明显,增加值达 6kPa。对于三轴-双轮荷载,前后轴距最大为 2.8m,第三根轴与板角的距离较远,从而使应力叠加效果并不是很明显,因此多轴型(双轴和三轴)之间的差异较小。

在路基顶面以下 3m 处,荷载轴型和轴重相同时,不同路面结构的路基应力大致相等。此时,不同轴型产生的竖向应力仍有一定的差距。这说明,轴型对路基应力扩散深度的影响要大于路面结构强度对应力扩散深度的影响。分别以原路面结构单轴-双轮和双轴-双轮在路基顶面以下 0.8m 处对应的竖向压应力为标准,现路面结构单轴-双轮荷载作用下,路基应力扩散深度大致在 0.55m,双轴-双轮和三轴-双轮荷载时,路基应力扩散深度分别在 0.50m 和 0.70m。

3)轴重的影响

伴随着车辆大型化的发展趋势,相应车辆的轴重也日趋增重,过载超载现象十分严重。在重载作用下,路基应力水平必然提高,进而导致路基应力扩散深度的增加。本研究考虑单轴-双轮分别达到 200kN 和 300kN 时对路基应力扩散特征的影响。轴重对路基应力的影响如图 3-41所示。

由图 3-41 可以看出,轴重对路基竖向应力的影响十分显著。单轴-双轮 100kN 时路基顶面压应力为 16.5kPa;单轴-双轮重分别为 200kN 和 300kN 时,路基顶面应力分别为 31.3kPa 和 46.4kPa,分别为单轴-双轮重 100kN 时的 1.90 和 2.81 倍,轴重和路基应力近似成直线关系。这主要是由于计算采用线弹性模型所致。在路基顶面以下 3m 处,轴重对路基应力的影响仍然十分明显,这说明超载引起的路基竖向应力扩散还不够充分。以原路面结构 0.8m 处的应力值为标准,超载率分别达到 100% 和 200% 时,荷载影响深度分别可以达到 1.70m 和 2.65m。由此可见,超载对路基应力扩散深度的影响远远大于轴型因素和层间接触因素对路基应力扩散深度的影响。因此,要严格控制超载现象。

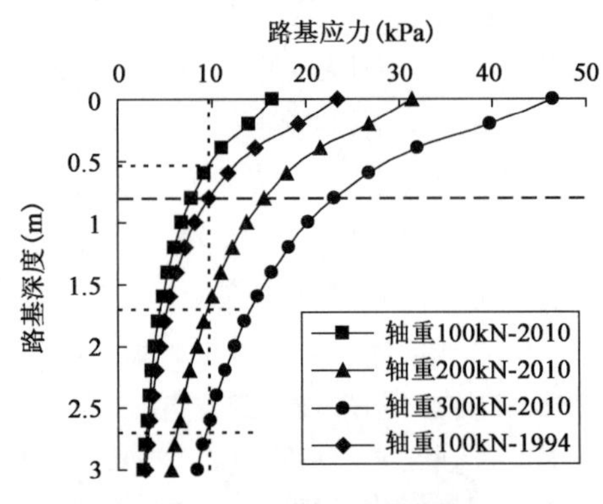

图 3-41　轴重对路基应力扩散深度的影响

3.5.2　路面整体刚度半径与路基顶面应力的关系

1)路面整体刚度半径的计算

对于双层薄板,层间为结合(即水平方向无位移)状态时,上下层板具有同一中性面,中性面与上下层中面的距离 h_s、h_x 分别为:

$$h_s = \frac{h_1 + h_2}{2E_1h_1}\left(\frac{1}{E_1h_1} + \frac{\alpha}{E_2h_2}\right)^{-1} \tag{3-40}$$

$$h_x = \frac{h_1 + h_2}{2E_2h_2}\left(\frac{1}{\alpha E_1h_1} + \frac{1}{E_2h_2}\right)^{-1} \tag{3-41}$$

式中：h_1、h_2——上、下层板的厚度；

E_1、E_2——上下层板的当量弹性模量；

$\alpha = \frac{\rho_x + \mu_1\rho_y}{\rho_x + \mu_2\rho_y}\left(或\frac{\rho_y + \mu_1\rho_x}{\rho_y + \mu_2\rho_x}\right)$。

上、下层板材料的泊松比 μ_1 与 μ_2 一般比较接近，在通常情况下，可忽略它们的差异，即 $\alpha \approx 1$；设上、下层板厚度 i 和为 h_0，$h_0 = h_1 + h_2$，则式 3-40 和式 3-41 可改写为：

$$h_s = \frac{eh_0}{2E_1h_1} \tag{3-42}$$

$$h_x = \frac{eh_0}{2E_2h_2} \tag{3-43}$$

可得：

$$e^{-1} = \frac{1}{E_1h_1} + \frac{1}{E_2h_2}$$

则双层板的当量刚度 D 为：

$$D = \frac{E_1h_1^3}{12} + \frac{E_2h_2^3}{12} + \frac{eh_0^2}{4}k_u \tag{3-44}$$

式中：k_u——层间接触系数，层间连续时取 1，层间光滑时为 0。

结合模型界面条件（面层与基层之间分离，基层与底基层结合），路面整体刚度的计算式为：

$$D = D_{面层} + D_{基层} + D_{底基层} + D_{基+底} \tag{3-45}$$

路面整理刚度半径 l 为：

$$l = \sqrt[3]{\frac{2D(1 - \mu_0^2)}{E_0}} \tag{3-46}$$

式中：E_0——土基模量；

μ_0——土基泊松比。

2）路基顶面压应力与刚度半径的关系

不同层间条件，轴型和不同荷位作用时，路基顶面压应力随刚度半径变化的曲线，见图 3-42。

由拟合的关系曲线可知，在不同条件（层间接触、轴型和荷位）下，路基竖向应力均随着路面整体刚度半径的增加而减小。当刚度半径相同时，面层与基层层间光滑时的路基竖向压应力要大于层间连续时的压应力；路基应力随着轴数的增加而增加，多轴荷载之间的应力差要小于双轴与单轴荷载之间的应力差；板角荷位的路基压应力大于板边和板中荷位时的压应力，板中最小。

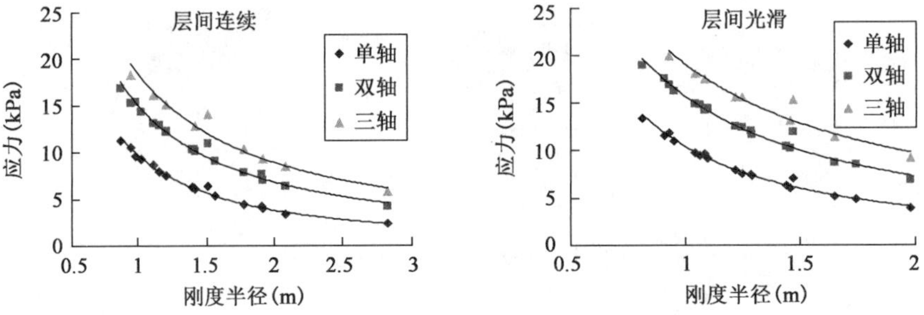

a)板中荷位

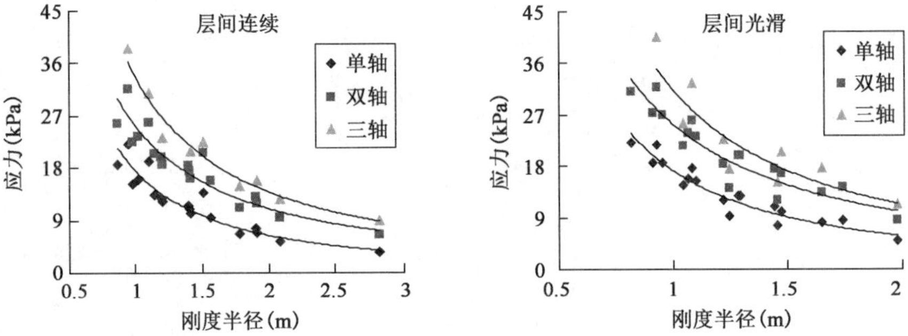

b)板边荷位

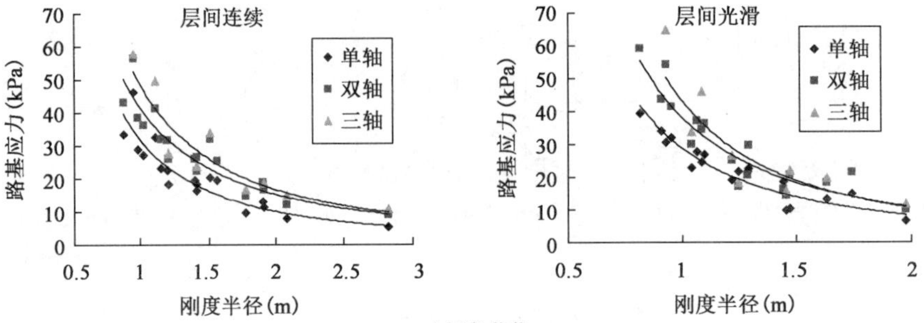

c)板角荷位

图 3-42　路基顶面压应力与刚度半径关系曲线

路基顶面压应力随刚度半径变化的关系式为：

$$\sigma_0 = ml^n \tag{3-47}$$

式中：σ_0——路基顶面最大压应力(kPa)；

l——路面当量刚度半径(m)；

m、n——回归参数，具体值见表 3-14。

回 归 参 数　　表 3-14

荷位		板中			板边			板角		
层间条件	系数	单轴	双轴	三轴	单轴	双轴	三轴	单轴	双轴	三轴
层间连续	m	9.759	15.070	18.492	17.684	25.490	36.697	31.782	41.403	48.531
	n	-1.353	-1.142	-1.053	-1.462	-1.214	-1.362	-1.656	-1.438	-1.536
	R^2	0.992	0.984	0.968	0.917	0.908	0.894	0.900	0.893	0.889

续上表

荷位		板中			板边			板角		
层间条件	系数	单轴	双轴	三轴	单轴	双轴	三轴	单轴	双轴	三轴
层间光滑	m	10.386	15.653	19.068	17.163	25.285	31.258	28.759	38.114	43.093
	n	-1.355	-1.105	-0.978	-1.566	-1.339	-1.474	-1.804	-1.815	-2.032
	R^2	0.985	0.973	0.936	0.896	0.856	0.826	0.832	0.828	0.811

3.5.3 路基应力水平分析

水泥混凝土的弹性模量为(25~40)×10³MPa,因此,混凝土面层板具有很高的刚度和扩散荷载的能力,通过面层板传到路床顶面的荷载应力很小,一般情况下小于0.05MPa,所以,水泥混凝土铺面不要求有强度大或承载力高的路基。从应力角度看,路基应满足以下几点要求:

(1)路基应具有足够的承载能力和水温稳定性。如果路基较为松软和水温条件差,在行车荷载作用下就会产生过大的沉陷变形,甚至引起翻浆现象,使路面失去坚强而均匀的支承,招致路面结构过早损坏。

(2)具备同行车荷载相适应的强度和刚度。在行车荷载作用下,路面结构内会产生拉、压、剪切等应力和变形。如果路基的强度和抗变形能力不足,则就会出现断裂、沉陷和波浪等损坏现象,使路况迅速恶化,而严重影响道路的服务质量。

(3)经久耐用,具有较高的抗疲劳能力。由于行车荷载和气候因素(冷热,干湿)的多次重复作用,路基会出现疲劳破坏、塑性变形累积等。道路的使用年限过短,将增加养生工作量和费用,并严重干扰路上的正常交通。

经计算各种路面结构路基顶面压应力大小见表3-15。计算时,单轴、双轴和三轴荷载荷重分别取100kN、200kN和300kN。计算结构表明:路基应力水平随着轴数的增多而增加。双轴荷载比单轴荷载时,增加量较大,而多轴荷载之间的变化则较小。尤其在板角荷位,由于三轴荷载时,两轴之间轴距较大,应力叠加效果不明显。

路基应力水平(kPa) 表3-15

层间状态	轴型	土基模量20MPa			土基模量50MPa			土基模量80MPa		
		板中	板边	板角	板中	板边	板角	板中	板边	板角
层间连续	单轴	2.3~6.4	3.6~13.7	5.4~26.4	3.4~9.3	5.4~19.1	8.0~38.7	4.4~11.3	6.7~22.2	9.5~46.2
	双轴	4.3~10.9	6.5~22.6	9.0~36.1	6.4~14.4	9.4~28.8	12.2~48	7.9~16.8	11.2~31	14.7~56
	三轴	5.8~14.0	9.0~29.5	10.9~37	8.4~16.1	12.6~35	15.0~49	10.3~18	14.8~38	16.8~57
层间光滑	单轴	3.9~7.0	5.0~14.0	6.5~30.2	6.0~10.1	7.6~20.6	9.8~44.7	7.5~13.3	9.3~24.8	11.8~53
	双轴	6.8~11.9	8.6~22.8	9.9~40.5	10.2~16	12.0~31	14.3~54	12.4~19	14.2~35	17.2~64
	三轴	9.2~15.2	11.3~29	11.6~42	13.1~17	15.2~37	15.8~56	15.6~19	17.4~41	18.4~64

不同荷位时,路基应力水平有较大的差距。板中荷位时,标准单轴-双轮100kN作用下,路基顶面压应力水平为2.3~13.3kPa;双轴-双轮和三轴-双轮作用时,路基应力水平分别为4.3~19.0kPa和5.8~19.9kPa。板边荷位时,单轴-双轮、单轴-双轮和三轴-双轮作用时,路基应力水平分别为3.6~24.8kPa、6.5~35.8kPa和9.0~41.5kPa。板角荷位时,单轴-双轮、单

轴-双轮和三轴-双轮作用时，路基应力水平分别为5.4～53.6kPa、9.0～64.3kPa和10.9～64.8kPa。

对于相同的路面结构、轴载及荷位。水泥混凝土面板与基层层间光滑时，路基应力水平要大于层间完全连续的情况。同时，路基应力水平还随着路基模量的增加而增加。对不同路面结构、轴型、荷载作用位置、路基模量和层间接触条件时的路基应力水平计算表明：荷载通过水泥混凝土板及基层和底基层的扩散作用以后，到达路基顶面的应力水平已经很低，一般不会超过60kPa。

3.5.4 路基工作区合理取值

公路的工程结构由路基和路面组合而成。他们共同作用于天然地基上，其作用荷载为路基路面本身的自重以及汽车荷载。在这两种荷载共同作用之下，在一定深度范围内，路基和地基土处于受力状态。正确的设计应使得路基地基所受的力在路基弹性限度范围内，而当车辆驶过后，路基能恢复原状，以保证路基相对稳定，路面不致引起破坏。

1）现行路基工作区深度划分方法的局限性

我国公路路基设计规范将路基0～80cm定义为路床区，其中0～30cm为上路床，30～80cm为下路床；80～150cm为上路堤，150cm以下为下路堤。不管是高速公路还是等级路中的路基都是这个划分标准。

事实上，由于各种道路的路面结构不同，路基压实度不同，车辆荷载不同，路基工作区也不同。路基工作区的定义虽然已经将不同路面结构、不同压实度等因素对车辆荷载在路基中应力扩散作用的不同考虑在内了，但是1/10～1/5这个界定标准还很模糊，物理意义也不明确。

2）单位荷载应力

水泥混凝土路面下路基竖向应力σ_n可表示为：

$$\sigma_n = P\,\tilde{\sigma}_n \tag{3-48}$$

式中：σ_n——n轴荷载下路基竖向应力（Pa）；

P——轴重（kN）；

$\tilde{\sigma}_n$——单位荷载应力（Pa/kN）。

板中荷位时，单轴荷载作用下的$\tilde{\sigma}_1$随着路面结构的增强、路基回弹模量的减小而变小。路面结构和路基模量相等，面层与基层层间光滑时$\tilde{\sigma}_1$值要大于层间连续时的情况。在路基顶面，这种差异较为显著，差值一般在10～30Pa/kN之间。然而随着路基深度的增加，荷载应力进一步扩散，层间接触状态对单位荷载应力$\tilde{\sigma}_1$的影响逐渐减小。路基回弹模量在20～80MPa变化时，在路基顶面$\tilde{\sigma}_1$值相应的在23.30～133.47Pa/kN之间变化。对于不同的路面结构（中等交通二级公路、重载一级公路和特重载高速公路），单位荷载应力$\tilde{\sigma}_1$分别在63.11～133.47Pa/kN、40.52～115.38Pa/kN和23.30～91.74Pa/kN之间变化。多轴荷载时，单位荷载应力$\tilde{\sigma}_2$和$\tilde{\sigma}_3$也随着路面结构的增强、路基回弹模量的减小而变小。只是由于轴型的多轴化，层间接触状态对单位荷载应力的影响有一定的减弱。由于层间接触状态引起的$\tilde{\sigma}_2$差异一般在5～25Pa/kN以内，$\tilde{\sigma}_3$变化一般在5～20Pa/kN以内。不同路面结构和路基回弹模量时，$\tilde{\sigma}_2$

和 $\tilde{\sigma}_3$ 在路基顶面的值分别在 21.51 ~ 94.92Pa/kN 和 20.07 ~ 66.41Pa/kN 范围内变化；同一种路面结构 $\tilde{\sigma}_3 < \tilde{\sigma}_2 < \tilde{\sigma}_1$。

板边荷位和板角荷位时，单位荷载应力 $\tilde{\sigma}_n$ 也有类似的变化规律。板边荷位时，单位荷载应力 $\tilde{\sigma}_1$ 随着路基模量的增加而增大，路基模量在 20 ~ 80MPa 变化时，在路基顶面其数值相应的在 35.61 ~ 248.11Pa/kN 范围变化；板角荷位时，其数值在 54.20 ~ 536.35Pa/kN 范围变化。对于不同的路面结构，板边荷位时单位荷载应力 $\tilde{\sigma}_1$ 分别在 115.76 ~ 248.11Pa/kN、69.52 ~ 186.35Pa/kN 和 35.61 ~ 153.49Pa/kN 之间变化，板角荷位时其值分别在 195.48 ~ 536.35Pa/kN、113.97 ~ 339.17Pa/kN 和 54.20 ~ 268.69Pa/kN 之间变化。在板边荷位时，对于不同的路面结构和路基模量，$\tilde{\sigma}_2$ 和 $\tilde{\sigma}_3$ 在路基顶面的值分别在 32.59 ~ 171.39Pa/kN 和 30.03 ~ 134.92Pa/kN 范围内变化；板角荷位时，$\tilde{\sigma}_2$ 和 $\tilde{\sigma}_3$ 在路基顶面的值分别在 44.92 ~ 245.27Pa/kN 和 36.31 ~ 216.05Pa/kN范围内变化。不同荷位及路面结构组合时，单位荷载应力 $\tilde{\sigma}_n$ 的大小见表 3-16。

荷载应力系数$\tilde{\sigma}_n$(Pa/kN)　　表 3-16

荷　位		板　中	板　边	板　角
中等交通二级公路	$\tilde{\sigma}_1$	63.11 ~ 133.47	115.76 ~ 248.11	195.48 ~ 536.35
	$\tilde{\sigma}_2$	52.66 ~ 94.92	92.06 ~ 155.14	130.53 ~ 245.27
	$\tilde{\sigma}_3$	46.82 ~ 66.41	94.92 ~ 134.92	126.25 ~ 216.05
重载一级	$\tilde{\sigma}_1$	40.52 ~ 115.38	69.52 ~ 186.35	113.97 ~ 339.17
	$\tilde{\sigma}_2$	35.15 ~ 87.63	59.16 ~ 137.12	83.28 ~ 218.07
	$\tilde{\sigma}_3$	30.94 ~ 60.03	52.73 ~ 84.94	61.94 ~ 102.26
特重载高速公路	$\tilde{\sigma}_1$	23.30 ~ 91.74	35.61 ~ 153.49	54.20 ~ 268.69
	$\tilde{\sigma}_2$	21.51 ~ 62.15	32.59 ~ 70.86	44.92 ~ 85.90
	$\tilde{\sigma}_3$	20.07 ~ 51.85	30.03 ~ 58.04	36.31 ~ 61.25

3）基于压应变的路基工作区深度控制指标

水泥混凝土面层板具有很高的刚度和扩散荷载的能力，通过面层板传到路床顶面的荷载应力很小，设计路面结构时主要考虑路基土的永久变形。迄今提出过多种限制路基土永久变形的方案。这些方案可归结为两类：一类是依据所建立路基土的永久应变预估模型，采用分层应变总和法估算永久变形累积量，并依据使用要求设定永久变形量的容许标准。这类方法需要对所选用的材料进行室内重复三轴试验，以确定相关的预估模型参数值，因而，需要进行大量的室内试验、试验路观测和验证以及路面结构的应力—应变分析工作。这类方法较符合实际，具有理论基础，可以用于永久变形量的计算，但工作量较大，而且不符合设计实用。另一类是通过限制路基土的应力水平，以保证路基土不发生剪切破坏或者使它们在重复荷载作用下产生的永久变形趋于稳定，所产生的累积永久变形量控制在有限的容许范围内，从而保证其累积量不会对面层的开裂产生不利影响。使用壳牌设计方法中路基顶面竖向压应变指标控制路基工作区深度。路基表面垂直压应变 ε_z 与累计轴载作用次数 N 的关系为：

$$\varepsilon_z = 0.021N^{-0.25} \tag{3-49}$$

具有 85% 的置信区间。若置信水平拟提高到 95%，则应将式中的 0.021 改为 0.018。

(1)荷载作用次数换算

根据《公路水泥混凝土路面设计规范》(JTG D40—2002)中混凝土面板厚度设计案例,使用表3-17中的数据作为不同路面结构下荷载累计作用次数。

不同路面结构下荷载累计作用次数 表3-17

路面结构	中等交通二级	重载一级	特重高速
现路面结构	7.48×10^5	1.71×10^7	3.19×10^8
原路面结构	5.00×10^5	4.12×10^6	3.00×10^7

AASHO试验路的标准轴载轴载参数为:轴载18000lbf(80kN),接地压强0.49MPa,双圆当量半径$\delta=11.5$cm,考虑到与BZZ-100的轴载换算,按表3-18根据内插法得到表3-19。

$$N_{80}=\frac{N_{100}}{0.3869} \tag{3-50}$$

AASHTO路面结构设计方法中的部分水泥路面轴载当量换算系数 表3-18

轴载(10^3lbf)	18	20	22	24
单轴	1.00	1.57	2.34	3.36
双轴	0.133	0.206	0.308	0.444
三轴	0.044	0.067	0.099	0.141

注:1×10^3lbf=4.448kN。

标准轴载80kN(18000lbf)时的作用次数 表3-19

路面结构	中等交通二级	重载一级	特重高速
现路面结构	1.93×10^6	4.42×10^7	8.24×10^8
原路面结构	1.29×10^6	1.07×10^7	7.76×10^7

(2)路基压应变回归方程

利用有限元计算数据,对路基压应变与路基深度与路面整体刚度半径进行数据回归。水泥混凝土板边荷位(与规范相对应)时,不同轴型的路基压应变回归方程见式(3-51)~式(3-53)。

$$\varepsilon_1=\frac{4949.3z^{-0.5594}l^{-1.0819}}{E_0} \tag{3-51}$$

$$\varepsilon_2=\frac{7558.3z^{-0.4819}l^{-0.9708}}{E_0} \tag{3-52}$$

$$\varepsilon_3=\frac{8181.2z^{-0.4063}l^{-1.0049}}{E_0} \tag{3-53}$$

式中:z——路基深度,0.2m≤z≤0.8m;

l——路面整体刚度半径(m)。

(3)路基工作区深度推荐值

根据《道路车辆外廓尺寸、轴荷及质量限值》(GB 1589—2004)与《超限运输车辆行驶公路管理规定》,单轴-双轮组、双轴-双轮组和三轴-双轮组荷载最大限值分别为10t、18t和22t。因此,单轴、双轴和三轴-双轮荷重P分别取100kN、180kN和220kN。假设原路面结构在0.8m

处的路基压应力为此路面结构容许压应力的 ζ 倍，则当现路面结构在路基某一深度处的压应力值也为现路面结构容许压应力的 ζ 倍时，这一深度即为路基工作区深度。现路面结构单轴荷载时以原路面结构单轴荷载时的 ζ 值为标准；现路面结构双轴和三轴荷载时以原路面结构双轴荷载时的 ζ 值为标准。据此推荐的路基工作区深度见表 3-20。

路基工作区深度(m)　　表 3-20

轴　　型	中等交通二级公路	重载一级公路	特重载高速公路
单轴	0.85	1.05	1.10
双轴	0.85	1.10	1.25
三轴	1.00	1.40	1.50
路基工作区深度推荐值	1.00	1.40	1.50

从荷载轴型来看，路面结构只作用单轴-双轮荷载时，路基工作区深度在 0.85～1.10m 之间变化，原路基工作区深度 0.8m 已不能满足现在路面结构和车辆轴载的情况。作用单轴-双轮和三轴-双轮荷载时，路基工作区深度分别在 0.85～1.25m 和 1.00～1.50m 之间。由此可见，即使路面结构得到了增强，0.8m 的路基工作区深度仍不能满足车辆多轴化的情况。

从公路等级和交通荷载来看，在中等交通二级公路时，路基工作区深度在 0.85～1.00m 之间，0.8m 的路基工作区深度已经不能够满足其要求。重载一级公路和特重载高速公路，在只作用单轴-双轮荷载时，路基工作区深度分别在 1.05～1.40m 和 1.10～1.50m 之间。

综上所述，路基工作区深度在 0.85～1.50m 之间变化，建议取 1.50m 作为路基工作区深度。不同公路和交通荷载等级时，路基工作区深度可以根据实际情况适当变化。

建议以 0.8m 为划分上下路床的临界值，即路基顶面以下 0.8m 为上路床，而 0.8m 以下至路基工作区深度为下路床(其值可根据表 3-20 做适当的调整)。对上、下路床填料的强度(CBR)和压实度要求，仍按表 3-21 中的规定。

路床土最小强度和压实度要求　　表 3-21

项 目 分 类	路面底面以下深度(m)	填料最小强度(CBR)(%)			压实度(%)		
		高速、一级公路	二级公路	三、四级公路	高速、一级公路	二级公路	三、四级公路
填方路基	0～0.3	8	6	5	≥96	≥95	≥94
	0.3～0.8	5	4	3	≥96	≥95	≥94
零填及挖方路基	0～0.3	8	6	5	≥96	≥95	≥94
	0.3～0.8	5	4	3	≥96	≥95	—

3.6　严寒重载水泥混凝土路面设计方法

田波等(2000)针对大量超重车辆的出现，应用有限元法分析了特重车辆对水泥混凝土路面荷载应力的影响，并对计算结果进行回归分析，提出了新的板纵向边缘中部最大应力计算式。山西省交通科学研究院与同济大学联合主持的“山西省特重载水泥混凝土路面合理结构的研究”项目依据运煤公路轴载谱和超重情况调查，采用涵盖超重车辆的荷载作用图式，分析归纳了纵边边缘中部的荷载应力计算式,依据荷载和温度综合作用下的疲劳断裂准则,提出了山西省特重载水泥混凝土路面合理结构。但其设计方法未增补基层破坏控制指标,也未考虑土基在超重运煤车辆作用下不均匀变形的影响,因此,采用其推荐的结构并不能降低路面结构早期损坏的发生,如基层断裂,基层底部唧泥、脱空等病害。

国外,由于车辆超载一般不超过15%,因此其轴重实际上是不高的,相应的设计使用期内的预估累计标准轴载作用次数最多几千万次,各地根据气候条件,推荐了一些水泥混凝土路面的典型结构。在我国某些地区,如山西、广西和广东等地,货运车辆的超载超限情况极为严重,超载最高达200%~300%,由此预估的当量标准轴载作用次数达到1010~1013万次,即使采用规范(JTG D40—2002)推荐的最厚混凝土路面结构,仍然难以承受如此高的累计标准轴载作用。

同济大学主持的西部交通科技建设项目(200231882235)“水泥混凝土路面断板分析及防治技术研究”,对我国公路上行驶的载重车辆(额定轴载、轮距、轴距等)荷载特征参数、水泥混凝土路面损坏类型和原因、板底脱空演化、路面结构设计方法进行了探讨,增补了基层疲劳破坏控制指标,但所采用的车辆荷载图式没有涵盖超重、高轮压的情形,亦未考虑土基不均匀变形的影响。

3.6.1 破坏模式

1)以荷载疲劳应力破坏为指标

《公路水泥混凝土路面设计规范》(JTG D40—2002)充分考虑横缝间普遍设置的传力杆对路面板内部应力的影响,选取混凝土板的纵向边缘中部作为产生最大荷载和温度梯度综合疲劳损坏的破坏模式。近年来我国公路运输业发展迅速,货车重载化、多轴化的趋势逐渐增强。依据对公路常见车型进行统计分类,计算温度梯度和车辆荷载综合作用下路面板临界荷位疲劳损耗,进而确定其破坏模式。

对路面破损情况进行调查可知,横向裂缝破坏是混凝土路面主要的破坏形式之一,通过对已破坏路面进行钻心取样,发现裂缝开展的方向有自上而下(Top-Dowm)的裂缝和自下而上(Bottom-Up)的裂缝两种。这主要由于不同轴距车辆对路面施加的荷载应力与不同温度梯度在路面板内形成的温度荷载相互耦合,最终形成破坏。处于正温度梯度环境中时,受到热胀冷缩的作用,路面板板中向上拱起,板角向下翘,当轴载作用在板中附近时,板底受拉,产生自下而上的裂缝,具体荷载位置及破坏形式如图3-43、图3-44所示。处于负温度梯度环境中时,路面板板角向上翘起,板中向下凹陷,若轴载作用在同一块板的两端位置时,板顶受拉,产生自上而下的裂缝,具体荷载位置及破坏形式如图3-45、图3-46所示。

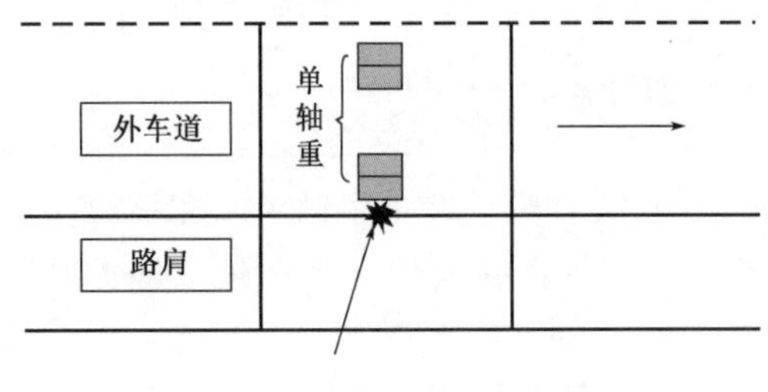

图3-43 自下而上裂缝荷载作用位置

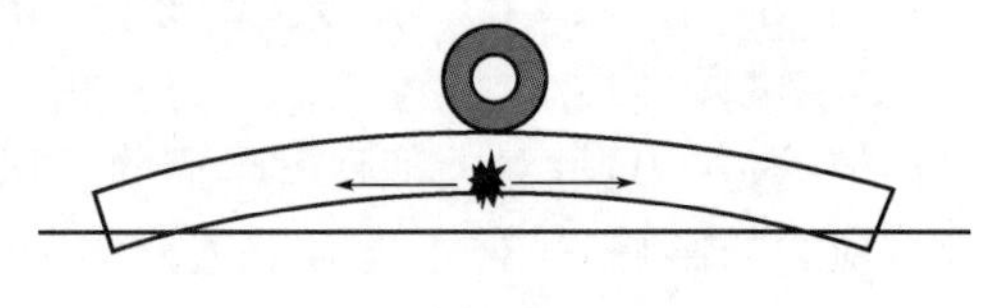

图3-44 自下而上裂缝破坏形式

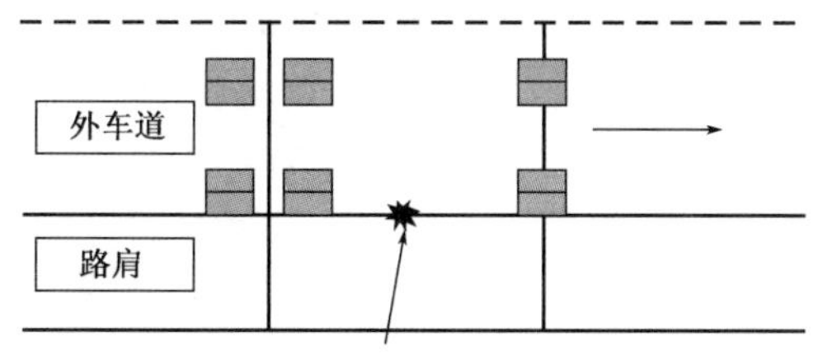

图 3-45 自上而下裂缝荷载作用位置

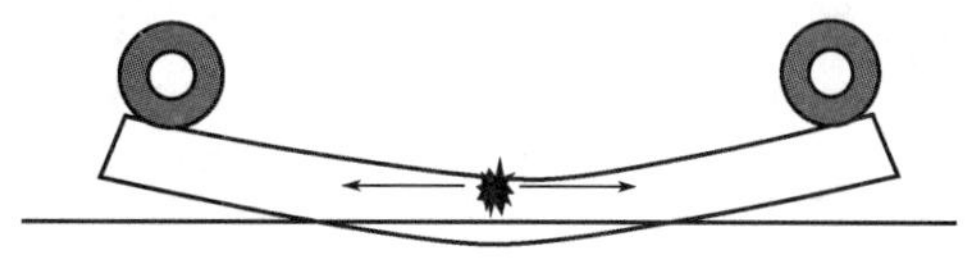

图 3-46 自上而下裂缝破坏形式

采用带路肩三连板混凝土路面模型,计算路面板在不同车型和正、负、零温度梯度的共同作用下,板内最大应力点的位置和大小以及相对应的破坏模式。由计算结果可知,在正温度梯度和车辆荷载的共同影响下,路面板板底承受的最大拉应力大于板顶承受的最大拉应力,容易产生自下而上的裂缝破坏,同样,在负温度梯度和车辆荷载的共同影响下,板顶承受更大的拉应力,容易产生自上而下的裂缝破坏。零温度梯度下,车辆荷载每一个荷位产生的最大应力值差别不大,分布较平均,无明显峰值。

水泥混凝土板的横向裂缝产生于板的顶部并向下传播,还是相反的自下而上,取决于现场的荷载和环境条件,同时也取决于材料的组成和施工的条件。对于自下而上的横向裂缝,当车辆荷载行驶到板的纵缝边缘附近时,主要的弯拉张力发生在板底。这个应力在温度的上升阶段在板内迅速增加(板顶的温度高于板底的温度),在这种条件下,重载的反复作用导致板底边缘疲劳破坏,甚至导致路面可以看到的横向裂缝;一段时间后,一些有接缝素混凝土路面横向裂缝恶化引起路面的不平整。引起底板到顶板的裂缝的主要原因是波特兰水泥混凝土的温度膨胀系数,板的厚度,接缝间距,板的宽度,混凝土的路肩约束,混凝土的强度和基层的稳定性。对于自上而下的横向裂缝,当路面暴露于比较高的降温条件下,或者板顶比板底有较高的收缩,重载的重复作用会导致板顶疲劳破坏,甚至会导致路面产生的横向裂缝。自上而下的裂缝的荷载条件,包括同时作用在板体的两端轮载的组合;在低温和湿度降低条件下,这种荷载组合会引起板顶纵缝边缘附近较高的拉应力。

2)以板角疲劳应力破坏为指标

当板角承受的累积损伤超过其疲劳强度时,板角会发生破坏。原因在于重复荷载及降雨的作用下,基层顶面受到冲刷,引起板底脱空,导致混凝土板边顶部的损伤累积逐步增大,最终引起疲劳破坏。考虑单轴-单轮、单轴-双轮、单轴-双轮、三轴-双轮 4 种轴载,以 0.2m 为步长沿路肩纵缝行进,计算路面板在上下温差分别为 20℃、15℃、10℃、5℃、0℃、-5℃、-10℃的情况下,4 种轴载作用于不同荷位时的最大挠度值。其中,正值表示板角向下翘;负值表示板角向上翘。

对于所有温度梯度情况,单轴-单轮组和单轴-双轮组荷载从起始位置开始,沿路肩纵缝向前行进的过程中,荷载作用点离板角距离逐渐增加,路面板板角挠度值也随之逐渐减小。在整个计算过程中,单轴-双轮组产生的板角挠度始终大于单轴-单轮组,但是随着荷载向板中移动,两者在板角产生的挠度差逐渐减小。单轴-双轮组和三轴-双轮组轴载作用于路面板不同荷位时,板角处产生的最大挠度值几乎相同,均大于单轴-单轮组和单轴-双轮组轴载在板角产生的挠度。由于受到多轴化的影响,双轴荷载和三轴荷载在移动过程中,板角挠度会出现多次峰值。其中,双轴荷载的峰值出现在起始位置和首轴距起始边 1.2m 处。三轴荷载的峰值出现在起始位置、首轴距起始边 1.2m 以及首轴距起始边 2.6m 处。对于多轴荷载，当任意一根轴向横缝移动时，在板角产生的挠度逐渐增加；当轴远离横缝时，在板角产生的挠度逐渐减小。当轴紧挨横缝时，板角挠度最大。对于公路上常见的单轴-单轮、单轴-双轮、单轴-双轮、三轴-双轮这四种轴载形式，以控制挠度量为设计标准，临界荷位均为轴载首轴紧贴横缝边缘的位置，四种轴载的临界荷位具体如图 3-47 ~ 图 3-50 所示。

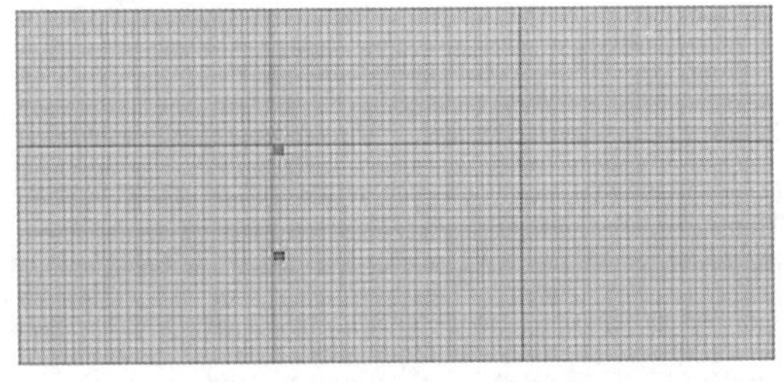

图 3-47　单轴-单轮临界荷位

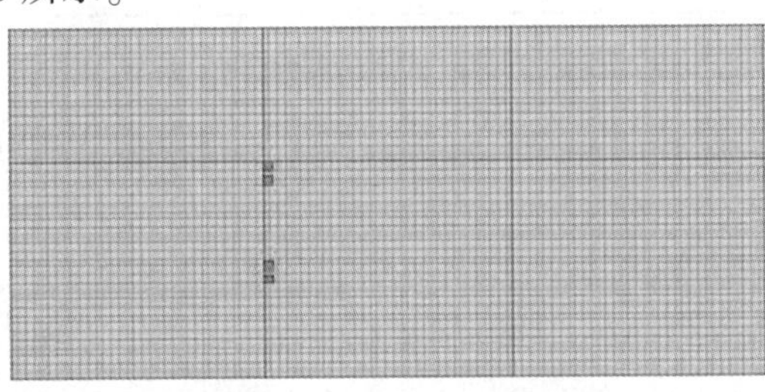

图 3-48　单轴-双轮临界荷位

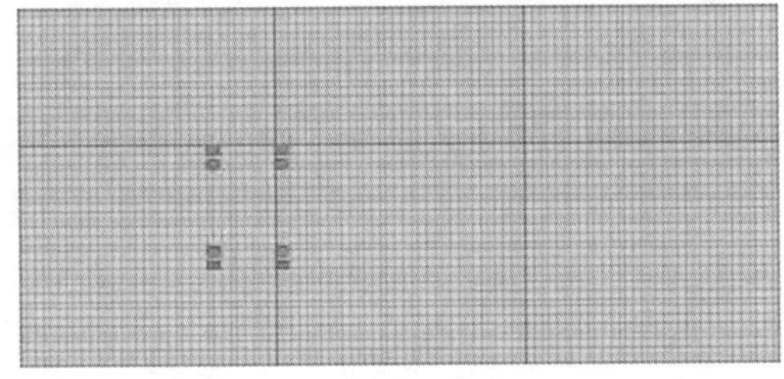

图 3-49　单轴-双轮临界荷位

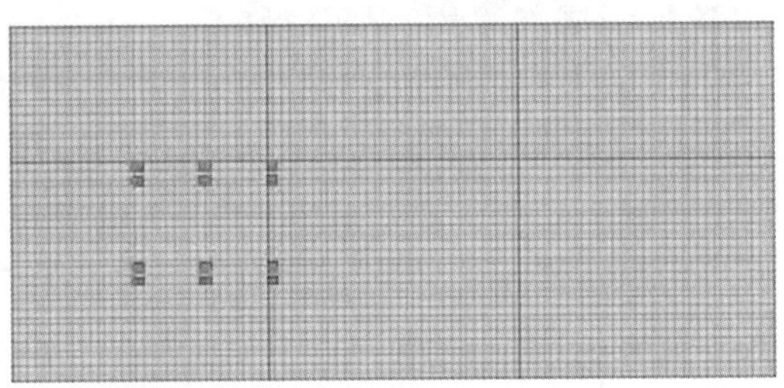

图 3-50　三轴-双轮临界荷

3.6.2　设计准则

重载水泥混凝土路面的损坏主要是路面结构断裂以及因基层冲刷引发的板底唧泥、脱空和错台。对于后者，可通过采用如贫混凝土、碾压混凝土和水泥处治碎石等耐冲刷材料修筑基层，横缝加设传力杆，基层适度超宽的方法等加以控制。

对于已采用耐冲刷刚性或半刚性基层、横缝传力杆、基层适度超宽的重载水泥混凝土路面，其结构设计的目标应是控制路面不出现结构断裂，即控制行车荷载作用下产生的路面结构层（面、基层）荷载疲劳应力和环境条件（温度梯度）作用产生的温度疲劳应力不超过面层混凝土和基层材料的弯拉强度。

考虑目标可靠度的面层和基层综合疲劳准则为：

$$\gamma_r(\sigma_{1pr}+\sigma_{1tr})\leqslant f_{1r} \tag{3-54a}$$

$$\gamma_r(\sigma_{2pr}+\sigma_{2tr})\leqslant f_{2r} \tag{3-54b}$$

式中：σ_{1pr}、σ_{1tr}——面层荷载疲劳应力和温度疲劳应力；

σ_{2pr}、σ_{2tr}——基层荷载疲劳应力和温度疲劳应力；

f_{1r}、f_{2r}——面层和基层材料的弯拉强度；

γ_r——面层和基层的可靠度系数，依据所选公路等级、目标可靠度及材料变异水平等级，由表 3-22 确定。

可靠度系数 表3-22

公路等级		高速公路	一级公路	二级公路	三、四级公路
面层目标可靠度(%)		95	90	85	80
变异水平等级	低	1.20~1.33	1.09~1.16	1.04~1.08	—
	中	1.33~1.50	1.16~1.23	1.08~1.13	1.04~1.07
	高	—	1.23~1.33	1.13~1.18	1.07~1.11
基层目标可靠度(%)		85	80	—	—
变异水平等级	低	1.04~1.08	—	—	—
	中	1.08~1.13	1.04~1.07	—	—
	高	1.13~1.18	1.07~1.11	—	—

3.6.3 荷载应力计算

1)面层荷载应力计算

重载水泥混凝土路面的面层板的设计疲劳荷载应力计算式,在形式上与一般水泥混凝土路面的设计疲劳荷载应力 σ_{1pr} 计算式相同。即:

$$\sigma_{1pr}=k_{1r}k_{1f}k_c\sigma_{1ps} \tag{3-55}$$

式中:σ_{1ps}——标准轴载 $P_s=100$kN 在四边自由双层板的面层板临界荷位荷载应力;

k_{1r}——考虑接缝传荷能力、基层超宽作用的荷载应力折减系数,$k_{1r}=0.84\sim1.0$;

k_{1f}——考虑设计基准期内荷载应力累计疲劳作用的疲劳应力系数,$k_{1f}=N_e^v$,对于素混凝土,$v=0.057$;

k_c——考虑路面疲劳损坏的综合系数,依据公路等级不同,$k_c=1.0\sim1.15$,高速公路,$k_c=1.15$;一级公路,$k_c=1.10$;二级公路,$k_c=1.05$;三四级公路,$k_c=1.0$。

在式(3-55)中,应力折减系数 k_{1r} 赋予两层含义,它除了保留考虑接缝传荷能力效应之外,还考虑基层超宽对荷载应力的折减作用;另外两个系数的含义不变,可按规范确定。

标准轴载 $P_s=100$kN 在四边自由双层板的面层板临界荷位荷载应力为:

$$\sigma_{1ps}=\frac{1.45\times10^{-3}}{1+\frac{D_2}{D_1}}r_g^{0.65}h_1^{-2}P_s^{0.94} \tag{3-56a}$$

$$D_1=\frac{E_1h_1^3}{12(1-v_1^2)},D_2=\frac{E_2h_2^3}{12(1-v_2^2)} \tag{3-56b}$$

$$r_g=1.23\left(\frac{D_1+D_2}{E_t}\right)^{\frac{1}{3}} \tag{3-56c}$$

式中:E_t——板底地基综合回弹模量;

E_1、E_2——上、下层模量;

h_1、h_2——上、下层厚度;

v_1、v_2——上、下层泊松比;

r_g——当量刚度半径。

2)基层荷载应力计算

考虑纵缝边缘中部下方基层底面点作为临界荷位,基层板的设计疲劳荷载应力的计算式仍可采用式(3-55),但下标需要做相应变动,为:

$$\sigma_{pr2}=k_{2f}k_c\sigma_{ps2} \tag{3-57}$$

式中:σ_{ps2}——标准轴载 $P_s=100$kN 在四边自由双层板的下层板临界荷位荷载应力;

k_{2f}——考虑设计基准期内荷载应力累计疲劳作用的疲劳应力系数,$k_{2f}=N_e^v$,贫混凝土基层,$v=0.065$,一般半刚性材料基层,$v=0.075$。

标准轴载 $P_s=100$kN 在四边自由双层板的下层板临界荷位荷载应力 σ_{ps2} 为:

$$\sigma_{2ps}=\frac{1.41\times10^{-3}}{1+\dfrac{D_1}{D_2}}r_g^{0.68}h_2^{-2}P_s^{0.94} \tag{3-58}$$

3.6.4 温度应力计算

1)面层温度应力计算

重载水泥混凝土路面的面层板疲劳温度应力的含义和计算方法与一般水泥混凝土路面的相同,临界荷位处的混凝土面层板温度疲劳应力按式 3-59 计算:

$$\sigma_{1tr}=k_{1t}\sigma_{1tmax} \tag{3-59}$$

式中:σ_{1tr}——临界荷位处的混凝土面层板温度疲劳应力(MPa);

k_{1t}——考虑温度应力累计疲劳作用的温度疲劳应力系数,按式(3-60)确定;

σ_{1tmax}——最大温度梯度时混凝土面层板最大温度应力(MPa),按式(3-61)和式(3-62)确定,即由 x,y 方向最大温度应力矢量合成而得。

$$k_{1t}=\frac{f_{1r}}{\sigma_{1tmax}}\left[a\left(\frac{\sigma_{1tmax}}{f_{1r}}\right)^c-b\right] \tag{3-60}$$

式中:a、b、c——回归系数,按所在地区的公路自然区划查表 3-23 确定。

回归系数 a,b 和 c 表 3-23

系　数	公路自然区划					
	Ⅱ	Ⅲ	Ⅳ	Ⅴ	Ⅵ	Ⅶ
a	0.828	0.855	0.841	0.871	0.837	0.834
b	0.041	0.041	0.058	0.071	0.038	0.052
c	1.323	1.355	1.323	1.287	1.382	1.270

面层板临界荷位处的最大温度应力为:

$$\sigma_{tx}=\sigma_0\cdot D_x(1\pm B_i)=\frac{E\alpha hT_g}{2(1-\mu)}\cdot D_x(1\pm B_i) \tag{3-61}$$

$$\sigma_{ty}=\sigma_0\cdot D_y(1\pm B_i)=\frac{E\alpha hT_g}{2(1-\mu)}\cdot D_y(1\pm B_i) \tag{3-62}$$

式中:α——混凝土面层的热膨胀系数,$\alpha=0.00001$;

T_g——50 年一遇的最大温度梯度;

D_x,D_y——计入温度内应力和翘曲应力的温度应力系数,按照表 3-24 选取,设沥青功能层时考虑其对温度应力的降低作用按照层间光滑处理，设置其他隔离层时根据其摩擦状况选取；

B_i——由温度沿深度方向非线性分布引起的内应力修正系数，按照表3-25根据板厚选取。考虑到正温差非线性会降低板底拉应力，而负温差非线性会增加板顶拉应力，故正温差时内应力系数 B_i 前取负号，负温差时取正号。

翘曲应力系数 $D_x(D_y)$ 建议值 表3-24

结构	板中纵向 $D_x(D_y)$				纵缝中部 D_x				横缝中部 D_y			
	正温差		负温差		正温差		负温差		正温差		负温差	
	面—基层连续	面—基层光滑	面—基层连续	面—基层光滑	面—基层连续	面—基层光滑	面—基层连续	面—基层光滑	面—基层连续	面—基层光滑	面—基层连续	面—基层光滑
建议值	0.83	0.60	0.73	0.51	0.73	0.65	0.65	0.53	0.67	0.54	0.60	0.49

内应力系数 B_i 与面层厚度 h 的关系 表3-25

h(cm)	16	18	20	22	24	26	28	30	32	34	36	38	40
B_i	0.224	0.248	0.272	0.295	0.318	0.339	0.360	0.380	0.399	0.418	0.435	0.452	0.468

2)基层温度应力计算

对于重载水泥混凝土路面的刚性或半刚性基层板来说，其本身的温度非均匀分布的影响是可忽略不计的。

运营期间，在重复的交通荷载和环境因素(如温度梯度)共同作用下，层间产生松动，板底出现脱空，面层与基层的接触状况不再是结合的，这种情况下基层的温度梯度较小，基层的最大温度应力 $\sigma_{2t\max}$ 数值不大，由此产生的疲劳温度应力就较小，通常略去不计，取 $\sigma_2 t_r \approx 0$。

3.7 本章小结

本章探讨和阐述的主要内容有：

(1)对于重载水泥混凝土路面结构宜采用Winkler地基上的双层板计算模型。

(2)重载作用下土基工作区深度变深。

(3)重载严寒地区路面结构组合时，在土基顶面设计级配碎石防冻层，缓解土基冻胀变形和土基不均匀变形，改善半刚性基层和路面结构的工作条件。在混凝土板和半刚性(刚性基层)之间设计沥青混凝土功能层，部分释放基层对混凝土板的约束；这样，放大了混凝土板的变形，但大大降低了混凝土板的翘曲应力；同时沥青混凝土功能层延缓了基层反射裂缝的蔓延，沥青混凝土功能降低了冲击荷载作用下混凝土板的受力。

第 4 章　严寒地区路面水泥混凝土和嵌缝料性能研究

严寒地区修筑重载水泥混凝土路面，水泥混凝土材料必须满足多方面的要求，比如较高的强度、良好的耐久性（抗冻融循环能力、抗盐冻能力等），桥面纤维混凝土的高强度、耐磨性好、抗裂性能好等。只有材料满足性能要求后，重载水泥混凝土路面才能承受重、特重、极重荷载重复作用并与环境相适应，满足长期使用性能和功能要求。

4.1　滑模混凝土拌合物性能

4.1.1　路面混凝土外加剂

《公路水泥混凝土路面施工技术细则》（JTG F30—2014）对外加剂提出新的要求：要求地区的各交通荷载等级公路混凝土路面宜使用引气剂；滑模摊铺施工的水泥混凝土路面宜采用引气高效减水剂；高温施工混凝土拌合物的初凝时间短于 3h 时，宜采用缓凝引气高效减水剂（液化剂）。

滑模混凝土工艺要求混凝土具有良好的和易性及易密性，严禁出现泌水、离析等病害。混凝土的质量好坏，不仅决定强度的高低、耐久性等内在指标的好坏，而且还影响路面平整度。可以通过掺入混凝土液化剂的方式改善混凝土流变性能，即提高混凝土触变性能，保证混凝土的立模特性，这样就保证了混凝土在振捣时能很快液化密实，在没有振捣的情况下又能保证高的立模特性，从而避免混凝土因不密实导致的微沉降，提高混凝土路面的平整度。添加混凝土液化剂改善混凝土的“基因”是根本的方法，且不受人工等外因影响，起到标本兼治的效果。

路面用混凝土外加剂应满足表 4-1 中的要求。

掺外加剂的混凝土性能指标　　表 4-1

试 验 项 目		引气缓凝高效减水剂
减水率（%）		≥18
泌水率比（%）		≤80
振捣密实后含气量（%）		≥3.0
凝结时间差（min）	初凝	延缓 >90
	终凝	延缓 >90
抗压强度比（%）	7d	≥120
	28d	≥115

续上表

试 验 项 目		引气缓凝高效减水剂
弯拉强度比(%)	28d	≥110
收缩率比(%)	28d	≤120
磨耗量(kg/m^3)	28d	≤2.5

4.1.2 滑模混凝土拌合物性能

混凝土的振动黏度系数选择可参考滑模摊铺机的摊铺速度、摊铺厚度及振捣频率。滑模摊铺速度宜控制在0.8~1.2m/min，振捣频率不低于90000r/min，此时振捣棒对混凝土有效的振动时间为30s，混凝土振动黏度系数200~500N·s/m^2。

混凝土路面砂浆层厚度宜控制在3~5mm，为抗滑耐磨功能层提供行车必要的摩擦阻力。

混凝土拌合物是宾汉姆体，具有流变性及可塑性，应在无外力情况下能够抵抗形变，而在一定外力作用下可塑性强。立模特性是平整度的塑性阶段的表征形式。要求混凝土拌合物侧面模板撤掉前后的形变差，即侧端混凝土的竖直方向高差和水平差，满足要求。要求混凝土侧端竖向变形不大于3mm/300mm，横向变形不大于15mm/300mm。立模性能测试如图4-1所示。

混凝土内部各组分在振动时都处于不断的相对运动状态，这种状态显著降低了集料间的嵌挤力和内摩阻力。在振动条件下混凝土内各组分颗粒互相脱离，粗集料颗粒由于重力作用会向下沉，水泥浆体在超静水压力下会尽可能向上，混凝土因为失去稳定状态而流动，即产生液化现象。对于低阻力低坍落度路面水泥混凝土而言，振动-出浆法情况下，在每16kg拌合物振捣出浆量宜控制在1.2kg~1.5kg范围内，混凝土的液化效果较好。低坍落度混凝土出浆量测定仪如图4-2所示。

图4-1 振动密实后混凝土的立模性能测试

图4-2 低坍落度混凝土出浆量测定仪

4.2 路面混凝土材料性能

4.2.1 路面混凝土力学性能长期发展规律

对路面混凝土在常用水灰比(0.40、0.44、0.48)和水泥用量350kg/m^3时不同龄期情况

下的力学性能进行试验研究,获得各自的统计参数,并拟合得到路面混凝土的性能指标(力学和变形)与龄期的方程,掌握路面混凝土力学性能随龄期发展规律,为混凝土路面的可靠性设计提供参考。

1)抗弯拉强度

试件采用非标准试件,尺寸为 100mm×100mm×400mm。

无论是室内标准养生还是室外自然条件养生,随着龄期的增长,混凝土抗弯拉强度都在逐步增长。到半年龄期后,强度基本不再增长。标准养生条件下,7d 强度达到 28d 强度的 92%,半年强度比 28d 强度增长 6.4%。室外自然养生条件下,7d 强度达到 28d 强度的 90%,半年强度比 28d 强度增长 11.2%。在同一龄期下,室内标准养生的混凝土抗弯拉强度要比室外高,到长龄期后(一年后)强度基本相当。受外界温湿度、雨、雪等天气影响,室外自然放置的混凝土后期强度增长要比标养试块高,主要是标养条件下,早期混凝土水化更充分,强度形成更快。见图 4-3 ~ 图 4-6。

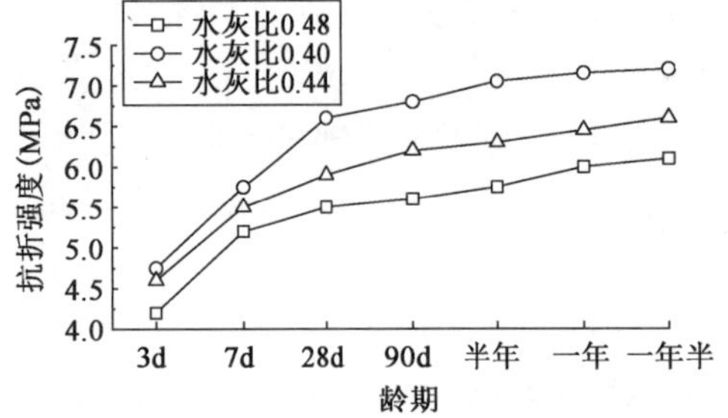

图 4-3 标准养生条件下混凝土抗弯拉强度

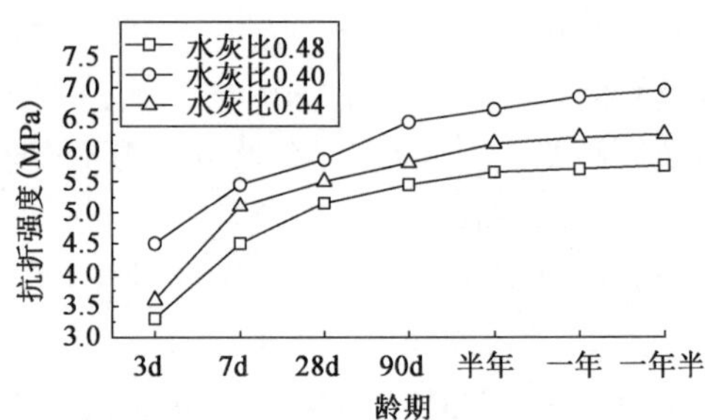

图 4-4 室外自然条件下混凝土抗弯拉强度

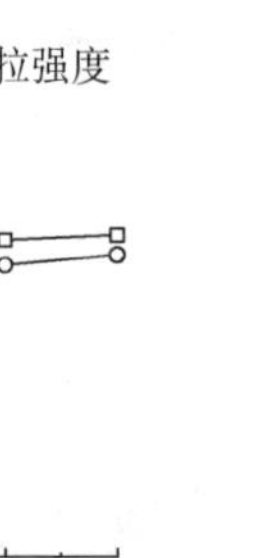

图 4-5 水灰比 0.40 的混凝土抗弯拉强度

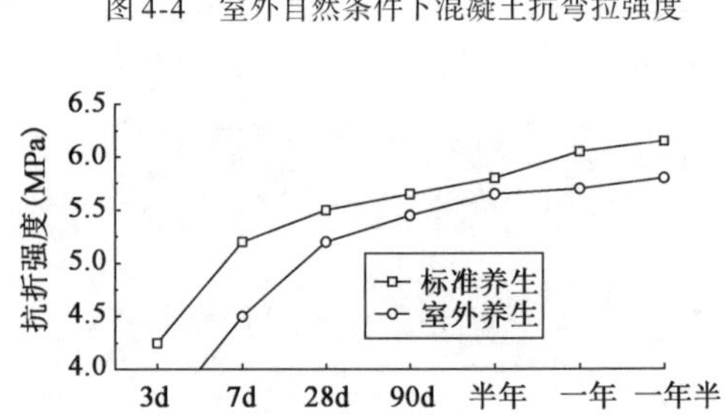

图 4-6 水灰比 0.48 的混凝土抗弯拉强度

2)抗压强度

(1)抗压强度随龄期发展规律

抗压强度试件尺寸 15cm×15cm×15cm。

无论是室内标准养生还是室外自然条件养生,随着龄期的增长,混凝土抗压强度都在逐步增长;到半年龄期后,强度基本不再增长。标准养生条件下,7d 强度达到 28d 强度的 89%,半年强度比 28d 强度增长 9.5%。室外自然养生条件下,7d 强度达到 28d 强度的 82%,半年强度比 28d 强度增长 10.3%。在同一龄期下,室内标准养生的混凝土抗压强度要比室外高。并且,同一龄期两种养生条件下混凝土强度差,0.40 水灰比要比 0.48 水灰比大很多。见图 4-7 ~ 图 4-10。

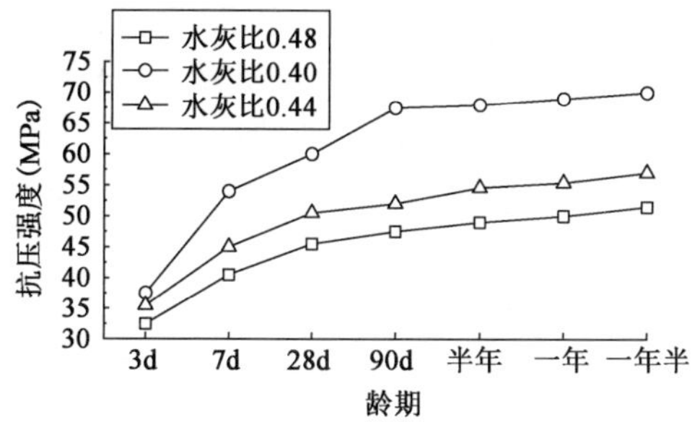

图4-7 标准养生条件下混凝土抗压强度

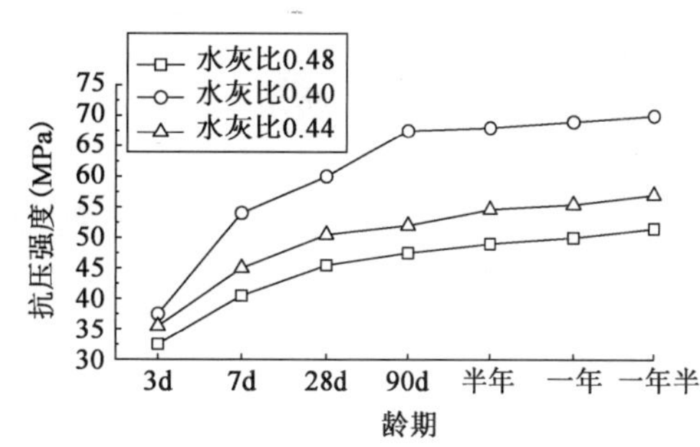

图4-8 室外自然条件下混凝土抗压强度

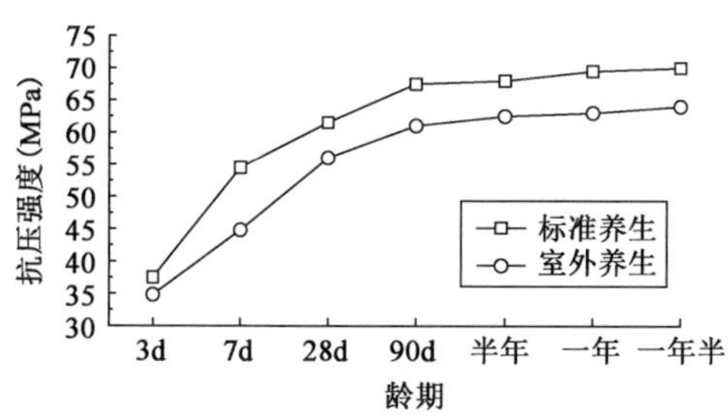

图4-9 水灰比0.40混凝土抗压强度

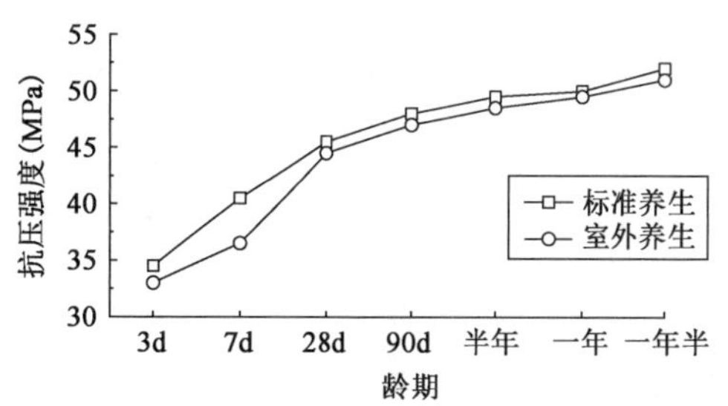

图4-10 水灰比0.48混凝土抗压强度

同龄期时,室内标准养生的混凝土抗压强度要比室外高,并且养生湿度条件对低水灰比混凝土也比对高水灰比混凝土强度影响明显。

(2)抗压强度与抗弯拉强度关系

抗压和抗弯拉强度之间的关系见图4-11和图4-12。

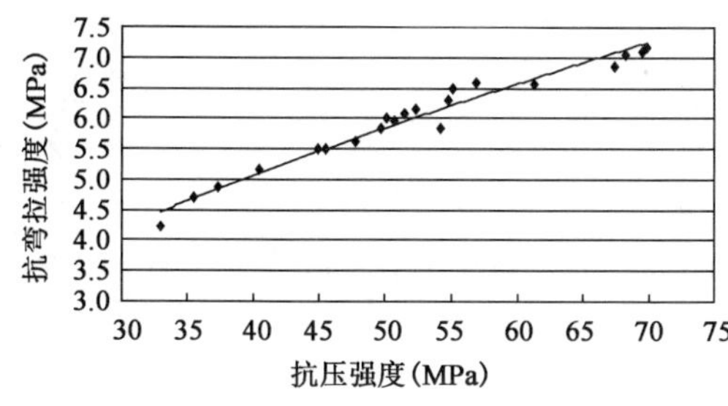

图4-11 标准养生下抗压和抗弯拉强度的关系

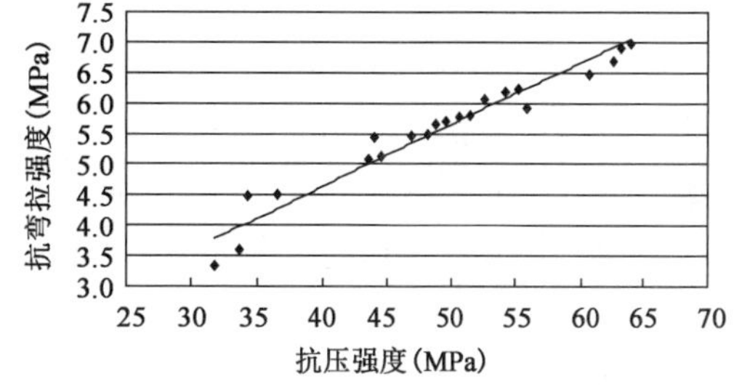

图4-12 室外自然条件下抗压和抗弯拉强度的关系

根据试验结果,最终得到抗弯拉和抗压强度回归方程,具体如下。

室内标准养生:

$$f_f = 0.4764 f_{cc}^{0.6409} \quad R^2 = 0.9669 \tag{4-1}$$

室外自然条件:

$$f_f = 0.1732 f_{cc}^{0.8913} \quad R^2 = 0.9274 \tag{4-2}$$

式中:f_f——混凝土抗弯拉强度(MPa);

f_{cc}——混凝土抗压强度(MPa)。

3）抗弯拉弹性模量

无论是室内标准养生还是室外自然条件养生，随着龄期的增长，混凝土抗弯拉弹性模量都在逐步增长，增长速度逐渐减小；到半年龄期后，模量基本不再增长。在同一龄期下，室内标准养生的混凝土抗弯拉弹性模量要比室外高，到长龄期后（一年后）强度基本相当。混凝土强度等级越高，早期模量增长越快。见图4-13～图4-16。

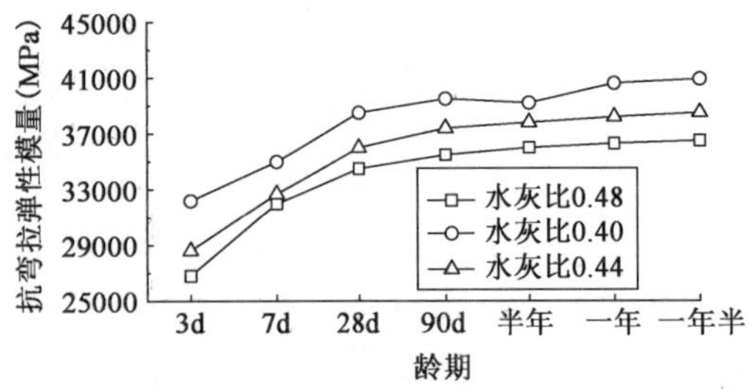

图4-13　标准养生条件下混凝土抗弯拉弹性模量

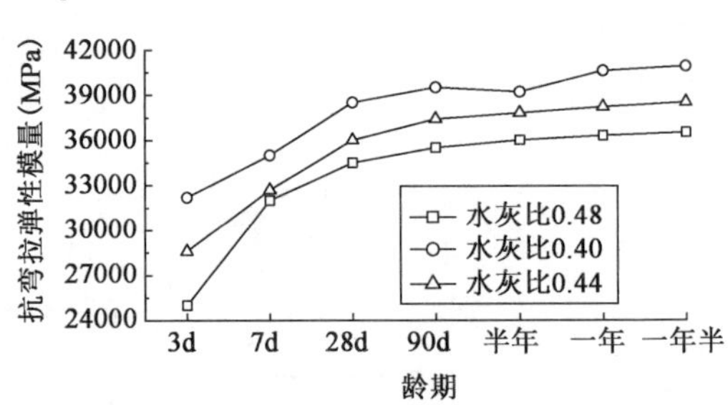

图4-14　室外自然条件下混凝土抗弯拉弹性模量

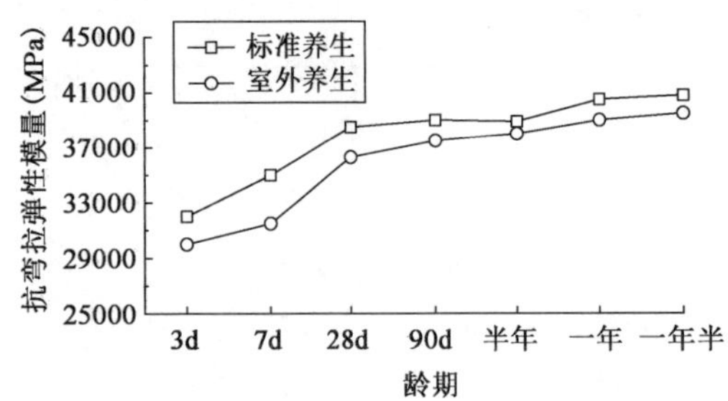

图4-15　水灰比0.40混凝土抗弯拉弹性模量

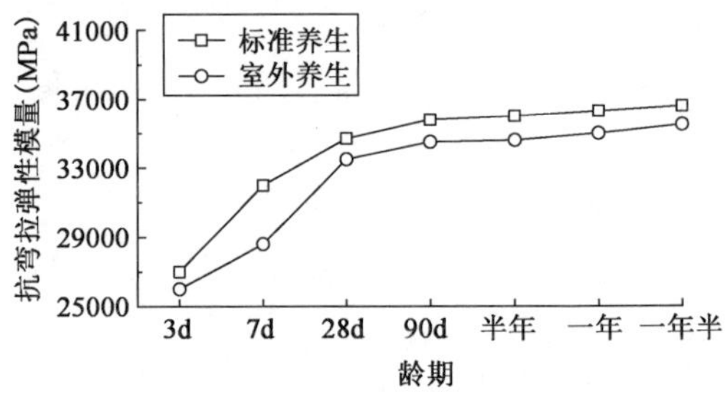

图4-16　水灰比0.48混凝土抗弯拉弹性模量

4）劈裂抗拉试验

如图4-17所示，随着龄期的增长，混凝土劈裂抗拉强度在逐步增长，增长速度逐渐减小；到一年龄期后，强度基本不再增长。其中，7d强度达到28d强度的91%，半年强度比28d强度增长23.8%。抗弯拉试件尺寸为100mm×100mm×400mm，劈裂试件尺寸为ϕ150mm×100mm。

为表征混凝土劈裂抗拉强度随龄期的发展规律，采用幂函数作为模拟函数，获得混凝土劈裂抗拉强度—龄期的回归方程如下：

水灰比0.40：　$$f_{cu}=2.7468t^{0.2532}\quad R^2=0.98 \tag{4-3}$$

水灰比0.44：　$$f_{cu}=2.3433t^{0.2532}\quad R^2=0.89 \tag{4-4}$$

水灰比0.48：　$$f_{cu}=2.0163t^{0.2977}\quad R^2=0.96 \tag{4-5}$$

式中：f_{cu}——t天龄期时混凝土的劈裂抗拉强度（MPa）；

t——龄期（d）。

抗弯拉和劈裂抗拉强度（最大粒径26.5mm）回归方程为（图4-18）：

$$f_f=2.8033f_{cu}^{0.6347}\quad R^2=0.89 \tag{4-6}$$

式中：f_f——混凝土抗弯拉强度（MPa）；

f_{cu}——混凝土劈裂抗拉强度（MPa）。

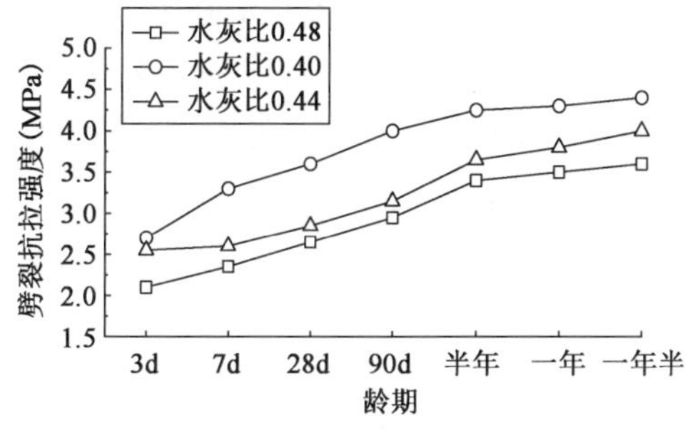

图4-17 标准养生条件下混凝土劈裂抗拉强度

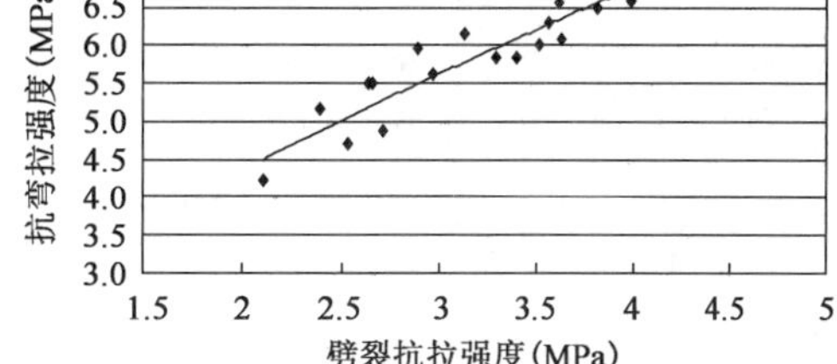

图4-18 混凝土抗弯拉强度与劈裂抗拉强度的关系

混凝土劈裂抗拉与抗弯拉强度之间具有较好的相关关系,此关系式可以用来推算路面的抗弯拉强度,但劈裂抗拉试验所用试块为室内模制试块,与现场芯样劈裂抗拉试验有一定的差别。

5)压弯比

在标准养生条件下,28d混凝土压弯比增长分别为21.9%(水灰比0.40)、12.8%(水灰比0.44)和6.3%(水灰比0.48);在室外自然条件下,28d混凝土压弯比增长分别为19.6%(水灰比0.40)、16.7%(水灰比0.44)和12.9%(水灰比0.48)。低水灰比混凝土的脆性增长要比高水灰比混凝土快得多。见图4-19和图4-20。

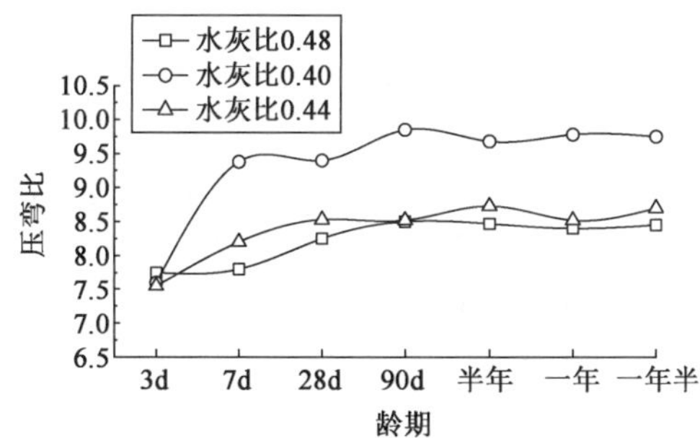

图4-19 标准养生条件下混凝土压弯比

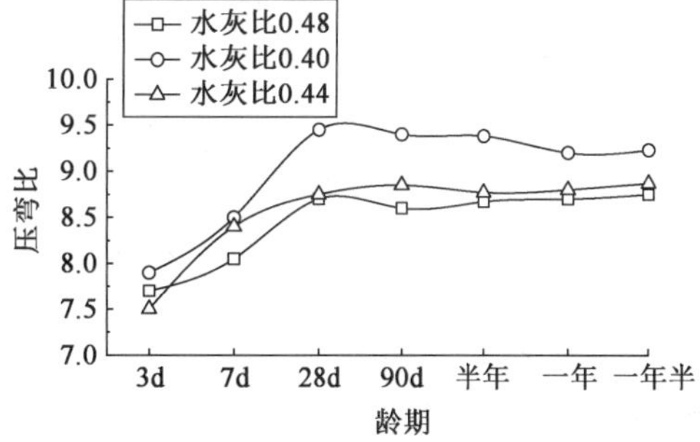

图4-20 室外自然条件下混凝土压弯比

4.2.2 混凝土冻融试验和衰变规律

1)混凝土配合比

水泥采用拉法基水泥P·O 42.5;石灰岩碎石为3档规格料,即4.75~9.5mm、9.5~19mm和9.5~26.5mm,大中小料比例为6:2:2;河砂为细度模数2.9的中砂;使用引气减水剂。

混凝土强度等级的高低和含气量都直接影响其抗冻性能的好坏。强度高的混凝土,抗冻性能好,经过200次冻融循环后,模量损失很少,甚至保持不变;强度低的混凝土,抗冻性能差,经过200次冻融循环后,模量损失很大,甚至损伤殆尽。因此,为了比较不同强度等级混凝土的抗冻性能,必须选取合适的强度等级。选取了0.40、0.44和0.48三个水灰比成型冻融试块,初始抗弯拉强度为5.0~7.0MPa,抗压强度为40MPa左右。水泥用量为350kg/m^3,调整用水量和砂石料用量,改变水灰比,得到不同强度等级的混凝土。调整高效引气减水剂用量,获得不同含气量的混凝土。

6组配合比见表4-2。配合比编号1、2和3用来比较不同强度等级的混凝土抗冻性能，混凝土中不掺引气剂，为非抗冻设计的混凝土，含气量都为1.6%，保持一致。配合比编号3、4、5和6用来判别不同含气量的混凝土抗冻性能，混凝土水灰比都为0.44，强度等级一致，含气量分别为1.6%、3.0%、5.0%和7.5%。配合比编号3和5用来研究不同冻结环境下混凝土的抗冻性能，每组配合比混凝土分别在-5℃、-9℃、-13℃、-18℃和-24℃条件下进行冻融试验。配合比编号3和5的混凝土的含气量分别是1.6%和5.0%，用以比较抗冻混凝土和非抗冻混凝土在不同冻结环境下的抗冻性能。

冻融试验用混凝土配合比 表4-2

编号	水泥	水	砂	石	减水剂	引气剂	含气量	水灰比
	(kg/m³)				(%)	(‰)	(%)	
1	350	140	724	1183	1.1	0	1.6	0.40
2	350	168	715	1167	0.5	0	1.6	0.48
3	350	154	720	1176	0.67	0	1.6	0.44
4	350	154	720	1176	0.67	1.2	3.0	0.44
5	350	154	720	1176	0.68	2.6	5.0	0.44
6	350	154	720	1176	0.69	6.0	7.5	0.44

分别对初始试块以及经过50次、75次、100次、125次、150次、175次和200次冻融循环的混凝土试块测试质量变化率、动弹性模量、弯拉强度、抗压强度、抗弯拉断块吸水率。

标准混凝土冻融循环试验，按照《公路工程水泥及水泥混凝土试验规程》(JTG E30—2005)中抗冻性能试验的“快冻法”(T 0565—2005)进行。测定混凝土在水和负温共同反复作用下的抵抗能力。把试件放在橡胶制的箱体中，内部装满水，液面高出试件顶面2cm，箱体外侧充满防冻液。冻结温度-18℃，融化温度5℃，冻融试块尺寸为10cm×10cm×40cm。一个循环周期为3.5h，从-18℃升到5℃所用时间约为1.2h，从5℃降到-18℃所用时间约为2.3h。即冻融机的降温速率为10.11℃/h、升温速率为18.78℃/h。

2)衰变规律

混凝土中不掺加引气剂时，含气量为1.6%，为非抗冻混凝土，所以在经过200次冻融循环后，相对动弹性模量都已降到60%以下。随着水灰比的增大，混凝土强度等级的降低，相对动弹性模量损失越来越大，见图4-21。水灰比下降，混凝土的抗渗透性能相应提高；当发生同样剥落程度时，对强度高的混凝土需要更大的破坏力，说明高强度等级的混凝土抗冻性能比较好。

经过200次冻融循环后，不同含气量混凝土的相对动弹性模量差别很大，含气量越小，相对动弹性模量下降越大，不掺引气剂的混凝土已下降到59.8%，说明含气量小的混凝土内部微裂缝发展更快，见图4-22。

不同冻结温度(降温速率保持一致)对抗冻混凝土相对动弹性模量影响并不大，相对动弹性模量损失由小到大排序为-5℃、-9℃、-13℃、-18℃、-24℃(图4-23)。

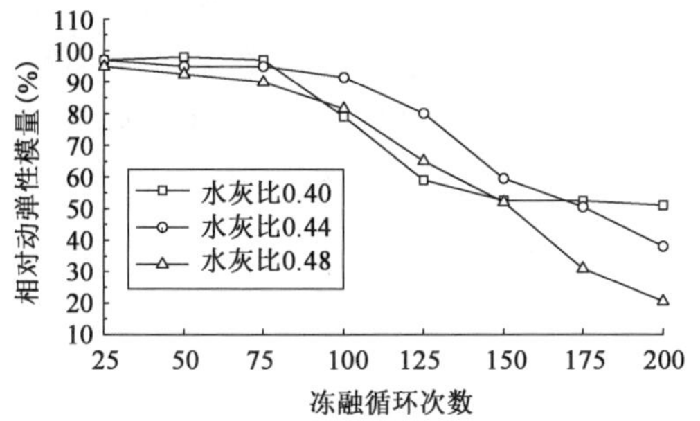

图 4-21　不同强度等级混凝土相对动弹性模量

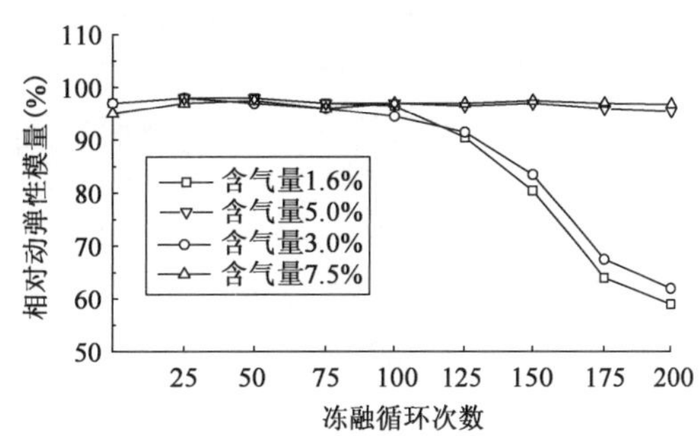

图 4-22　不同含气量混凝土相对动弹性模量

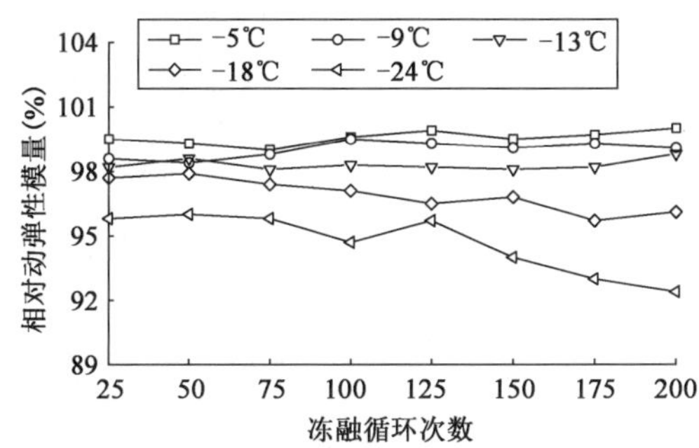

图 4-23　不同冻结温度下相对动弹性模量数据图(抗冻混凝土)

对于质量变化率,经过 200 次冻融循环后,三组混凝土试块的质量变化率差别不大,在 0.6 左右。质量变化包括冻融初期质量增加和后期质量损失,质量增加是由于自由水沿混凝土表面微裂纹渗入混凝土内部,质量损失是由于混凝土表面剥落。虽然质量变化满足 200 次冻融的不超过 5% 的要求,但是混凝土的模量和强度已损失殆尽,因此质量变化率指标不能完全反映混凝土冻融破坏情况,5% 的要求也过于宽松,建议降低这一指标,控制在 1% 以内较为合适,见图 4-24。

经过 200 次冻融循环后,不同含气量混凝土的质量变化率变化不大,见图 4-25。

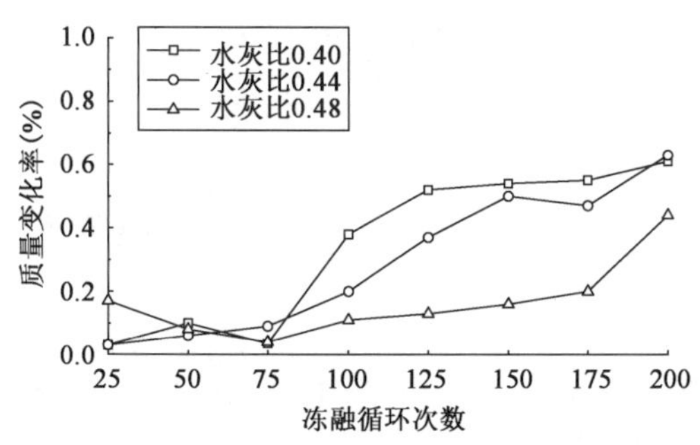

图 4-24　不同强度等级混凝土质量变化率

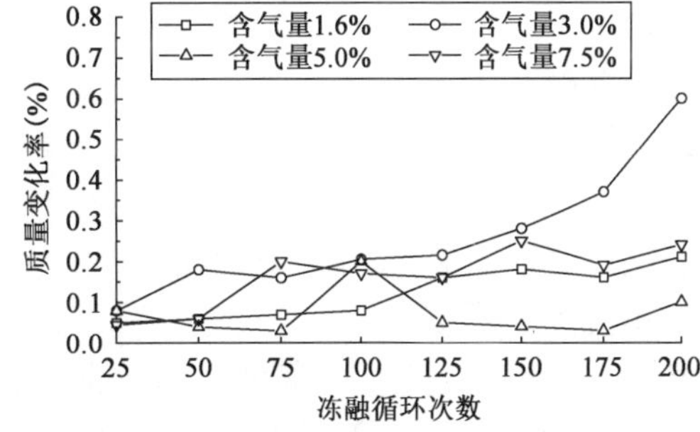

图 4-25　不同含气量混凝土质量变化率

对于含气量为 5% 的混凝土,不同冻结温度(降温速率保持一致)对抗冻混凝土相对动弹性模量影响并不大,由小到大排序为 -5℃、-18℃、-24℃、-13℃、-9℃,见图 4-26。波动来自于试验误差。

对于引气混凝土强度等级、含气量等对混凝土吸水率并无显著差别，吸水率只是混凝土冻融试验过程中反映混凝土内部饱水程度的一个辅助指标。混凝土在不发生明显表面剥落、断裂的情况下，100 次冻融循环后，吸水率基本达到平衡，如图 4-27 ~ 图 4-29 所示。

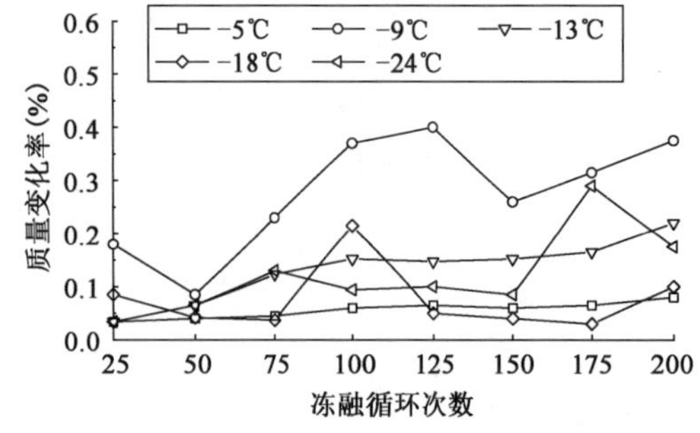

图 4-26　不同冻融环境下质量变化率数据图(抗冻混凝土)

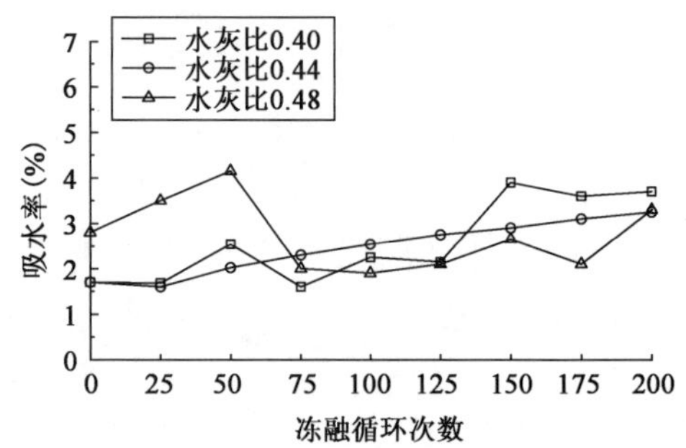

图 4-27　不同强度等级混凝土吸水率

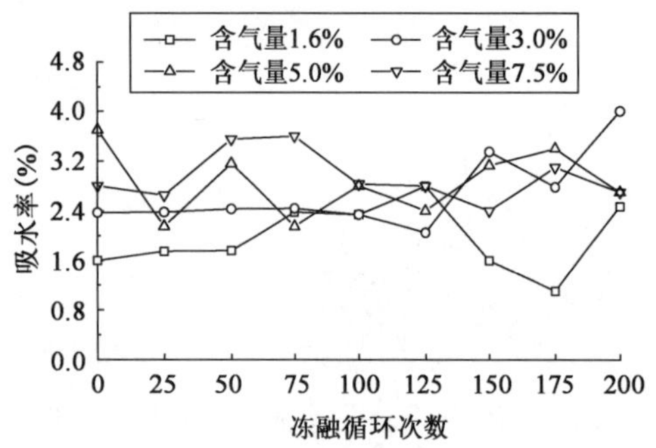

图 4-28　不同含气量混凝土吸水率

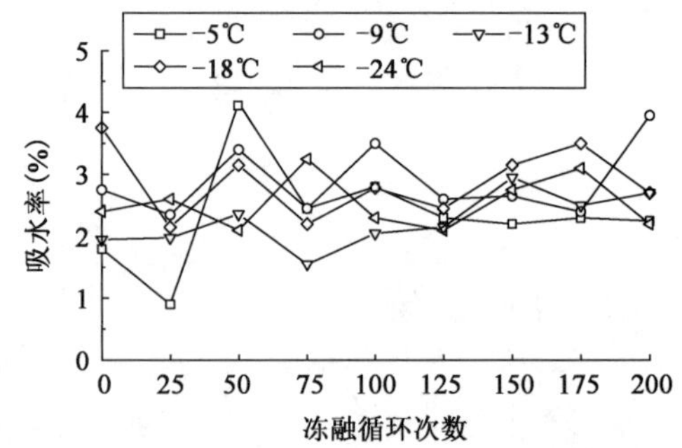

图 4-29　不同冻融环境下吸水率数据图

在所有反映混凝土冻融破坏的指标中，抗弯拉强度是最敏感的一个参数。冻融循环作用对混凝土的损伤，造成混凝土抗弯拉强度急剧下降，甚至损失殆尽。

比较混凝土相对动弹性模量和抗弯拉强度发现：对于抗冻混凝土，相对动弹性模量下降很小的情况下(10% 以内)，混凝土抗弯拉强度已经损失 23%，因此，单纯以相对动弹性模量作为混凝土冻融评价指标并不合适，建议增加抗弯拉强度损失率为混凝土冻融破坏评价指标。根据试验数据，建议抗弯拉强度损失率 25% 为冻融破坏指标。由于是低含气量的非抗冻混凝土，混凝土抗弯拉强度在经过 200 次冻融循环后已基本损失殆尽，水灰比的变化，已经无法提高其抗冻性能。此外，相对于抗弯拉强度，混凝土的抗压强度损失幅度要小得多。

混凝土含气量对于抗压强度影响非常明显，每增加 1% 含气量，混凝土抗压强度会下降 5%。建议混凝土摊铺前含气量满足规范要求即可，不要盲目地去提高含气量，否则会造成水泥用量的增加以及混凝土密实性下降。

采用高强度等级混凝土的主因是减小冻融压力和增大混凝土抗弯拉强度。减小冻融压力主要通过设计时采用低水灰比和高水泥用量，控制混凝土的吸水率，保证混凝土冻融时即使在饱水的情况下可供冻融的水也较少，降低混凝土孔隙结冰速率，从而减小冻融产生的压力；另一方面通过大幅度提高混凝土的强度等级可改善混凝土抗弯拉强度并提升混凝土抵抗冻融破坏的能力，但采用高强度等级混凝土的抗冻策略不但技术要求高，经济代价也比较大。因此，必须通过调整水灰比与含气量这两方面相结合的方法，才能兼顾减少混凝土冻融和提高混凝土抗弯拉强度的综合要求。

经过 200 次冻融循环后，随着混凝土抗弯拉强度和抗压强度的损失，混凝土的脆性也在逐步增大，由于混凝土抗弯拉强度损失太大强度等级，致使混凝土压弯比都超过 10。并且低水灰比的混凝土压弯比最大，说明高强度等级混凝土在经受冻融作用时，混凝土韧性降低得更快，这对路面混凝土是最不利的。因此，通过提高混凝土强度等级和引气来获得抗冻性能的提升，见图 4-30。

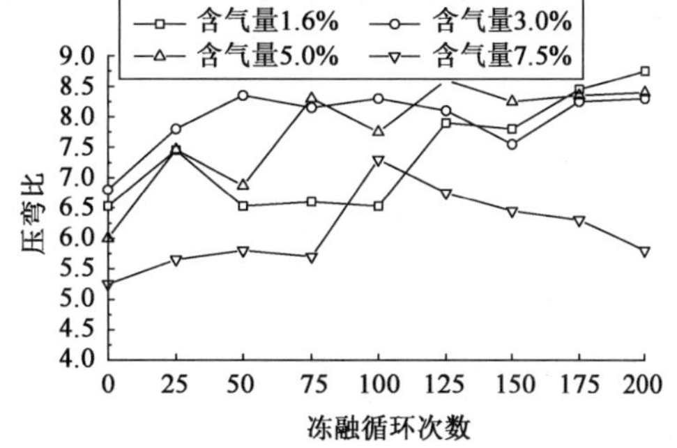

图 4-30 不同含气量混凝土压弯比

3）混凝土野外和室内冻融循环的关系

（1）现场混凝土冻融过程的模拟

通过某种函数关系 f_1 将混凝土经历的现场冻融循环次数等效为试验室内的冻融循环次数：

$$N_{eq}=f_1(N^r) \tag{4-7}$$

式中：N_{eq}——等效室内冻融循环次数；

N^r——混凝土现场冻融循环次数。

模拟现场冻融环境中混凝土的冻融损伤规律，即：

$$D=1-\left(1-\frac{N_{eq}}{N_F}\right)^{\frac{1}{\xi+1}} \tag{4-8}$$

式中：D——动弹性模量损失率；

N_F——室内理论冻融疲劳寿命。

（2）现场混凝土冻融耐久性的预测方法

室内理论冻融疲劳寿命 N_F 和人为定义的冻融疲劳寿命 $N_{0.4}$ 之间的关系：

$$0.4=1-\left(1-\frac{N_{0.4}}{N_F}\right)^{\frac{1}{\xi+1}} \tag{4-9}$$

预测的现场使用年限都与定义的冻融破坏状态相对应。工程实践中通常使用人为定义的冻融破坏状态（$D=0.4$）作为控制状态。

（3）铺面混凝土冻融环境量化指标统计分析

应用有限差分方法求一维非稳态温度场的数值解，计算得到的不同地区混凝土面层 5cm 深处温度数据。根据铺面混凝土的自然冻融循环定义，我国主要城市铺面混凝土年冻融循环次数统计如表 4-3 所示。

我国主要城市铺面混凝土年冻融循环次数 表 4-3

城　　市	最冷月平均气温(℃)	年平均日辐射(W/m^2)	年冻融循环次数	城　　市	最冷月平均气温(℃)	年平均日辐射(W/m^2)	年冻融循环次数
哈尔滨	-19.7	3831.22	129	郑州	-0.3	4194.7	58
牡丹江	-18.8	3467.45	126	武汉	2.8	3999.9	47
沈阳	-12.7	4101.7	114	合肥	2.4	4119.62	45
长春	-16.8	3782.66	119	南昌	4.4	4206.94	44
延吉	-14.7	3569.2	112	重庆	6.7	4054.2	43
西宁	-8.9	4110.5	110	杭州	3.6	4103.22	26
乌鲁木齐	-10.6	4099.3	111	上海	3.3	3780.72	23
兰州	-7.3	4647.6	107	宁波	4.9	4254.08	32
呼和浩特	-13.2	4974.22	123	长沙	4.6	4381.5	32
太原	-7	4556.34	100	贵阳	4.9	4084.9	31
拉萨	-2.3	5442.58	100	南京	3.11	3614.69	25
石家庄	-3.1	4225.75	78	成都	5.6	3940.7	15
北京	-4.7	4264.54	84	福州	10.4	4123.7	5
银川	-9.2	5128.04	80	厦门	12.6	4093.25	1
大连	-5.3	3933.85	79	南宁	12.9	4616.2	0
天津	-4.2	3574.87	77	广州	13.4	4311.1	0
济南	-1.7	3922.12	70	海口	17.1	4271.9	0
西安	-1.3	3916.8	68	昆明	7.8	5228.1	0
青岛	-2.6	4112.2	67				

对年冻融循环次数与最冷月平均气温进行回归统计,可得:

$$N_{ft} = -4.33T_{mm} + 56.9 \tag{4-10}$$

$$R^2 = 0.939, S = 12.5, n = 31 \tag{4-11}$$

式中:N_{ft}——铺面混凝土年自然冻融循环次数;

T_{mm}——最冷月平均气温(℃)。

按照式(4-10),得到不同气候条件下铺面混凝土年冻融循环次数预估值,见表4-4。

铺面混凝土年冻融循环次数预估值 表 4-4

气 候 分 级	最冷月平均气温	年冻融循环次数
严寒地区	$T_{mm} < -8℃$	$N_{ft} > 92$
寒冷地区	$-4℃ > T_{mm} \geq -8℃$	$74 < N_{ft} < 92$
微冻地区	$T_{mm} \geq -4℃$	$N_{ft} < 74$

(4)铺面混凝土抗冻强度等级与自然冻融循环关系分析

不同冻结温度对混凝土带来的损伤是不一致的,见图4-31。不同冰冻降温速率下混凝土冰冻最大静水压力推算值随不同降温速率的变化见图4-32。不同降温速率下的对应相同动弹性模量损失率0.4的冻融循环次数。

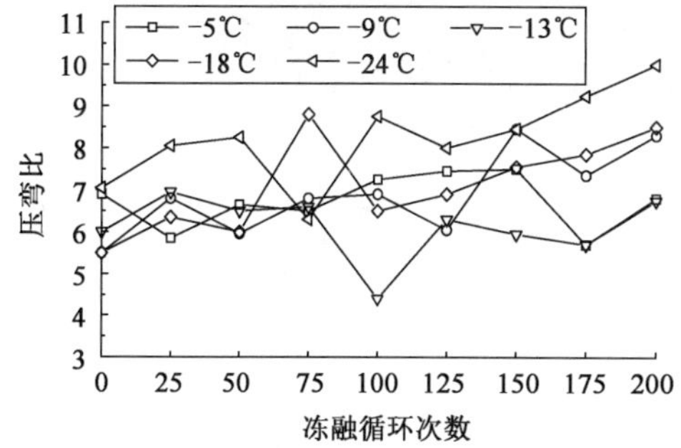

图 4-31　不同冻结温度下压弯比

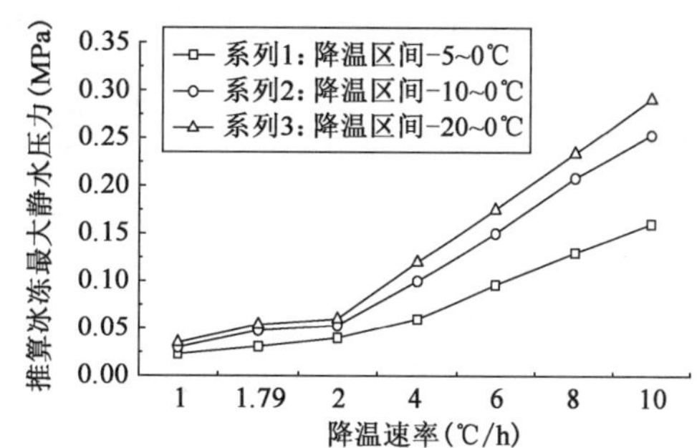

图 4-32　冰冻最大静水压力与不同降温速率的变化

对应动弹性模量损失率 0.4 的冻融循环次数随不同降温速率的变化见图 4-33 和表 4-5。

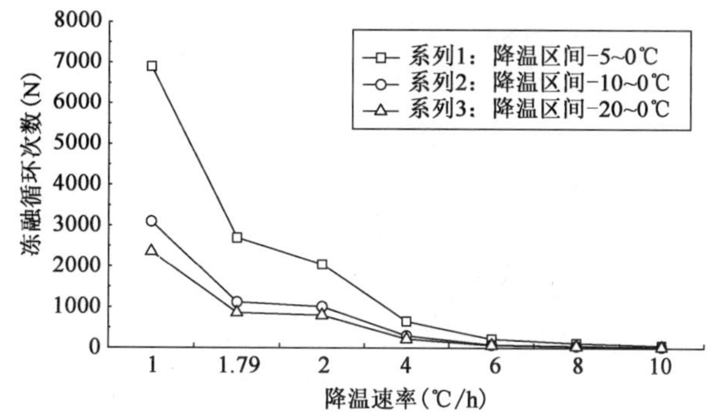

图 4-33　对应动弹性模量损失率 0.4 的冻融循环次数随不同降温速率的变化

不同降温速率不同降温区间动弹性模量损失率 0.4 的冻融循环次数　　表 4-5

降温速率(℃/h)		1	1.79	2	4	6	8	10
降温速率($\times 10^{-3}$℃/s)		0.278	0.497	0.556	1.111	1.667	2.222	2.778
不同降温区间冻融循环次数(N)	-5~0℃	6933	2516	2055	609	299	181	122
	-10~0℃	3170	1141	939	278	136	82	56
	-20~0℃	2424	873	718	213	104	63	43

在冰冻降温速率不同的单一因素下，混凝土室内冻融循环与铺面混凝土自然冻融循环的相对关系如表 4-6 所示。

考虑降温速率单一因素时铺面混凝土室内外冻融循环相对关系　　表 4-6

<table>
<tr><td rowspan="4">自然冻融循环，降温速率
(0.15~4℃/h，平均 1.79℃/h)</td><td colspan="2">降温速率(℃/h)</td><td>1</td><td>1.79</td><td>4</td><td rowspan="8">平均值</td></tr>
<tr><td rowspan="3">冻融循环
次数 $N_{自然}$</td><td>-5~0℃</td><td>6933</td><td>2516</td><td>609</td></tr>
<tr><td>-10~0℃</td><td>3170</td><td>1141</td><td>278</td></tr>
<tr><td>-20~0℃</td><td>2424</td><td>873</td><td>213</td></tr>
<tr><td rowspan="4">室内试验冻融循环，降温速率
(6~10℃/h，平均 8℃/h)</td><td colspan="2">降温速率(℃/h)</td><td>6</td><td>8</td><td>10</td></tr>
<tr><td rowspan="3">冻融循环
次数 $N_{室内}$</td><td>-5~0℃</td><td>299</td><td>181</td><td>122</td></tr>
<tr><td>-10~0℃</td><td>136</td><td>82</td><td>56</td></tr>
<tr><td>-20~0℃</td><td>104</td><td>63</td><td>43</td></tr>
<tr><td colspan="3">$N_{自然}/N_{室内}$</td><td>23.2</td><td>13.9</td><td>5.0</td><td>13.9</td></tr>
</table>

降温速率的不同是铺面混凝土自然冻融循环与室内试验冻融循环最大的区别。根据混凝土冻融损伤模型,从理论上分析,1 次 ASTMC666 室内试验冻融循环相当于 14 次铺面混凝土自然冻融循环的数量级。

综合理论分析及实际室内外对比,得出铺面混凝土抗冻等级与自然冻融循环次数之间的定量对应关系为 1∶14 的结论。

4.3 路面混凝土材料盐冻评价

4.3.1 盐冻评价及影响因素

冬季路面使用除冰盐进行除雪除冰,美国始于第二次世界大战以后。冬季路面结冰后,大量使用除冰盐,以清除冰雪保持路面的裸露状态。

1943 年 Arnfelt 在瑞典调查混凝土路面破坏时发现,各种盐的稀溶液(包括尿素、乙醇等有机物)在冻结条件下,能够引起混凝土严重的表面破坏。美国在 T. C. Powers 混凝土抗冻理论的基础上也开始研究盐冻对混凝土的破坏。从 1950 年开始,在北美和北欧等国家路面混凝土设计中均采取了防止除冰盐破坏的技术措施。

20 世纪 80 年代,由美洲、欧洲、日本等 16 个国家专家组成的一个技术专家组,对这些国家大约 80 万座道路桥梁(以 1985 年计算,服务时间为 18 ~ 29 年)进行了细致和全面的现场调查、分析和测试,结果表明在寒冷地区除冰盐或含盐环境引起的盐冻剥蚀破坏和钢筋锈蚀破坏是道桥破坏或失效的最主要原因,对这类破坏的防治与修补也是混凝土结构中最棘手的问题。每年用于对这些道桥的维护修补和加固的平均费用就达到这些国家桥梁实际总价值的2.1%。因此,国外很重视对盐冻剥蚀问题的研究,并积极地把研究成果应用于实际工程中,取得良好的效果。

我国使用除冰盐在水泥混凝土路面除雪除冰的历史较短,从 20 世纪 80 年代才开始在北京市政道路上使用除冰盐进行除冰,到了 90 年代开始在东北寒冷地区高等级公路使用除冰盐。由于除冰盐使用时间较短,因此工程界和学术界对除冰盐引发的混凝土破坏缺少相应的认识,在水泥混凝土道路设计和施工中没有采取有效的防治措施,导致许多混凝土路面的过早破坏,经济损失巨大。黑龙江省哈绥公路 1996 年通车使用 1 个冬季后,就因为使用除冰盐路面和路肩板出现大面积剥蚀破坏,造成了极大的经济损失。黄士元等人自 20 世纪 90 年代起对公路路面的盐冻剥蚀损坏进行研究,特别是在公路路面混凝土抗盐冻剥蚀性能试验室评价方面进行了比较深入的研究。滑模施工技术研究时进行了引气混凝土材料性能及施工技术等方面的研究。迄今为止,我国还没有对铺面混凝土抗冻问题进行系统深入的研究。

混凝土盐冻剥蚀破坏是指由于使用除冰盐而造成的混凝土路面剥蚀开裂现象。按照美国水泥混凝土协会 ACI-116 报告中“水泥与混凝土术语”,剥蚀定义为“局部片状剥落或者硬化混凝土和砂浆从接近表面处剥离”,并且按照表面砂浆剥落的深度分为轻度剥蚀(砂浆剥落深度小于 5mm)、中度剥蚀(砂浆剥蚀深度在 5 ~ 10mm,粗集料裸露)、重度剥蚀(砂浆剥蚀深度在 5 ~ 10mm,粗集料周围砂浆剥落深度在 10 ~ 20mm)和非常严重剥蚀(局部剥落深度超过

20mm)。

根据盐冻剥蚀破坏现场的调查和试验室破坏试验的观察,可以归纳出盐冻破坏的主要特征:

(1)盐冻破坏是从混凝土的表层逐步向内部发展的,表层的砂浆首先剥落,随着盐冻破坏的加剧,集料逐步暴露,从而导致路面的凹凸不平,但是表层下面的混凝土依然保持坚硬完好,因此在测定混凝土路面盐冻破坏程度时不能采用传统的钻芯取样的方法,只能采用表层混凝土才能客观反映破坏程度。

(2)在出现剥蚀的路面或者没有受干扰的破坏部位如桥梁底部,干燥后往往能清楚地看到白色的除冰盐结晶,现场检验有咸味。由于我国现在使用的除冰盐绝大多数成分为 NaCl 或 $CaCl_2$,故所看到的白色晶体为 NaCl 晶体或 $CaCl_2$。除冰盐进入混凝土后,不断富集,很难排出,因此即便停止使用除冰盐,盐冻的破坏作用仍将继续,混凝土的剥蚀破坏也比常规的冻融破坏要快得多,而且这个过程会一直持续到盐污染的混凝土层完全剥蚀为止。调研结果表明,除冰盐引起的过早破坏的主要原因是混凝土设计时没有采取任何防治盐冻破坏的技术,如掺引气剂等。另外,有许多部位的过早破坏是因排水系统和防渗设计不合理造成的,如桥梁底部和桥墩等,冰雪融化水直接排在桥墩等混凝土表面或渗到底部混凝土表面,导致混凝土严重盐冻破坏和钢筋锈蚀。

(3)盐冻剥蚀破坏速度很快,要比常规破坏速度快几倍甚至十几倍,在除冰盐存在的条件下,路面混凝土往往经过 1~2 个冬季就会发生严重的剥蚀破坏(试验室仅仅几个盐冻循环),远远快于其他的冻融破坏。

图 4-34 和图 4-35 显示了盐冻对混凝土的严重破坏,由图可以清楚看到盐冻破坏的特征。

图 4-34　路缘石盐冻破坏

图 4-35　防撞墙盐冻破坏

1)混凝土盐冻剥蚀破坏机理分析

混凝土盐冻破坏机理的研究始于 20 世纪 30 年代,并在后来的 40 年中发展成为较完善的理论。国内外许多学者提出了许多假说和模型,对盐冻破坏中的各种现象做出了相应解释,对混凝土盐冻试验方法研究具有指导意义。除冰盐对混凝土的破坏从本质上看是冻融破坏的一个特殊形式,但是盐冻的破坏作用比单纯的冻融破坏严酷得多。

除冰盐类物质都有极强的吸湿和饱水作用，正是由于除冰盐这种特性，使得混凝土饱水程度和饱水时间大幅增加。混凝土中的毛细孔借助毛孔张力吸水，在孔内的水泥浆吸附一定的盐后，导致孔内外产生溶液浓度差，从而进一步增强混凝土的吸水作用，增大了混凝土的饱水度，而且由于除冰盐的存在，混凝土内的水分更加难以除去，延长了混凝土的饱水时间，使混凝土长时间处于饱水状态，加大了混凝土冻融破坏的程度。

Rosli 和 Harnick 认为：除冰盐融化冰雪时需要从混凝土吸收大量的热量，使得冰雪覆盖下的混凝土温度骤降，因而对混凝土形成低温冲击作用，产生温度应力，加剧了混凝土的剥蚀破坏；同时由于除冰盐的渗透作用，导致混凝土内部的盐溶度分布产生差异，从而使得各冰层的结冰程度产生差异，导致应力的产生。某些情况下，结冰现象还可能阻断水的流动，使封闭的水结冰而产生更大的膨胀压，加剧混凝土的破坏。另外，混凝土中的盐溶液在水分蒸发干燥后生成的盐结晶，产生结晶膨胀压力，使混凝土产生膨胀破坏。

Browne 和 Cady 认为常温下高浓度盐溶液与混凝土内部的 $Ca(OH)_2$ 反应，产生 $CaCl_2 \cdot Ca(OH)_2 \cdot H_2O$ 复盐，在混凝土表层膨胀，引起表明剥离；同时由于复盐的生成消耗了大量 $Ca(OH)_2$，从而破坏了 $Ca(OH)_2$ 与 C—S—H 凝胶之间的平衡，导致 C—S—H 分解，也促进了混凝土表面的溃散。

2）影响混凝土抗盐冻剥蚀破坏的主要因素

影响路面混凝土抗盐冻性能的主要因素包括内因和外因两个部分。其中，内因包括混凝土的水灰比、含气量、矿物掺合料、纤维等；外因则包括除冰盐种类、除冰盐溶液浓度、冻结温度等。

（1）内因

①水灰比。水灰比是影响混凝土性能的一个重要因素，随着水灰比的增大，混凝土孔结构逐渐增大，由此造成可冻水的体积增大，降低混凝土的抗冻性能，故在允许的情况下应尽量降低水灰比，减少混凝土内部可冻水的含量，从而提高混凝土的抗盐冻性。

②含气量。引气已经被很多试验室研究和实际工程验证是一种非常有效地提高混凝土耐久性的方法。在控制含气量的同时，更主要的是水泥石中气泡间距系数要足够小（$<200\mu m$）。引气剂所产生的大量微小气泡可以阻断混凝土内部微裂缝产生贯通，降低毛细孔的吸水作用，从而降低混凝土的饱水度，使可冻水大幅降低，增强混凝土的抗冻性。

③矿物掺合料。掺加适量的硅灰，可以降低混凝土的渗透性，使得水很难通过毛细孔进入混凝土内部，从而降低了混凝土内可冻水的含量，有效提高混凝土的抗冻性。但是同为常用的矿物掺合料，粉煤灰和矿粉却不能提高混凝土的抗盐冻性能，相反却有一些劣化作用。

④纤维。虽然混凝土掺加纤维后可以明显改善抗裂性能，但是加入纤维后必定会对混凝土中引入的气泡形态和分布情况造成一定的影响，因此混凝土中添加纤维对混凝土的抗盐冻性能不会有明显的改善，相反还会有一定程度的降低。

（2）外因

①除冰盐种类。大量的试验及资料证明，盐类只要具有融雪功能，不管化学组成如何，也不管是有机物还是无机物，必将引起混凝土的盐冻剥蚀破坏，同时也可以由此得出一个结论：混凝土的盐冻剥蚀破坏是一个物理性的破坏，化学侵蚀与冻融破坏相比，可以忽略

不计。

②除冰盐溶液溶度。除冰盐降低水的冰点作用是随着盐溶度增大而增大的，冰点的降低对混凝土的抗冻是有利的。但是由于除冰盐的存在，导致混凝土内部水与盐溶液存在一个浓度差，从而使得混凝土内部水向混凝土与盐溶液接触面迁移，增大了混凝土受冻面的饱水度，加剧了混凝土的冻融破坏。两个相反的方面同时作用于混凝土路面，将出现一个使混凝土发生最严重剥蚀的盐溶度。

③冻结温度。对于混凝土盐冻破坏我国还没有建立相应的规范，在此列举几种盐冻试验方法进行对比，见表4-7。

盐冻试验方法对比表 表4-7

试验方法	冻融循环温度(℃)	最低温度值(℃)	冻结持续时间(h)
慢冻法	-15(-20)~15	-20	4~6
ASTM C666	-17.8~4.4	-17.8	1.5~2.5
ASTM C672	-17~23	-17	16~18
TC 117-FDC	-20~20	-20	7
TC 176-DC	-20~20	-20	7

虽然盐冻使混凝土造成更加严重的剥落，但是从本质上来看仍属于冻融破坏的一种，可见冻融破坏最重要的过程就是混凝土中可冻水的冻融循环过程，因此冻结温度对混凝土破坏的影响不大，只要在除冰盐存在的条件下，溶液结冰，使混凝土内部可冻水冻结，就能造成路面混凝土的盐冻破坏。

3)试验方法

目前混凝土盐冻剥蚀评价方法主要有美国的ASTM C672试验方法、欧洲国际材料与结构试验联合会(RILEM)的CDF试验方法和瑞典SS.137244(Borass方法)等。

(1)ASTM C672试验方法

ASTM C672采用在低温试验箱中，在-17℃±2.8℃下冻结16~18h，常温(23℃±1.7℃)空气中融化6~8h的冻融循环制度。采用矩形试件，可在试验室制备或者现场切割，表面积至少0.045m^2，高度至少75mm，两个试件为一组。沿着试件的上表面四周用胶泥或者砂浆砌筑一圈20mm高的盐池。在潮湿环境和空气中养生28d后，在试件试验面覆盖一层约6mm厚的氯化钙溶液，溶液浓度为4%(100mL水中加入4g无水氯化钙)，放入低温试验箱中进行盐冻循环试验。每一个循环时间约为24h，其间可以加水用以保持溶液液面的高度。每天重复这个循环，每隔5个循环后收集试件剥落物质，同时记录表面破坏状况，然后对试验面进行冲洗并更换盐溶液，50次盐冻循环后停止试验，以观测到的表面剥蚀破坏状况对混凝土抗盐冻剥蚀破坏能力进行分级评定，评定分级表见表4-8。

ASTM C672盐冻破坏分级表 表4-8

等级	表面状况
0	无剥蚀
1	非常轻微剥蚀，无粗集料裸露
2	轻微到中度剥落

续上表

等　　级	表 面 状 况
3	中度剥落(部分粗集料裸露)
4	中度到重度剥落
5	重度剥落(整个表面粗集料裸露)

ASTM C672 主要是对表面剥蚀状况通过目测的方式分类评价混凝土的抗盐冻剥蚀性能，存在试验操作者的人为主观因素带来的误差。

(2)RILEM 的 FDC 试验方法

欧洲国际材料与结构试验联合会(RILEM)TC117-FDC 专业委员会提出了 CDF 试验方法。该方法冻融循环周期为 12h，从 20℃ 开始降温，降温速率 10℃/h 在 4h 内使温度降低到 -20℃，然后保持 3h，接着又以 10℃/h 的升温速率加热 4h，最后在 20℃ 保持 1h，如此循环进行。采用 150mm×150mm 的平板或者立方体试件，5 个试件为一组，现场切割或试验室制备。饱水前预先在 20℃、相对湿度 65% 的环境中进行干燥处理。试验采用专用仪器，试件下部与盐溶液单面接触(图 4-36)，试件周围使用环氧树脂进行密封处理。盐冻试验溶液采用 3% NaCl 溶液(97g 水中加入 3gNaCl)，通过附加的毛细管原理保持盐溶液液面的恒定。经过 14 次和 28 次盐冻循环后，使用超声波对试件进行清洗，收集剥落物，然后进行烘干、称重，计算每组试件单位面积的剥落质量(g/m^2)。

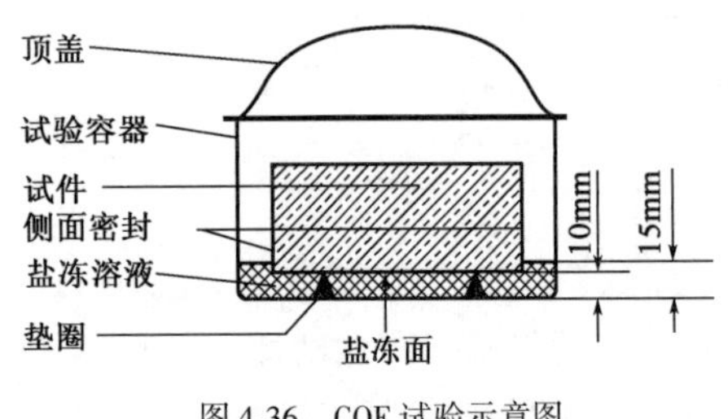

图 4-36　COF 试验示意图

CDF 试验方法对混凝土抗盐冻剥蚀破坏能力的判断依据是：测试试件总面积不得低于 $800cm^2$，且经过 14 个或者 28 个盐冻循环后，5 个试件平均剥落物质量不超过 $1500g/m^2$。

虽然 CDF 试验方法在盐冻试件的制作上描述比较详细，且在试件周围使用环氧树脂进行密封也比较简单，但是同样不能解决渗漏问题，同时 CDF 试验方法的降温速率及升温速率较大，势必使得试件破坏加速。

(3)瑞典的 SS137244 试验方法

北欧国家曾经遭受严重的除冰盐危害，现在普遍采用的是瑞典 SS137244(Borass 方法)。该方法采用立方体试件或者现场钻取的芯样切割成薄片进行试验，使用橡皮将试验面以外的表面包裹。橡皮高出试件四周 20mm 形成盐池，加入 3% 浓度的 NaCl 溶液，采用试件上部与盐溶液接触的方法进行盐冻循环。盐冻循环周期为 24h，其中在 12h 内将温度从 20℃ 降至 -20℃，低温保持 6h，然后在 6h 内升温至 20℃。当试验进行到 7、14、28、42、56 次循环时收集剥落量，烘干并称重，以混凝土单位面积剥落量作为评价抗盐冻性能的依据。

混凝土抗盐冻性能根据表 4-9 进行评定。此表只适用于一般混凝土，对于其他类型的混凝土，需要进行相应的调整，每组试件为 4 个。

瑞典 SS137244(Borass)方法与美国 ASTM C672 相似，但与 ASTM C672 相比，又做了一些改进：给出了定量评价混凝土抗盐冻性能的指标，相比目测更加准确、客观；同时对试件溶液表面进行了塑料膜覆盖，减少了盐溶液的蒸发。

瑞典 SS137244(Borass)方法评定标准 表 4-9

抗盐冻剥蚀性能	要 求
非常好	任何一个试件的 56 次盐冻循环剥落量均小于 0.1kg/m^2
好	试件的 56 次平均剥蚀量(m_{56})小于 0.5kg/m^2,且 m_{56}/m_{28} 小于 2
可以接受	试件的 56 次盐冻循环平均剥落量小于 1kg/m^2,且 m_{56}/m_{28} 小于 2
不可接受	未满足上述可接受的条件要求

对于近几年逐渐增多的盐冻剥蚀破坏现象,许多学者进行了研究,采取的试验评价方法多种多样,有些方法甚至是不客观的。这些试验方法不能准确对混凝土盐冻破坏进行评定,还有许多值得商榷的地方。

4.3.2 路面混凝土盐冻剥蚀破坏评价方法

1)影响因素

影响混凝土抗盐冻剥蚀破坏评价方法的主要因素:试件的制备及试验面的处理、试件和盐溶液的接触方式、盐溶液的浓度、试验前试件的处理、盐冻循环制度、盐冻剥蚀破坏评价参数等。

路面混凝土盐冻破坏是冻融破坏的一种特殊形式,首先引起混凝土表面砂浆及集料的剥落,表面的微观状态决定了混凝土抗盐冻剥蚀性能的敏感程度。试件制备方法不同,选择试件的哪个面(顶面、侧面、底面)作为试验面以及表面处理方式的不同,都会对盐冻剥蚀破坏结果的观察和评价造成较大的误差。

欧洲国际材料与结构研究试验室联合会专业委员会提出的 CDF 试验方法中,要求对试件的试验面进行明确标注,且野外钻芯的试样要标明钻取的部位。Pigeon 在研究中发现试验面状况对试验结果的影响,发现了一部分试件在刚开始几个盐冻循环下剥落量迅速增加,以后逐渐降低,他认为是不良的表面结构造成的,引起原因可能是干缩、泌水、不良抹面等。

因此,在试验室对路面混凝土抗盐冻性能进行试验,考虑到实际情况都是路面的成型面与盐溶液接触,所以试验中采用混凝土成型面更加合适,更加符合工程实际。但是在成型试件时,需要使用木抹子对混凝土试验面进行拉毛处理,以此来模仿混凝土路面的表面状态。

(1)接触面

试件与盐溶液接触方式主要有以下几种:①试件完全浸泡在盐溶液中进行盐冻循环,如港工混凝土试验规范;②试件单面浸泡在盐溶液中 4~6mm 进行盐冻循环试验,如欧洲国际材料与结构研究试验室联合会(RILEM)TC117-FDC 专业委员会提出了 CDF 试验方法;③试件表面覆盖 4~6mm 厚盐溶液进行盐冻循环试验,如瑞典 SS137244(Borass)方法和美国 ASTM C672 方法。考虑到既要客观合理地模拟除冰盐对路面混凝土的破坏作用,又要避免试件侧面的剥蚀,还要考虑到试验操作简单,因此采取试件单面浸泡在盐溶液中 4~6mm 进行盐冻循环试验。

(2)盐溶液的浓度

盐溶液种类和浓度对混凝土抗盐冻剥蚀破坏影响显著,在实际现场使用除冰盐时,由于播撒浓度很不均匀,导致试验结果与实际情况产生误差,混凝土盐冻剥蚀速度并不随着盐溶液浓度的增大而增大,在一定的冻结温度下,存在一个混凝土盐冻剥落最严重的盐浓度。由于大部分融雪剂主要成分为氯化钠,因此以下试验中均采用氯化钠溶液。由图 4-37 可知,当氯化钠浓度约为 3% 时,融雪剂对混凝土的盐冻剥蚀破坏最严重。

(3)试件预处理

盐冻试验前,混凝土试件的处理方式对试验结果有很大的影响。一般混凝土试验盐冻试验前预处理方式有干燥处理、饱水处理和覆盖保湿处理三种。在高等级公路水泥路面施工以后,经过大约 7d 的洒水养生后就置为自然养生(空气中养生),参考大量的资料表明,试件试验前在水中浸泡时间的增加,不能改变混凝土的盐冻剥蚀规律,仅仅是提前了混凝土盐冻剥蚀的时间,主要原因是试件的初始饱水度随着试件在水中浸泡时间的延长而增大,使混凝土的盐冻剥落速度提高。此种方法能够更快地区分混凝土抗盐冻剥蚀的差异,提高试验速率。根据以上分析,为了能更快获得试验结果,试件在盐冻试验前进行饱水,即试件成型后在养生间空气养生 24d,然后在水中养生 4d。

(4)盐冻循环制度

由于期望试验方法能够快速评定混凝土抗盐冻剥蚀破坏能力,因此采取快速盐冻试验方法,具体盐冻循环制度见图 4-38。

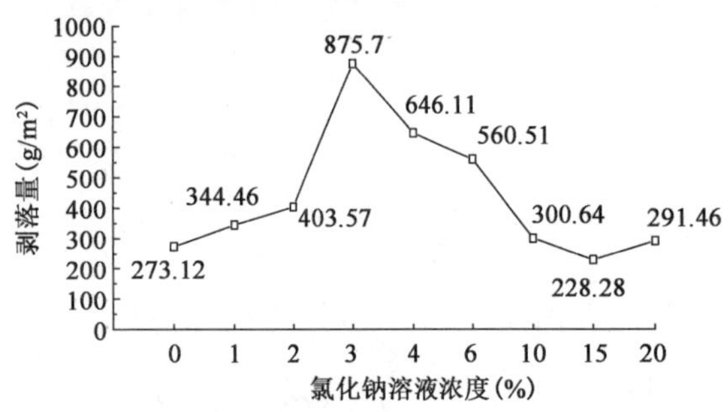

图 4-37　NaCl 浓度对混凝土盐冻剥蚀破坏

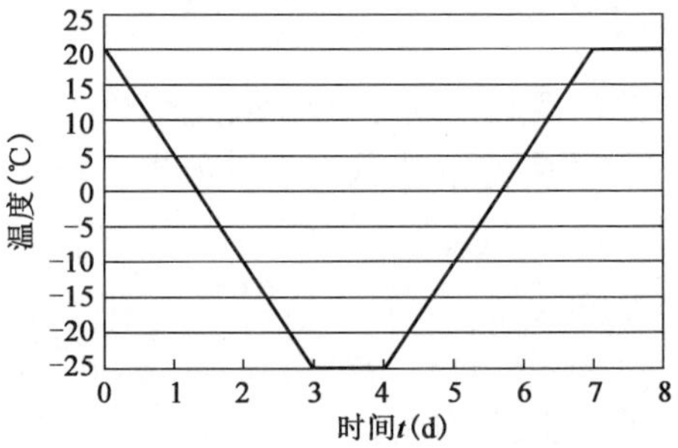

图 4-38　盐冻循环制度

①每个盐冻循环控制在 8h 之内,其中冻结时间 4h,融化时间 4h,1d 完成 3 个循环。

②混凝土试件从 20℃降至 -20℃所用时间不得大于 3h,混凝土试件与盐溶液接触表面不得高于 -15℃,从 -20℃升至 20℃不得大于 3h。

③试件清洗剥落量的时间不宜大于 45min。

(5)盐冻剥蚀破坏评价参数

影响混凝土盐冻剥蚀的主要参数有剥落量、强度损失、动弹性模量损失和表面剥蚀感官分级等。

①剥落量。混凝土盐冻破坏最主要的特征就是混凝土表面逐层剥蚀,水泥砂浆剥落,造成表面凹凸不平和集料裸露。剥落量是指盐冻循环前后单位面积的质量损失(g/m^2),即:

$$B = \frac{\Delta M}{S} \tag{4-12}$$

式中:B——剥落量(g/m^2);

ΔM——试件质量损失(g);

S——混凝土试件接触盐溶液的表面积(m^2)。

剥落量是表征混凝土盐冻剥蚀破坏最直观、科学、敏感的参数,通常有两种方法可以获得剥落量:直接称重法和剥落碎片收集法。表4-10对两种方法进行了比较,通过数据的比较,发现直接称重法在盐冻循环过程中质量损失小于剥落碎片收集法,甚至出现质量增长的现象;这是因为在盐冻循环的过程中,混凝土水化过程的继续和通过毛细管吸收盐溶液,抵消了部分混凝土盐冻循环质量损失。因此可以得知,剥落碎片收集法比直接称重法更加准确、可靠,因此采用剥落碎片收集法来进行剥落量的测定。

剥落量获取方法对比 表4-10

NaCl 浓度(%)	直接称重法的剥落量(g/m^2)		剥落碎片收集法的剥落量(g/m^2)	
	5 次循环	10 次循环	5 次循环	10 次循环
0	0.0	12.7	40.8	83.7
1	40.8	73.5	53.1	100.0
2	36.7	77.6	61.2	124.5
3	55.1	126.5	130.6	265.3
4	44.9	108.2	93.9	208.2
6	36.7	81.6	71.4	167.3

在一定次数盐冻循环结束后,要将试块容器内剥落碎片小心地收集起来,同时还要将试件表面的剥落物通过超声波清洗机进行清洗收集,收集完毕后放入烘箱烘干至质量恒定,其质量与试件接触盐溶液面积之比即为试件的剥落量。由于引入的盐质量很小,可以忽略不计。

②强度损失。在混凝土路面工程中,弯拉强度作为混凝土设计、施工和质量检验标准,通过试验数据得知,当剥落量达到1000g/m^2时,混凝土表面已经出现明显的破坏,而相对抗弯拉强度仍能维持在90%以上;但是混凝土抗弯拉强度总体趋势是随着盐冻循环次数的增加而降低的,原因是随着龄期的增长,强度还有一定的发展。抗弯拉强度指标对盐冻循环不敏感,它只是反映混凝土内部承受荷载的能力参数,因此抗弯拉强度不适合作为混凝土盐冻剥蚀破坏参数。详细情况见图4-39。

抗压强度也是反映混凝土内部承受荷载能力的参数,虽然随着盐冻循环逐渐降低,但是当盐冻剥蚀破坏达到严重程度时,抗压强度仍保持90%以上。抗压强度不适合作为混凝土盐冻剥蚀破坏的参数,见图4-40。

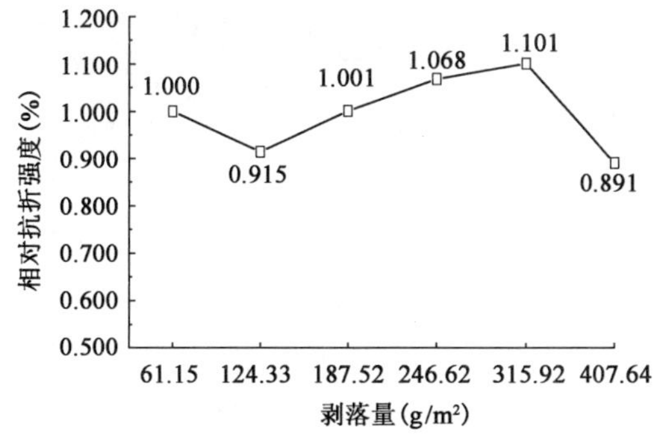

图4-39 混凝土相对抗弯拉强度与剥落量

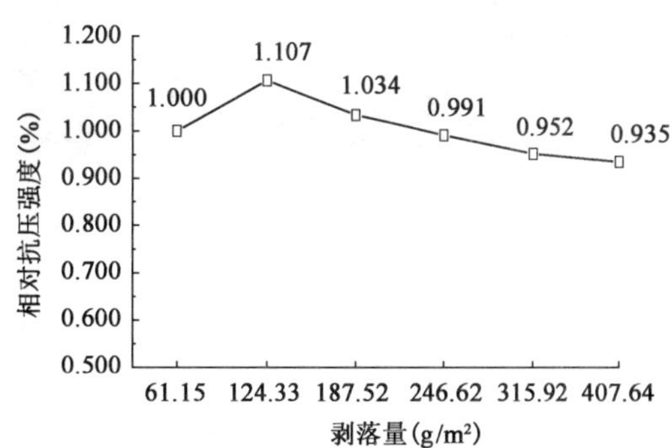

图4-40 混凝土相对抗压强度与剥落量

③动弹性模量损失。测试试件采用棱柱体试件，具体尺寸为 100mm × 100mm × 400mm，测试不同盐冻循环次数下混凝土的动弹性模量的变化。混凝土动弹性模量变化规律与混凝土强度相似，对混凝土盐冻循环破坏表现不敏感，当混凝土盐冻破坏严重时，仍能保持 95% 以上（图 4-41），同时由于混凝土盐冻剥蚀，造成表面凹凸不平，加大了混凝土动弹性模量的测量难度和测量数据的准确性。因此，动弹性模量同样不适合作为混凝土盐冻剥蚀参数。

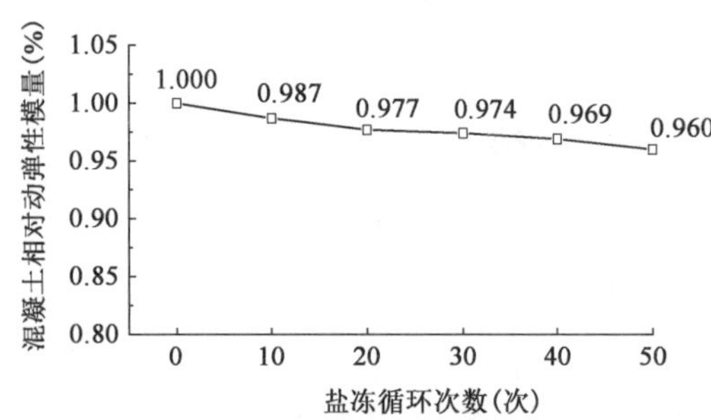

图 4-41　混凝土动弹性模量随盐冻循环变化规律

2）路面混凝土盐冻试验方法

（1）试验设备

有关的试验设备包括：电子天平（感量分别为 1g、0.01g）；烘箱；超声波清洗机；木抹子。

混凝土盐冻试验设备，如图 4-42 所示。混凝土盐冻循环设备及智能电脑控制系统包括以下几个部分：冻融循环箱体、高效压缩机、冷却风扇、智能控制系统、自动温度采集系统等。其中，智能电脑控制系统能够控制箱体内的极限温度及升降温速率，同时利用相应的软件自动采集试验箱及试件表面的温度。

图 4-42　混凝土盐冻试验设备

（2）试件制备

采用 PVC 材料圆柱形试模，其规格为 ϕ250mm ×75mm（带木质底模），见图 4-43。将新搅拌的混凝土装入试模中，见图 4-44，在混凝土振动台上振动密实，并用木抹子对混凝土成型面进行处理，尽量真实模拟实际路面混凝土的表面状况。24h 后将木质底模去除，将 PVC 材料试模和混凝土一起放入混凝土标准养生间进行标准养生。

图4-43　混凝土盐冻试块试模

图4-44　混凝土盐冻试块

待养生至24d时，将试块取出，放入养生间的水中养生4d，每组试块个数为2个，以成型面进行盐冻试验。

(3)盐冻循环制度

为了提高试验速率，缩短试验时间，采用在混凝土盐冻机中冻结4h，融化4h的冻融循环制度。

(4)盐冻循环过程

当试件到达28d龄期时，将试件成型面向下，浸入3%的NaCl盐溶液中约5mm，然后在混凝土盐冻试验机中进行盐冻试验，最低温度为-20℃，最高温度为20℃，由20℃到-20℃的时间控制在3h，然后低温保持1h，接着在3h内升温至20℃，并高温保持1h，此为一个循环过程。然后依次进行循环，每隔5次循环收集混凝土盐冻剥蚀物，并重新更换盐溶液。收集的剥落物放入烘箱内在110℃温度下烘干，使用感量为0.01g的电子秤称其质量，依次进行30个循环。

(5)结果评定

当剥落量为800g/m^{2}左右时，目测情况介于轻微与中度剥蚀之间；当剥落量为1000g/m^{2}左右时，目测情况达到3级，即出现粗集料暴露的前奏。黄士元建议以剥落量1000g/m^{2}作为混凝土抗盐冻剥蚀性能可接受的标准，覃维祖则建议以剥落量小于800g/m^{2}作为混凝土抗盐冻剥蚀性能可以接受的标准。综合以上试验成果，建议含气量较低或者使用年限为20年的水泥混凝土路面以剥落量小于1000g/m^{2}作为混凝土抗盐冻剥蚀能力可接受的标准；含气量较高或者使用年限为30年的水泥混凝土路面以剥落量小于800g/m^{2}作为混凝土抗盐冻剥蚀能力可接受的标准。

(6)试验方法所做的主要改进

①试验室混凝土试件的成型方法和试验面。采用PVC管材作为成型试模，成型养生28d后，以成型面作为盐冻试验面，不仅方便成型，而且还能使PVC管材紧密包裹混凝土试块，防止盐溶液沿试件侧表面渗透进入混凝土，减少了试验误差。

②使用木抹子对试件表面进行处理，尽量真实模拟路面混凝土表面状态。

③提出了采取不同含气量和使用年限分别以剥落量1000g/m^{2}和800g/m^{2}作为混凝土抗盐冻剥蚀性能的评价标准。

4.3.3 铺面混凝土盐冻影响规律

国内外的一些学者对混凝土盐冻试验影响因素和试验条件进行了研究,如混凝土水灰比、含气量、盐溶液的种类及浓度等。

1)盐溶液种类及浓度对混凝土抗盐冻剥蚀破坏的影响

目前使用的融雪剂以盐类为主,基本上有两种:一种是以醋酸盐(醋酸钾、醋酸钠)为主要成分的有机类融雪剂,此类融雪剂成本较高(每吨1万多元),一般只用在机场等重要地方;另一种是无机类融雪剂,绝大部分为氯盐类,包括氯化钠、氯化钙、氯化镁等,价格相对便宜,价格仅相当于有机类融雪剂的1/10左右。

试验采用多种融雪剂和无机盐:融雪剂(融雪剂1,主要成分为氯化钠)、醋酸钠(融雪剂2)、氯化钙、氯化镁、硫酸钠。详细结果见图4-45和图4-46。

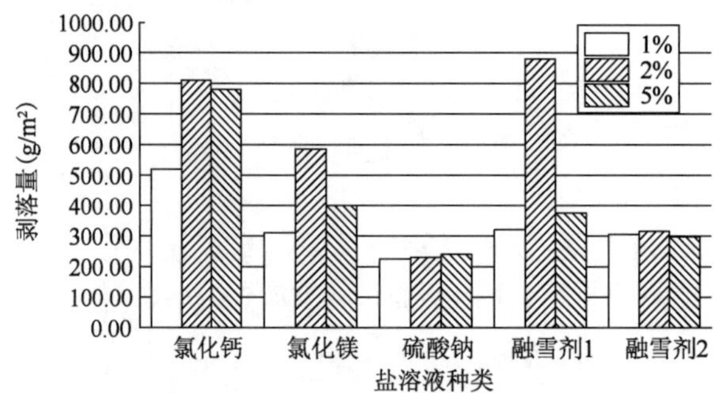

图4-45 盐溶液对混凝土盐冻剥蚀破坏

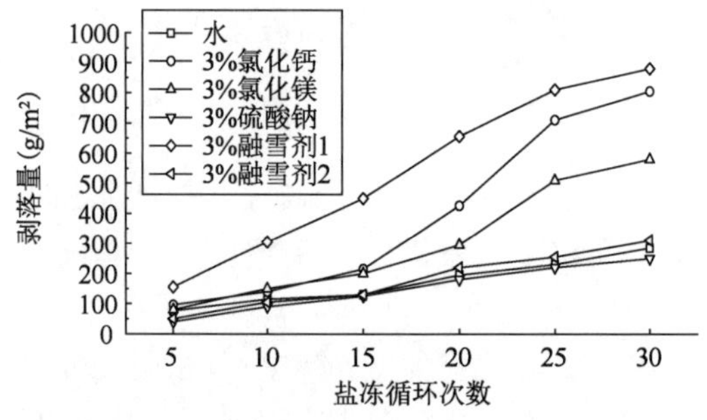

图4-46 不同溶液对混凝土盐冻剥蚀破坏

无论化学组成是有机类物质还是无机类物质,只要有融雪除冰作用,必将加重混凝土的盐冻剥蚀破坏,降低混凝土抗盐冻剥蚀性能;硫酸钠由于没有融雪作用,因此其试验结果与纯水冻融相似。所有融雪剂都是在中低浓度(2.5%~4%)时对混凝土造成的破坏最为严重;在相同浓度3%条件下,对混凝土的破坏作用从大到小依次为:融雪剂1、氯化钙、氯化镁、融雪剂2、硫酸钠和淡水。

2)水灰比对混凝土抗盐冻剥蚀破坏的影响

水灰比直接影响混凝土内部的孔隙率和孔结构,是衡量混凝土密实性、抗冻性和渗透性的一个重要参数。通过对混凝土盐冻机理的分析得知,要想提高混凝土抗盐冻性能,首先要降低混凝土水灰比,以此来减少混凝土内毛细孔道。参照 T. C. Powers 的试验数据,当水灰比为 0.38 时,成熟水泥浆的渗透系数为 2.47×10^{-14}m/s,与致密暗火成岩的渗透系数相当,较高的密实度减少了混凝土内部可冻水的数量,孔隙结构得到改善,抗冻性能得到加强。

3)不同水灰比混凝土配合比设计

对比了 5 种不同的水灰比,由于混凝土盐冻剥落主要是水泥浆,因此配合比设计按照固定水泥浆体积进行设计,配合比方案见表 4-11。

不同水灰比配合比　　表 4-11

混凝土编号	配合比(kg/m^3)				减水剂(%)	水灰比	28d 强度(MPa)
	水泥	水	砂	石			
YD-0.36	402	144	728	1189	1.2	0.36	60.1
YD-0.40	380	152	728	1189	0.9	0.40	56.0
YD-0.44	359	158	728	1189	0.7	0.44	53.5
YD-0.48	341	164	728	1189	0.5	0.48	41.5
YD-0.52	325	169	728	1189	0.3	0.52	40.5

成型混凝土试件,养生至 28d 后放入盐冻试验机内进行盐冻循环试验,每隔 5 个循环进行剥落物的收集,详细试验数据见表 4-12。

不同水灰比试件剥落量统计表(单位:g/m^2)　　表 4-12

水灰比	次　　数					
	5	10	15	20	25	30
0.36	102.77	192.11	299.36	388.70	482.52	580.82
0.40	154.54	309.07	450.73	656.78	811.31	875.7
0.44	433.40	799.76	1170.58	1434.20	1671.01	1925.67
0.48	442.33	835.51	1367.17	1997.17	2658.40	3395.61
0.52	616.56	1277.83	1965.89	2457.37	3024.79	3610.08

随着水灰比的逐渐增大,混凝土剥落量逐渐增大,抗盐冻性能逐渐下降。

4)含气量对混凝土抗盐冻剥蚀破坏的影响

大量资料和工程实践证明,混凝土中加入引气剂是提高混凝土抗冻的有效手段。引气剂的加入,在混凝土内部形成大量、均匀的气泡,这些气泡阻断了混凝土内部的通道,缓解了渗透压和静水压,提高了混凝土的抗冻性。每种混凝土都有一个可防治其受冻融破坏的最小含气量,一般认为含气量在 4% ~6% 范围内混凝土具有良好的抗冻性。

5)不同含气量混凝土配合比设计

试验固定水灰比为 0.4,并以此作为以下试验的基准水灰比,进行了 7 组不同含气量的试验,详细配合比见表 4-13。

不同含气量配合比 表 4-13

混凝土编号	配合比(kg/m³)				减水剂(%)	含气量(%)	28d 强度(MPa)
	水泥	水	砂	石			
YD-A1	380	152	728	1189	0.9	1.4	56.0
YD-A2	380	152	728	1189	0.9	2.6	53.9
YD-A3	380	152	728	1189	0.9	3.8	50.2
YD-A4	380	152	728	1189	0.9	5.4	48.4
YD-A5	380	152	728	1189	0.9	6.2	46.1
YD-A6	380	152	728	1189	0.9	6.9	42.3
YD-A7	380	152	728	1189	0.9	7.7	37.5

按照以上配合比成型混凝土试件，养生至 28d 后放入盐冻试验机内进行盐冻循环试验，每隔 5 个循环进行剥落物的收集，详细试验数据见表 4-14。

不同含气量试件剥落量(单位：g/m²) 表 4-14

含气量(%)	次数					
	5	10	15	20	25	30
1.4	154.54	309.07	450.73	656.78	811.31	875.7
2.6	94.50	195.32	308.71	384.32	459.92	579.64
3.8	66.16	94.50	129.17	157.51	182.70	261.45
5.4	40.97	72.46	113.39	144.91	179.55	220.51
6.2	50.41	66.16	81.90	91.35	100.80	148.06
6.9	47.26	75.60	103.94	129.17	160.66	211.07
7.7	69.31	91.35	113.39	138.61	166.95	229.96

随着含气量的逐渐增大，混凝土剥落量逐渐降低，抗盐冻性能逐渐升高，当含气量处于 6.2% 左右时，剥落量达到最小值；然后随着含气量的继续增大，剥落量逐渐增大，抗冻性降低。

6）矿物掺合料和纤维混凝土

(1)粉煤灰对混凝土抗盐冻剥蚀破坏、性能的影响

粉煤灰的掺量分别为 0%、10%、20%、30%、40%，水灰比固定，通过数据对比得出粉煤灰对混凝土抗盐冻剥蚀性能的影响及规律，具体配合比见表 4-15。

不同掺量粉煤灰混凝土配合比设计 表 4-15

混凝土编号	配合比(kg/m³)					减水剂(%)	粉煤灰掺量(%)	28d 强度(MPa)
	水泥	水	砂	石	粉煤灰			
YD-F0	380	152	728	1189	0	0.9	0	56
YD-F10	342	152	728	1189	38	0.9	10	54.2
YD-F20	304	152	728	1189	76	0.85	20	50.7
YD-F30	266	152	728	1189	114	0.85	30	44.7
YD-F40	228	152	728	1189	152	0.8	40	43.5

试件养生结束后，进行盐冻循环试验，收集剥落物，详细试验数据见表4-16。

不同粉煤灰掺量混凝土试件剥落量统计表（单位：g/m²）　　表4-16

掺量（%）	次数					
	5	10	15	20	25	30
0	154.54	309.07	450.73	656.78	811.31	875.7
10	176.40	396.91	560.72	784.38	960.78	1175.00
20	302.42	585.94	790.68	1055.31	1307.31	1546.72
30	245.71	456.77	784.38	1052.16	1354.58	1609.73
40	507.19	888.36	1118.29	1348.25	1518.38	1767.24

通过混凝土盐冻循环剥落量的统计，随着粉煤灰的加入，混凝土的剥落量逐渐增大，抗盐冻性能逐渐降低。由于试块是在28d龄期下进行的盐冻试验，此时粉煤灰混凝土内部粉煤灰水化缓慢，与基准混凝土的成熟度略低，如果相应的延长粉煤灰混凝土试块的龄期，可能会获得较好的抗盐冻剥蚀表现。

（2）矿粉对混凝土抗盐冻剥蚀破坏性能的影响

矿粉的掺量分别为0%、10%、20%、30%、40%，水灰比固定，通过数据对比得出矿粉对混凝土抗盐冻剥蚀性能的影响及规律，具体配合比见表4-17。

不同掺量矿粉混凝土配合比设计　　表4-17

混凝土编号	配合比（kg/m³）					减水剂（%）	矿粉掺量（%）	28d强度（MPa）
	水泥	水	砂	石	矿粉			
YD-F0	380	152	728	1189	0	0.9	0	56
YD-F10	342	152	728	1189	38	0.9	10	54.6
YD-F20	304	152	728	1189	76	0.9	20	53.3
YD-F30	266	152	728	1189	114	0.8	30	52.9
YD-F40	228	152	728	1189	152	0.8	40	52.1

试件养生结束后，进行盐冻循环试验，收集剥落物，详细数据见表4-18。

不同矿粉掺量混凝土试件剥落量统计表（单位：g/m²）　　表4-18

掺量（%）	次数					
	5	10	15	20	25	30
0	154.54	309.07	450.73	656.78	811.31	875.7
10	441.03	793.83	1055.31	1329.36	1540.42	1723.12
20	579.64	973.41	1294.72	1540.42	1805.02	1997.20
30	478.82	844.24	1171.85	1496.31	1770.39	2028.69
40	548.12	894.66	1178.15	1499.46	1795.58	2079.10

随着矿粉掺量的逐渐增大，混凝土剥落量逐渐增大，抗盐冻性能逐渐降低，混凝土中掺加矿粉降低了混凝土的抗盐冻性能，对混凝土的耐久性能产生不良的影响。

(3)纤维对混凝土抗盐冻剥蚀破坏性能的影响

纤维增强混凝土简称为纤维混凝土,是在素混凝土中掺入均匀分散的短纤维而组成的一种复合材料。其工作机理是利用均匀分散的纤维来改善普通混凝土的脆性。在混凝土受力的过程中,纤维发挥其抗拉强度高的优势,而混凝土则发挥其抗压强度高的优势,从而明显提高了纤维混凝土材料的技术性能,使其具有优良的抗拉、抗弯、抗疲劳、抗冲击性能以及耐磨耗、韧性高等特点。试验中,纤维混凝土材料中分别掺加钢纤维和聚丙烯纤维,见图4-47和图4-48。

图4-47　钢纤维

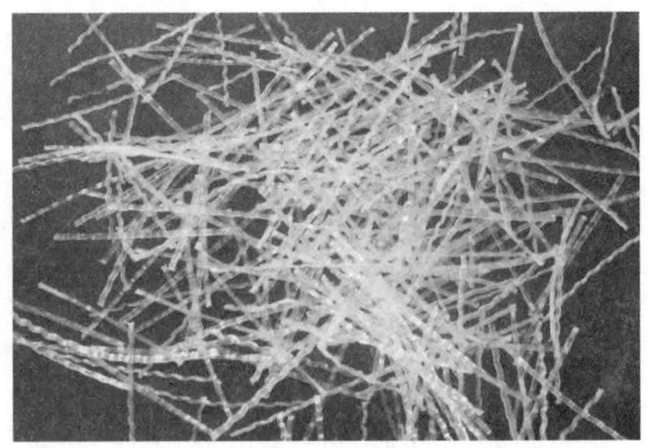

图4-48　聚丙烯纤维

采用钢纤维和聚丙烯纤维进行试验,掺加量均为体积掺量,分别为混凝土体积的0%、0.6%、0.9%、1.2%,具体配合表见表4-19。

纤维混凝土配合比设计　　表4-19

混凝土编号	配合比(kg/m²)				钢纤维(%)	聚丙烯纤维(%)	纤维体积掺量(%)	28d强度(MPa)
	水泥	水	砂	石				
YD-1	380	152	728	1189	—	—	0	56
YD-G1	380	152	728	1189	0.6	—	0.6	63.1
YD-G2	380	152	728	1189	0.9	—	0.9	64.5
YD-G3	380	152	728	1189	1.2	—	1.2	65.2
YD-JBX1	380	152	728	1189	—	0.6	0.6	58.9
YD-JBX2	380	152	728	1189	—	0.9	0.9	64.0
YD-JBX3	380	152	728	1189	—	1.2	1.2	65.7

经过28d养生后,钢纤维试块表面纤维出现少许锈迹,由于生成量非常少,因此影响可忽略不计,经过盐冻循环后,进行剥落量收集及数据的统计,详细结果见表4-20。

纤维混凝土剥落量(单位:g/m²)　　表4-20

掺　量		次　数					
		5	10	15	20	25	30
钢纤维	0.6%	151.21	308.71	466.22	617.43	787.53	938.74
	0.9%	170.10	340.20	504.04	680.44	863.14	1052.16
	1.2%	214.22	390.62	573.31	756.04	957.63	1165.55

续上表

掺量		次数					
		5	10	15	20	25	30
聚丙烯纤维	0.6%	176.40	409.51	623.73	800.13	970.26	1134.06
	0.9%	201.62	409.51	648.92	869.43	1077.35	1278.97
	1.2%	252.00	478.82	705.63	945.04	1222.26	1442.78

随着纤维的加入，不论是钢纤维还是聚丙烯纤维，混凝土试块的剥落量较素混凝土均有不同程度的增加，其中聚丙烯纤维混凝土的剥落量要大于钢纤维混凝土。

无论融雪剂或者除冰盐的化学组成如何，只要其具有融雪除冰的作用，就必将对混凝土产生盐冻剥蚀破坏，而且均为在中低浓度，即2.5% ~4%时对混凝土的盐冻剥蚀破坏最为严重。

混凝土的抗盐冻剥蚀性能随着水灰比的增大而降低，主要原因是水灰比增大，混凝土整体性能降低，包括强度、抗渗性等，从而导致混凝土中毛细孔的数量、孔径及可冻水含量的增加，使得混凝土盐冻剥蚀加剧。

掺加引气剂是改善混凝土抗盐冻剥蚀性能的有效技术措施，随着含气量的增加，混凝土的抗盐冻剥蚀性能显著提高，当含气量高于5%时，混凝土抗盐冻剥蚀性能随着含气量的继续增加增幅减慢，当含气量达到6.2%左右时，抗盐冻剥蚀性能达到最大。

4.4 桥面纤维混凝土

水泥混凝土桥面铺装工程，分别选取聚丙烯粗纤维、玄武岩纤维、钢纤维进行室内试验，针对纤维混凝土的力学性能、抗弯韧性、早期开裂、耐磨、干缩以及疲劳性能进行分析，总结水混凝土桥面铺装用纤维材料的路用性能。

4.4.1 纤维混凝土强度、耐磨及干缩试验

1)配合比设计

依据设计要求，28d混凝土抗压强度≥40MPa，抗冻次数≥300，抗渗等级≥W4，水灰比≤0.5，含气量3% ~4%，水泥用量≥300kg/m^3，氯离子含量≤0.15%，碱含量≤3kg/m^3。作为施工自控指标，要求28d混凝土抗弯拉强度≥5.0MPa，坍落度满足规范要求。

为比较不同纤维掺量的混凝土强度指标，试验采用1kg/m^3、3kg/m^3、5kg/m^3、7kg/m^{3}四种纤维掺量进行不同龄期(3d、7d、28d、60d、90d)抗压、抗弯拉强度试验，最终给出推荐的最佳掺量。混凝土配合比见表4-21。

混凝土配合比(单位:kg/m^3) 表4-21

编号	水泥	水	砂	碎石	纤维	减水剂	引气剂
1	420	151	658	1169	0	2.730	0.1092
2	420	151	658	1169	1	2.688	0.1050
3	420	151	658	1169	3	2.730	0.1092
4	420	151	658	1169	5	2.730	0.1092
5	420	151	658	1169	7	2.772	0.1092

2)纤维混凝土强度数据分析

聚丙烯纤维混凝土的抗弯拉和抗压强度均有随着纤维掺量的增加而先增大后减少的发展趋势。与基准混凝土相比,抗压强度和抗弯拉强度都有不同程度的增长,特别是纤维掺量3kg/m³时增幅最大。其中,28d抗压强度增长7.7%,28d抗弯拉强度增长12.0%。

聚丙烯纤维混凝土的压弯比均比普通防水混凝土低,且随着纤维掺量的增加而减少。这充分说明,受拉区混凝土在开裂过程中,通过纤维与基体的黏结力将荷载转移给纤维,纤维吸收部分能量使混凝土抗弯拉强度大幅增加。而抗弯拉强度增长到峰值后又下降的主要原因是纤维掺量超过一定限度时,对混凝土的均匀性、致密性产生不利影响,从而导致抗弯拉强度下降。因此,综合考虑强度指标和费用,推荐聚丙烯粗纤维的最佳掺量为3.0kg/m³。

3)纤维混凝土耐磨数据分析

随着纤维掺量的增加,混凝土的磨损量出现先减小后增大的趋势。这充分表明,混凝土中还存在部分分散不均匀、与混凝土基体黏结不够好的纤维,尤其是纤维掺量超过一定限度时,对混凝土的均匀性、致密性产生不利影响,甚至会导致混凝土耐磨性严重下降。由于高掺量下,纤维分散的不均匀使混凝土密实性严重下降,导致其抗磨性大幅降低,但当纤维掺量合适时,其单位面积磨损量却可以降低11.2%。从抗磨性考察聚丙烯粗纤维的最佳掺量为3.0kg/m³左右。

4)纤维混凝土干缩数据分析

掺入纤维后混凝土从7d开始干缩率得到抑制并降低,随着纤维掺量的增加,干缩率降低的幅度也在逐步增大。其中,以纤维掺量5kg/m³最为明显,7d干缩率降低19.1%,28d干缩率降低9.7%,90d干缩率降低9.5%。

混凝土发生网状开裂的程度取决于干燥的严重性和混凝土对干燥收缩的敏感性。掺聚丙烯粗纤维对抑制混凝土早期塑性及干缩裂缝有非常好的效果,原因在于混凝土中网架结构的聚丙烯纤维阻断了混凝土内部毛细管通道的作用,降低暴露面水分的蒸发,有效地阻止混凝土塑性沉降和泌水的发生,减少塑性收缩和干燥收缩,从而提高了混凝土的抗裂性。

4.4.2 纤维混凝土抗弯韧性试验

1)试验设计

纤维掺量分别取3kg/m³、5kg/m³和7kg/m³。调整外加剂用量,保证混凝土工作性基本一致。试验机为伺服试验机,按照位移,控制试验机的行走速度为0.05~0.1mm/min,在压力机荷载达到10kN之前采用0.1mm/min的加载速度,在达到10kN之后直至试件破坏采用0.05mm/min的加载速度,加载时间为60~120min。采用400mm×100mm×100mm小梁试件,采用三点弯拉试验,控制行走速度。试件采用单独的夹具。试验数据由压力和位移传感器获得,测出混凝土试件的荷载挠度全曲线。

2)数据分析

韧性是表示一种材料在外载荷作用下吸收能量的能力。纤维加入混凝土后,主要的贡献之一是在能量吸收方面,它使混凝土在受弯开裂后,仍能承受一定的荷载。试验结果见表4-22。可以看出,纤维混凝土韧性较基准混凝土有较大提高。因纤维掺量为3kg/m³、5kg/m³

和 7kg/m^3,间隔偏小,致使不同纤维掺量的混凝土韧性变化不大。

试件的荷载及挠度 表 4-22

试件编号	荷载(kN)			挠度(mm)		
	初裂	峰值	初裂/峰值(%)	初裂	峰值	初裂/峰值(%)
I	13.77	17.45	78.9	0.33	0.38	86.0
J	17.52	20.91	83.8	0.75	0.80	94.7
K	18.20	21.12	86.2	0.27	0.30	90.0
L	18.89	23.11	81.7	0.28	0.32	88.0

4.4.3 纤维混凝土早期开裂试验

1)试验方案

评价混凝土抗裂性能的试验方法有 6 种:水化热试验、绝热温升试验、收缩测定试验、平板约束试验、环约束试验和轴向约束试验等。前三种是间接评价法,后三种则为直接评价法(约束试验法)。

采用板底加诱导肋约束的平板试验法,其特点是处于双向受约束状态的板状试件较好地符合了实际板状构件的开裂情况;平板法可以提供较多的约束种类,比如在板四周用铆钉加以约束,在板底加以约束,或者二者结合等。

2)纤维体积率与总开裂面积的关系

裂缝宽度(通常是指表面的最大裂缝宽度 W_{max}),最大裂缝宽度是指具有 90% 保证率时的宽度(W_{90}),但也有使用平均值 W_m 的。按照裂缝宽度的定义,将试件上面的总开裂面积定义为 A_{max}、A_{90}、A_m,即相应裂缝宽度 W_{max}、W_{90}、W_m 所对应混凝土试件的总开裂面积。

聚丙烯腈纤维混凝土的总开裂面积 A_{max}、A_{90}、A_m 随着聚丙烯腈纤维掺量的增加而减少,当纤维体积率小于 0.2% 时,开裂面积 A_{max}、A_{90}、A_m 随着纤维掺量增加而减少的曲线较陡;当纤维体积率在 0.2% ~0.6% 之间时,开裂面积 A_{max}、A_{90}、A_m 随着纤维掺量增加而减少的曲线变缓。玄武岩纤维混凝土的总开裂面积 A_{max}、A_{90}、A_m 随着玄武岩纤维掺量的增加而减少,纤维体积率在 0.06% ~0.1% 之间玄武岩纤维混凝土的总开裂面积减少并趋于 0。不同纤维掺量的聚丙烯腈纤维混凝土的总开裂面积相对于基体混凝土依次降低了 37.0%、72.7%、84.1%;不同纤维掺量的玄武岩纤维混凝土的总开裂面积相对于基体混凝土依次降低了 20.7%、53.2%(图 4-49)。

路面抗裂纤维混凝土实测裂缝降低率应不小于 30%,即限裂效能等级达到二级以上;桥面抗裂纤维混凝土实测裂缝降低率应不小于 50%,即限裂效能等级达到一级。聚丙烯腈纤维体积率在 0.1% 以上可以达到路面用抗裂纤维混凝土要求,纤维体积率在 0.2% 以上可达到桥面用抗裂纤维混凝土要求。玄武岩纤维体积率在 0.06% 以上可以达到路面用抗裂纤维混凝土要求,纤维体积率在 0.06% 以上可达到桥面用抗裂纤维混凝土要求(见图 4-50)。

3)裂缝长度与裂缝宽度之间的关系

裂缝数量由高到低依次是:宽度为 0.3mm 的裂缝(占比 30%)(平均长度 26.5cm)、宽度为 0.4mm 的裂缝(占比 26%)(平均长度 62cm)、宽度 0.6mm 的裂缝、宽度为 0.5mm 的裂缝、宽度小于或等于 0.2mm 的裂缝和宽度大于或等于 0.7mm 的裂缝(占比 7%)(平均长度

64cm);裂缝平均长度由大到小依次是:宽度0.7mm的裂缝、宽度0.4mm的裂缝、宽度0.5mm的裂缝、宽度小于等于0.2mm的裂缝、宽度为0.6mm的裂缝和宽度为0.3mm的裂缝。

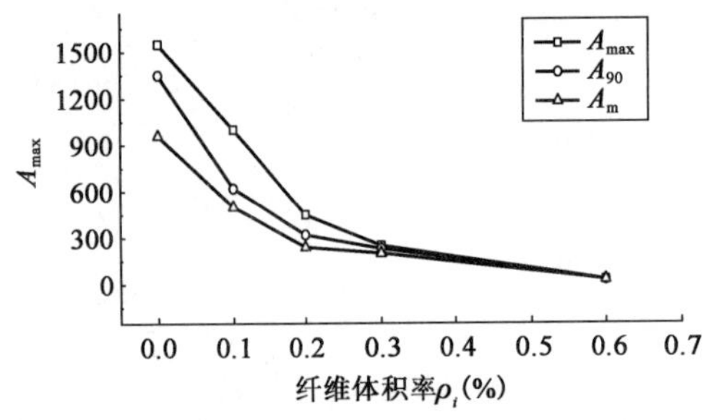

图4-49 聚丙烯腈纤维体积率与总开裂面积

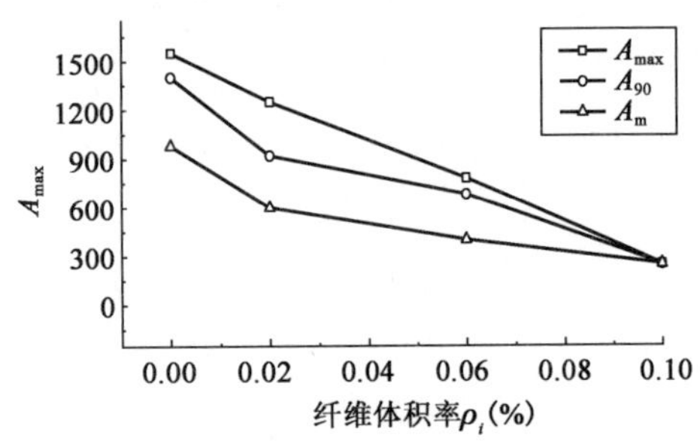

图4-50 玄武岩纤维体积率与总开裂面积

4.5 接缝填缝料

水泥混凝土路面设有接缝,接缝处通常采用填缝料予以填封,用于阻挡雨水渗入和硬质杂物落入。否则雨水渗入并积滞于基层顶面,在重复重车作用下,易引起基层冲刷唧泥,进而导致板下脱空;而落入接缝内的硬质杂物阻止水泥混凝土膨胀,可造成板边角崩裂。水泥混凝土路面发生的各种损坏,如错台、边角崩裂、冲刷唧泥和板下脱空等,大多与填缝料失效有着直接或间接的关系。

4.5.1 填缝料技术性能

1)填缝料的使用条件

在水泥混凝土路面使用期内,接缝槽口内的填缝料主要受到拉伸作用和剪切作用,如图4-51所示。当温度降低时,水泥混凝土路面板产生收缩从而导致了接缝张开,此时填缝料受到拉伸作用;而当车辆行驶经过路面板接缝时,受荷板与相邻的未受荷板的竖向位移差导致填缝料受到剪切作用。

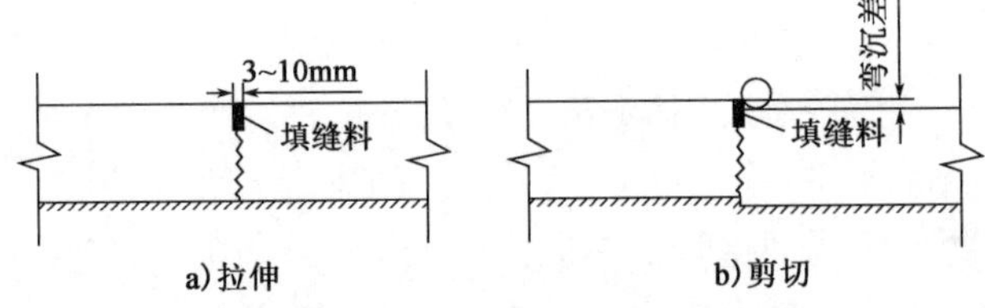

图4-51 填缝料受力示意图

填缝料剪切特性:通常标准轴载作用下混凝土路面接缝两侧弯沉差Δl为0.01~0.06mm,当车辆超或路面板脱空严重时,接缝两侧弯沉差Δl可达0.5mm。接缝宽度以10mm计,可推算出填缝料最大剪切应变一般为0.1%~0.6%,严重时可达5%。

填缝料拉伸特性:水泥混凝土路面裸露于大气中,经受着温度的日、月和年周期性变化,当环境温度降低时,水泥混凝土面板收缩引起接缝的张开,填缝料受到张拉作用,产生拉伸变形。对于常用混凝土路面结构,考虑到较极端的降温幅度,填缝料拉伸速度变化在$8\times10^{-4}\sim80\times10^{-4}$mm/min之间。

填缝料抗老化特性：填缝材料在自然暴露条件下，在光、热、氧、雨水、湿气等因素作用下，性能会逐渐老化，其中，热和光是导致老化的主因。热老化主要是热氧老化；而光老化是指太阳辐射中的紫外线引起的老化。

与一般建筑工程相比较，路面所处的环境比较恶劣，要受到风吹、雨淋、雪霜、冰冻、太阳曝晒、紫外光照射等各种自然因素的作用。

2）填缝料的损坏模式和失效原因

（1）损坏模式

水泥混凝土路面填缝料可能出现的主要损坏模式有，填缝料与接缝侧壁发生界面脱落的黏附性失效，或填缝料自身发生断裂破坏的黏聚性失效，填缝料剥落、挤出，嵌入砂石硬物，填缝料软化和硬化等。

（2）失效原因

填缝料失效破坏的原因是多方面的。

①施工因素。如施工灌缝时缝两侧处理不干净或表面有水分从而影响黏结效果。

②接缝设计因素。接缝设计过窄，填缝料变形能力有限，当接缝位移较大时，易产生黏附或黏聚性破坏；灌封深度过窄，也会导致接缝失效。

③受力因素。从拉伸和剪切作用角度进行分析，最易出现的破坏是黏附性失效和黏聚性失效。

黏附性破坏的原因可能有两个，第一，填缝料与混凝土板水平方向的黏结强度小于填缝料所受的拉伸强度；第二，填缝料与混凝土板竖直方向的黏结强度小于填缝料所受的剪切强度。填缝料产生纵向裂缝的原因为材料抗老化性能较差，随着时间的推移，材料的性能逐渐下降，不再满足使用要求。

3）填缝料应具备的技术性能

填缝料的技术性能要求主要包括：黏结性、变形能力、强度、稳定性和耐久性、密封性和施工和易性等。

（1）黏结性。填缝料应与水泥混凝土面板缝壁有着较强的黏结能力，不因荷载作用力而产生脱落。

（2）变形能力。填缝料应具有良好的变形能力，满足接缝位移的要求。

（3）稳定性。夏季高温不应发生流淌挤出污染路面，也不应低温时发生硬化、脆裂。

（4）耐久性。在各种自然气候和车辆荷载的反复作用下，填缝料应保持良好的使用性能，不致过早产生老化现象。

（5）密封性。填缝料应具有良好的耐水性，自身不溶于水，不被水解而失去黏性，并能阻止水分在接缝处下渗。

（6）良好的施工操作性。填缝料的施工操作性对其使用性能有着非常重要的影响，许多填缝料损坏的主要原因不是材料质量问题而是施工质量问题。

4.5.2　填缝料性能试验和选择

1）性能试验

（1）试验准备

水泥混凝土路面常用的 4 种填缝料产品见表 4-23。

4 种填缝料的试验代号、材料类别　　表 4-23

类　型	试件代号	材料类别
加热施工式填缝料(热料)	胶泥	聚氯乙烯胶泥类
	百合	橡胶沥青类
常温施工式填缝料(冷料)	湿克威-YN	聚氨酯类
	硅酮 890-SL	硅酮类

采用动态剪切流变仪(Dynamic Shear Rheometer,DSR),其为平板式流变仪,如图 4-52 所示,填缝料的动态剪切试验模具如图 4-53 所示。

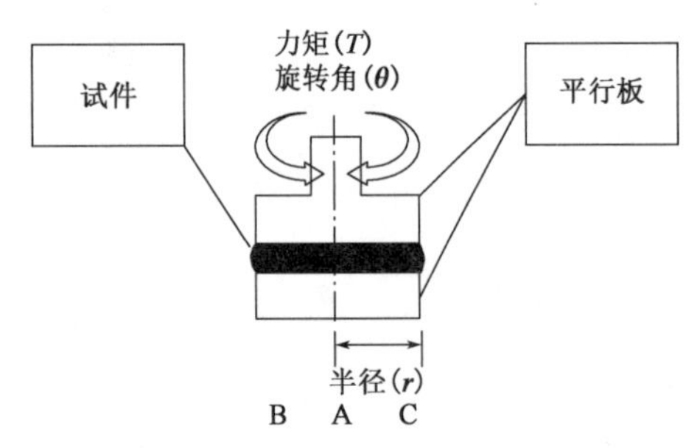

图 4-52　动态剪切流变仪测试简图

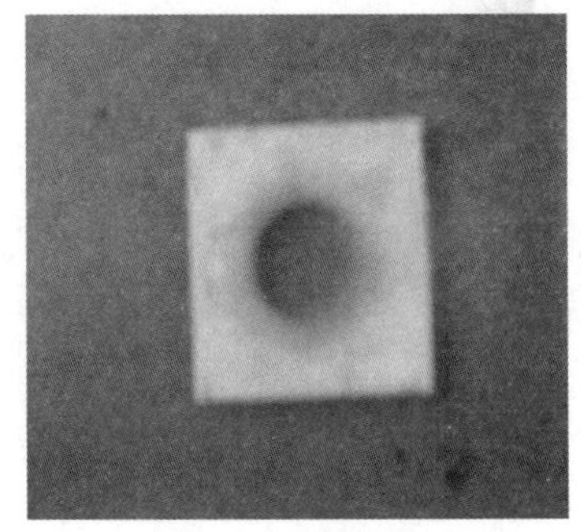
图 4-53　试模模具

采用复数剪切模量 G 表征填缝料的劲度特征。复数剪切模量 G 定义为最大剪切应力(τ_{max})和最大剪切应变(γ_{max})的比值,如下:

$$G = \frac{\tau_{max}}{\gamma_{max}} \tag{4-13}$$

拉伸试验用 LYY-9B 型调温调速沥青测力延度仪见图 4-54。自制水泥砂浆块边模见图 4-55。

图 4-54　试样在延度仪中的拉伸状况

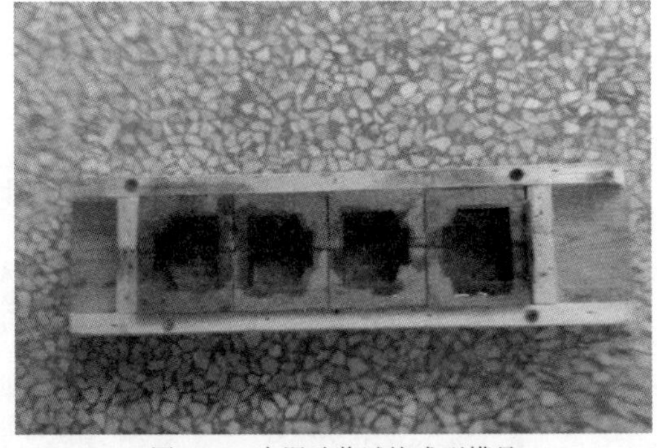
图 4-55　水泥砂浆试块成型模具

为了模拟工程中水泥混凝土路面板壁可能出现的情况,对填缝料与侧模的界面进行如下处理:①污染。先将灰尘,污泥或油脂等黏附在水泥砂浆侧模壁上,然后浇筑填缝料成型试件;②潮湿。先将水泥砂浆侧模在室温水中浸泡 24h 以上,拭干后,灌入填缝料;③干燥。先将水泥砂浆侧模在 70℃干燥箱内置放 24h 后,灌入填缝料;④底涂剂。在水泥砂浆侧模壁上均匀涂抹底涂剂 primerHM,待底涂剂干燥 30min 后,再灌入填缝料成型试件。

热氧老化试验方法:采用薄膜烘箱 TFOT 试验来模拟热老化过程。试验方法为:在 TFOT 试验中,将试件注入老化盘中 50g ±0. 5g,在较低温度下加热形成厚度均匀的薄膜,放入温度为

163℃的恒温烘箱，转盘转动速度为5.5r/min ±1r/min。TFOT老化时间取为1h、3h、5h和7h。

紫外光老化试验方法：在整个使用期内，填缝料持续受到紫外光的照射作用。为了加速和模拟自然紫外光对填缝料的老化作用，采用室内紫外光老化仿真系统，在人为制造的环境内模拟自然条件，并强化紫外线的辐射强度（10倍以上），以期在较短的时间内获得试验结果。取室内紫外光老化照射时间为1d、3d、6d、9d和12d，每天照射10h，每个照射周期后，取样进行测试，研究紫外光照射时间对填缝料使用性能的影响。

（2）填缝料剪切性能试验

2种热料的复数剪切模量与温度的关系如图4-56所示。3种冷料的复数剪切模量与温度的关系见图4-57。比较图4-56与图4-57可见，在相同的试验温度下，热料的复数剪切模量比冷料的复数模量高约2个数量级。5种填缝料的复数剪切模量从大到小依次为：胶泥 > 橡胶沥青 > 聚硫 > 湿克威-YN > 硅酮890-SL。

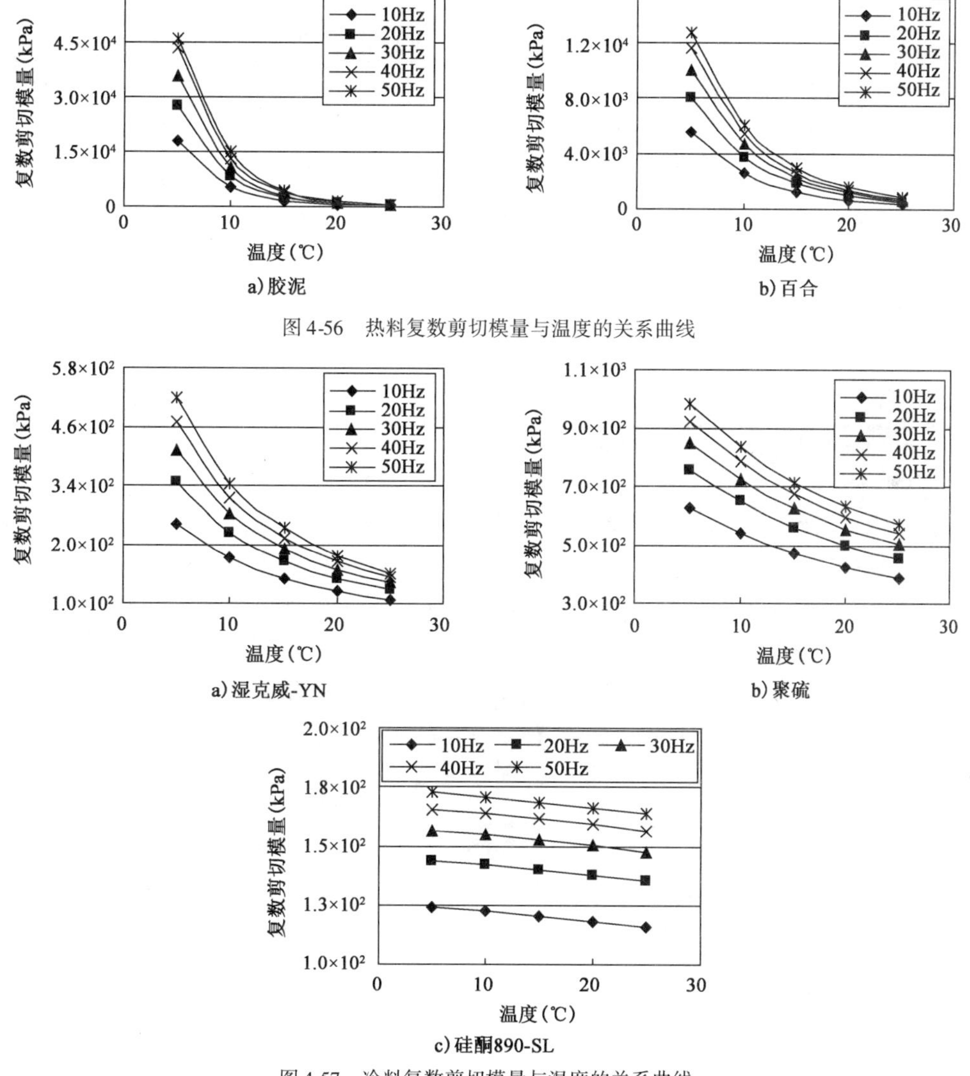

图4-56　热料复数剪切模量与温度的关系曲线

图4-57　冷料复数剪切模量与温度的关系曲线

5 种填缝料的温度敏感性排序为：胶泥 > 橡胶沥青 > 湿克威 – YN > 聚硫 > 硅酮 890 – SL（表 4-24）。

5 种材料复数剪切模量与温度的回归系数 *b* 汇总 表 4-24

材 料	试验频率(Hz)					*b* 的平均值
	10	20	30	40	50	
胶泥	0.2075	0.212	0.2138	0.2148	0.2113	0.2119
橡胶沥青	0.1380	0.1374	0.137	0.1363	0.1348	0.1367
YN	0.0442	0.0495	0.0529	0.0555	0.0576	0.0519
聚硫	0.0241	0.0256	0.0266	0.0271	0.0274	0.0262
硅酮 890-SL	0.0037	0.0031	0.0029	0.0028	0.0027	0.0030

将 2 种热料经过不同时间的 TFOT 老化处理，然后在 15℃、40Hz 下测试老化试样的复数剪切模量，结果见表 4-25。

热料热老化后的复数剪切模量（TFOT 老化） 表 4-25

材 料	试 样 状 态	复数剪切模量（kPa）	增 大 倍 数	增加量（kPa）
胶泥	原样	3768	1.0	
	热老化 20min	23640	6.27	19872
橡胶沥青	原样	2624	1.0	
	热老化 1h	3492	1.33	869
	热老化 3h	5401	2.06	2777
	热老化 5h	8343	3.18	5720
	热老化 7h	9162	3.49	6539

注：1. 增大倍数指老化后试样模量与原样模量之比。
2. 增加量指老化后试样模量与原样模量之差。

将 5 种填缝料经过不同时间紫外光老化处理，然后在 15℃、40Hz 下测试老化试样的复数剪切模量，结果见表 4-26。由表 4-26 可见，经紫外光老化 1d 后，胶泥、橡胶沥青、YN、聚硫和硅酮 890-SL 的复数剪切模量依次增加了 4.59 倍、16%、69%、53% 和 2%，不同填缝料抗紫外光老化能力差异巨大。

紫外光老化后的填缝料试样的复数剪切模量 表 4-26

材 料	紫外光老化时间（d）	复数剪切模量（kPa）	增 大 倍 数	增加量（kPa）
胶泥	原样	3768	1	—
	1	21080	5.59	17312
橡胶沥青	原样	2624	1	—
	1	3056	1.16	433
	3	3514	1.34	891
	6	4120	1.57	1497
	9	4668	1.78	2045

续上表

材　　料	紫外光老化时间(d)	复数剪切模量(kPa)	增 大 倍 数	增加量(kPa)
YN	原样	127	1	—
	1	215	1.69	88
	3	353	2.78	226
	6	499	3.93	372
	9	606	4.78	480
	12	643	5.07	516
硅酮 890-SL	原样	162	1	—
	1	164	1.02	2
	3	166	1.03	5
	6	170	1.05	8
	9	173	1.07	11
	12	177	1.10	16
聚硫	原样	674	1	—
	1	1035	1.53	361
	3	1706	2.54	1042

注:1. 增大倍数指老化后试样模量与原模量之比。
　2. 增加量指老化后试样模量与原模量之差。

若以老化后复数剪切模量增大倍数为指标,4 种填缝料抗紫外光老化的能力从高到低依次为:硅酮 890-SL > 橡胶沥青 > 聚硫 > YN。若以老化后复数剪切模量增加量为指标,4 种材料抗老化能力从高到低依次为:硅酮 890-SL > YN > 聚硫 > 橡胶沥青。显见采用的评价指标不同,所得结果也不一样。

(3)填缝料拉伸性能试验

填缝料拉伸性能影响因素涉及拉伸速度、最大伸长率、试验温度、界面条件和老化等方面。

在试验温度 -18℃,拉伸速度为 3mm/min、5mm/min、7mm/min 下,4 种填缝料的最大伸长率和黏结强度与拉伸速度的关系如图 4-58 所示。

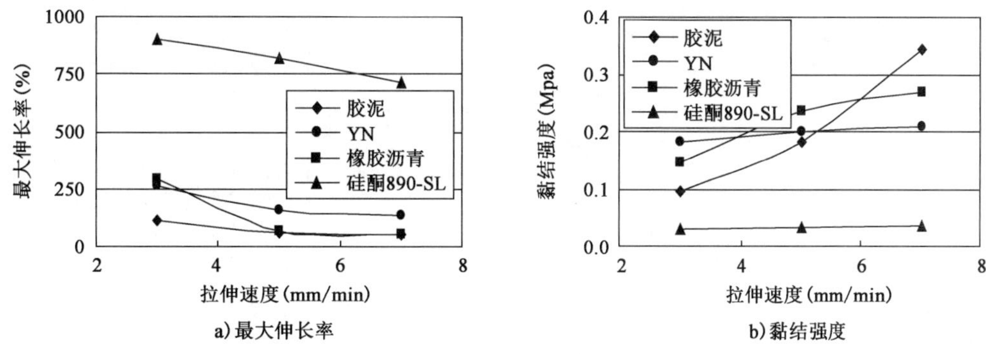

图 4-58　填缝料最大伸长率/黏结强度与拉伸速度的关系曲线

由图4-58可见，胶泥、橡胶沥青、YN和硅酮890－SL的最大伸长率范围分别为：54%～112%、54%～295%、137%～262%和716%～904%。相应的黏结强度范围为：0.096～0.343MPa、0.146～0.268MPa、0.183～0.208MPa和0.029～0.037MPa。

4种填缝料的拉伸速度敏感性排序为：胶泥＞橡胶沥青＞硅酮890-SL＞YN。

在拉伸速度为3mm/min、试验温度为－18℃、－28℃下，4种填缝料的最大伸长率和黏结强度与温度的关系如图4-59所示。

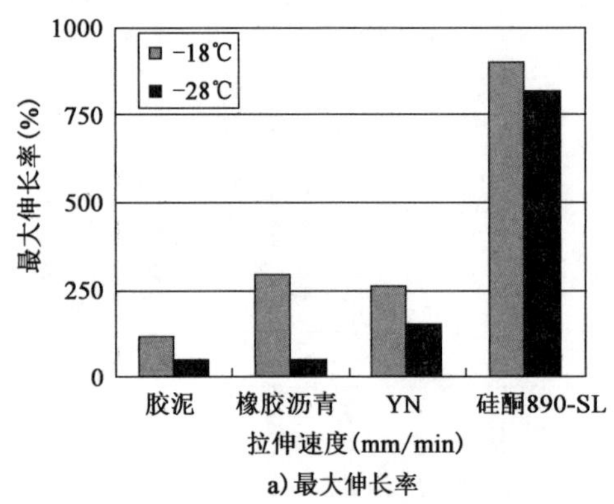

a)最大伸长率

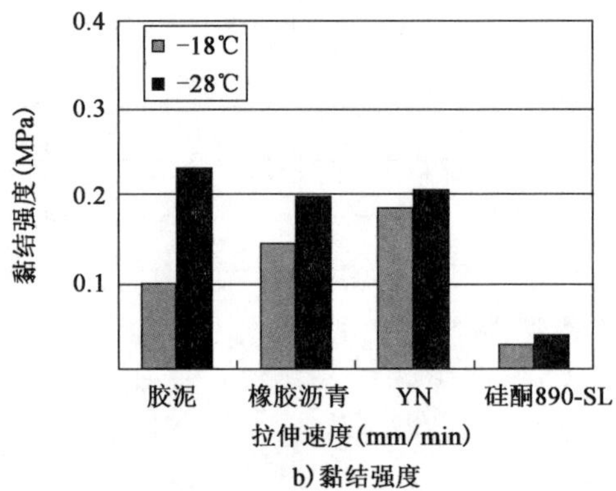

b)黏结强度

图4-59 填缝料最大伸长率/黏结强度与温度的关系曲线

由图4-59可知，随着试验温度的降低，4种填缝料的黏结强度增大，而最大伸长率呈降低趋势。试验温度对热料黏结强度和最大拉伸量的影响程度要大于对冷料的影响。

试验温度对填缝料性能的影响程度从大到小排序为：胶泥＞橡胶沥青＞YN＞硅酮890-SL。

在试验温度－18℃，拉伸速度为3mm/min，界面条件为干燥、潮湿、污染和涂刷底涂剂的情况下，4种填缝料的最大伸长率和黏结强度与界面条件的关系见图4-60。由图4-60可知，界面条件对填缝料与水泥试块的最大伸长率和黏结强度的影响显著。以干燥条件为基准时，污染界面和潮湿界面会降低填缝料的最大伸长率和黏结强度，且污染界面的影响程度大于潮湿界面的影响；在填缝料与水泥砂浆侧壁的界面上涂刷底涂剂会增加填缝料的最大伸长率和黏结强度。

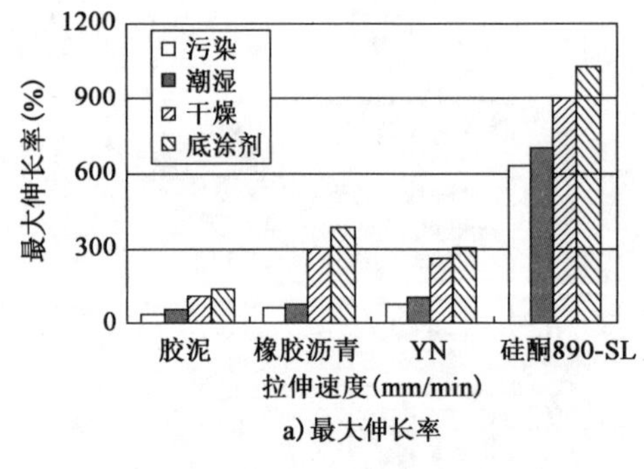

a)最大伸长率

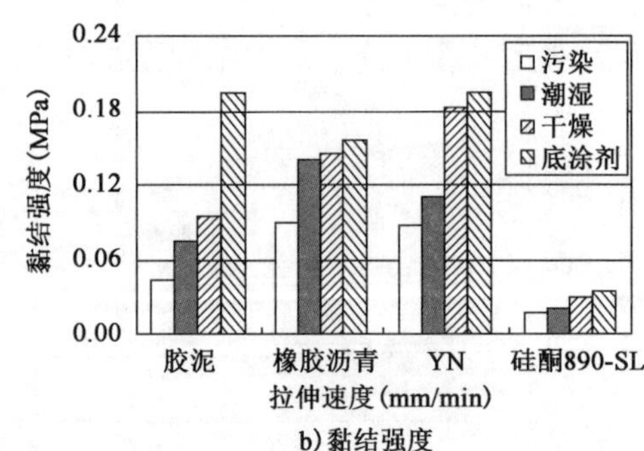

b)黏结强度

图4-60 4种界面条件下填缝料的最大伸长率/黏结强度

橡胶沥青填缝料试样的最大伸长率和黏结强度与热老化时间的关系见图4-61。显然，随着热老化时间的增加，橡胶沥青填缝料的最大伸长率降低，黏结强度增大。

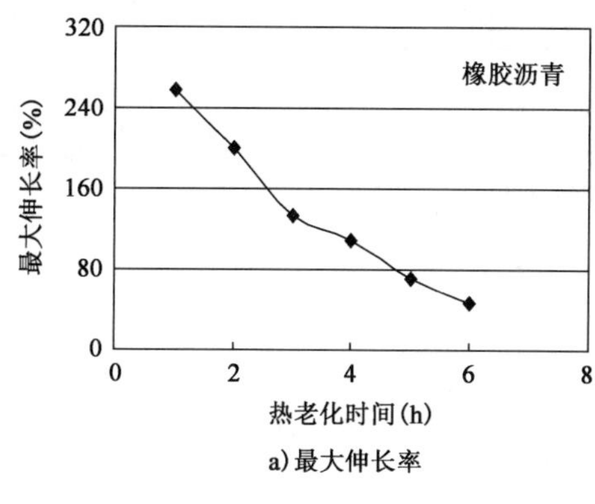

a)最大伸长率

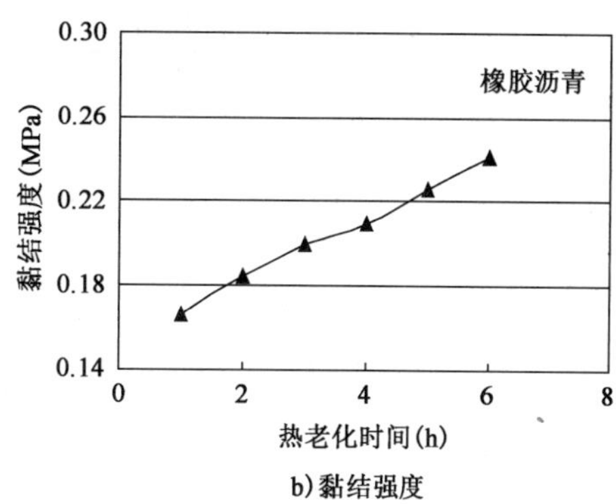

b)黏结强度

图4-61 填缝料最大伸长率/黏结强度与热老化时间关系曲线

3种填缝料的最大伸长率和黏结强度与紫外光老化时间的关系见图4-62。由图4-62可知,随着紫外光老化时间的增加,填缝料的最大伸长率呈线性降低黏结强度呈线性增大。

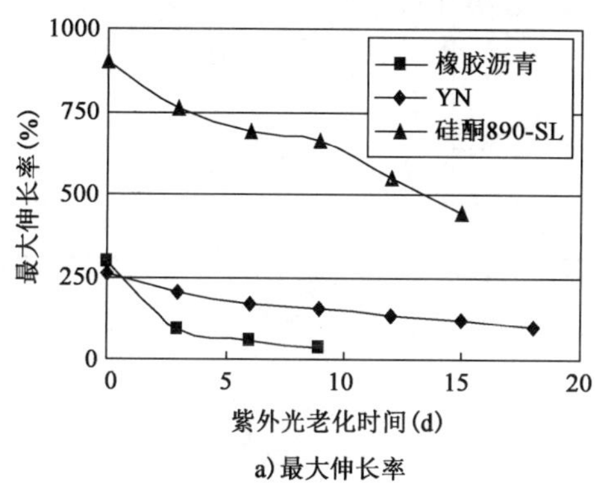

a)最大伸长率

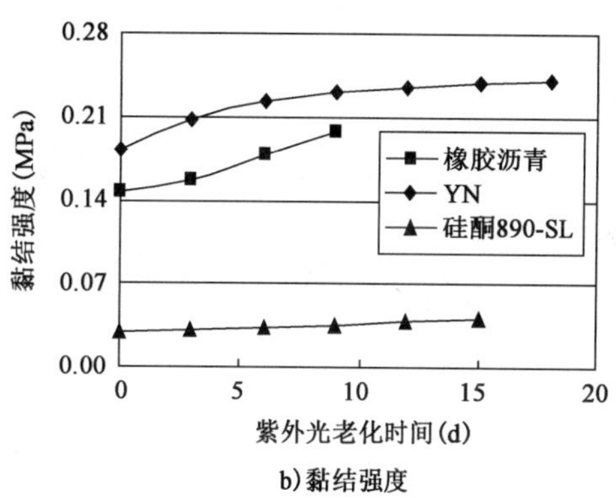

b)黏结强度

图4-62 3种填缝料最大伸长率/黏结强度与紫外光老化时间关系曲线

2)严寒地区填缝料的选择

为了更好选择合适的填缝材料,选取了6种填缝料(表4-27)作为试验材料,依据前述对填缝料工作条件、破坏形式和应具备的技术性能的分析,对表干时间、拉伸模量、弹性恢复率、定伸黏结性、针入度、耐高温性、低温抗裂性、抗拉强度、延伸率和耐油性等指标进行评判。

试验用填缝料的试验编号、材料类别 表4-27

试件编号	材料类型
J-1	有机硅改性聚氨酯
J-2	改性聚氨酯
J-3	改性聚氨酯
G-1	硅酮
G-2	硅酮
G-3	硅酮

采用的6种填缝料的常规性能测试结果见表4-28。

试验用填缝料常规性能测试结果 表4-28

试验项目		试件编号					
		J-1	J-2	J-3	G-1	G-2	G-3
表干时间		3h25min	4h08min	2h55min	1h50min	5h28min	3h55min
针入度(0.1mm)		27	30	28	56	58	55
拉伸模量	23℃	0.42	0.48	0.37	0.42	0.49	0.36
	-20℃	0.58	0.65	0.49	0.55	0.68	0.54
弹性恢复率(%)		92.8	82.6	91.6	81.2	80.6	84.0
定伸黏结性		拉伸宽度与初始宽度之比60%无破坏					
流动度(mm)		0.1	0.1	0.1	0.2	0.1	0.1
耐高温(90℃)		无流淌,无滴落	稍流淌,无滴落	无流淌,无滴落	无流淌,无滴落,稍有小气泡	流淌,无滴落	稍流淌,无滴落
负温抗裂性(-40℃)		无裂纹	无裂纹	无裂纹	无裂纹	无裂纹	有细微裂纹
抗拉强度(MPa)		1.1	0.6	0.88	0.35	0.48	0.6
延伸率(%)		935	895	904	798	986	895
耐油性	拉伸强度(MPa)	0.96	0.54	0.46	0.31	0.84	0.54
	伸长率(%)	896	906	992	801	902	906

注:1. 表干时间是表征填缝料施工性能的指标,表干时间越短,表明填缝料可施工时间越短。
2. 针入度指标是表征填缝料在夏季高温时抵抗砂石等杂物嵌入能力的指标,针入度越小,填缝料抵抗杂物嵌入的能力就越好。
3. 拉伸模量是表征填缝料承受拉应力的能力指标,拉伸模量越高,抵抗拉应力的能力越强。
4. 弹性恢复率指标用于评价填缝料对外力变形的恢复能力,弹性恢复值越大,表明填缝料在荷载作用下产生的变形越能在卸载后迅速恢复,残余变形越小。
5. 定伸黏结性反映的是填缝料黏结状态下的拉伸性能,是反映填缝料黏结性能的指标。
6. 流动度指标表征填缝料的高温稳定性,以防止在高温时发生变形、流淌,从而导致填缝料丧失密封功能。
7. 耐高温性、负温抗裂性和耐油性均是表征填缝料耐久性能的指标。
8. 抗拉强度和延伸率反映的是填缝料在拉应力作用下材料性能的情况。

通过比较,编号J-1的有机硅改性聚氨酯类填缝料具有良好的性能,能够满足该地区填缝施工的需要。

填缝材料有加热施工方式和常温施工方式两种,鉴于严寒地区的恶劣气候条件,填缝料受到极端低温的严峻考验,加热施工方式填缝材料的弹性恢复率及-10℃的拉伸量较小,温度低时容易拉裂或与缝壁混凝土脱黏,且目前施工温度较低,加热施工填缝材料施工难度大,因此选取常温施工方式的填缝材料,并着重检测填缝料的耐低温性能。表4-29为混凝土路面用填缝料主要性能指标,为进场填缝料必须满足的规定。

填缝材料主要性能指标 表4-29

序号	试验项目	单位	指标要求
1	表干时间	h	≤4
2	失黏(固化)时间	h	6~24
3	流动度	mm	0

续上表

序号	试验项目	单位	指标要求
4	-10℃拉伸量	mm	≥15
5	弹性恢复率	%	≥75
6	与混凝土黏结强度	MPa	≥0.2
7	黏结延伸率	%	≥200
8	针入度	0.1mm	40~60
9	与混凝土黏结强度之比	%	浸水4d后≥90
10	黏结延伸率之比	%	浸水4d后≥100
11	耐低温性	℃	-40±2℃×168h弯曲90°无裂缝

4.6 本章小结

本章探讨和阐述的主要内容可归纳为以下几点:

(1)冻融循环对混凝土强度的影响较为明显,随着冻融次数的增加,混凝土强度特性均呈下降趋势。抗弯拉强度反应最敏感,变化最快,下降幅度也最大。对于路面混凝土,冻融破坏的评定指标仅以相对动弹性模量和质量变化率来衡量是不够的,应增加抗弯拉强度损失率这个指标。

(2)以3%含气量作为抗冻混凝土和非抗冻混凝土的界限。对于路面混凝土普通冻融试验,相对动弹性模量和质量变化率两个指标过于宽松,应根据混凝土含气量情况分类重新界定。对于抗冻混凝土,相对动弹性模量判定指标定为80%,质量变化率指标定为1%。对于非抗冻混凝土,原指标保持不变,相对动弹性模量判定指标为60%,质量变化率指标为5%。

(3)随着冻结温度的升高,每次冻融循环所用的时间在缩短,由4h一个循环降到1h45min一个循环,在保证降温速率不变的情况下,抗冻混凝土(高含气量)弯拉强度损失率由小到大排序为:-5℃、-9℃、-13℃、-18℃、-24℃。

(4)混凝土盐冻试验采用试件单面浸入3%浓度盐溶液3~5mm,后进行剥落量检测。

(5)含气量的逐渐增大,混凝土抗盐冻剥蚀性能逐渐增强,当含气量在6.2%左右剥落量最小,抗盐冻剥蚀性能最强。随着水灰比的增大,混凝土盐冻剥蚀量逐渐增加。为提高混凝土抗盐冻剥蚀性能,混凝土最佳的浆集比应选在1∶2.57~1∶2.81范围内。硅灰可以显著改善混凝土的抗盐冻性能,而粉煤灰和矿粉不论掺量多少,均对混凝土抗盐冻性能造成不利影响。

(6)纤维的掺入使得纤维混凝土的抗裂性能显著提高。聚丙烯粗纤维、玄武岩纤维混凝土的总开裂面积随着的纤维掺量的增加而减少。依纤维类型和掺量的不同,开裂总面积降低了20.8%~84.1%。

(7)鉴于严寒地区的恶劣气候条件,填缝料受到极端低温的严峻考验。加热施工方式填缝材料的弹性恢复率及-10℃的拉伸量较小,温度低时容易拉裂或与缝壁混凝土脱黏,且目前施工温度较低,加热施工填缝材料施工难度大,故选取常温施工方式的填缝材料,并着重检测填缝料的耐低温性能。

第5章　路基、碎石缓冲层和基层施工工艺及质量控制

重载条件下,水泥混凝土路面下的基层应平整、密实、耐冲刷,具有较强的传递和扩散荷载的能力;垫层应平整、透水,具有一定的调节和改善路面结构同路基之间的水温状况的作用;路基应均匀、稳定和耐久,给路面结构提供足够的支撑。因此,针对不同的要求,提出路基、级配碎石缓冲层和基层的施工工艺及质量控制标准,确保整个水泥混凝土路面结构层和土基的施工质量满足性能和功能要求。

5.1　地基物探

5.1.1　瑞雷面波法

瑞雷面波沿地表由震源向外传播,其播阵面是圆柱面。瑞雷面波的核心问题是要准确地获得不同频率面波的相速度 v_R,同一频率的 v_R 有水平方向的变化反映出地质条件的横向不均匀性,不同频率的瑞雷波速度 v_R 的变化则反映出介质在深度方向的不均匀性。由于面波相对于体波而言其能量较强、速度较低、频率较低,容易分辨,因此在揭示地下介质的物探方法中具有一定优越性。

在最简单的情况下,面波以单频 f 的谐波形式传播,距震源为 x 处的垂向位移可表示为:

$$u_z = A_\varphi \sin(\omega t - \varphi) = A_\varphi \sin\omega\left(t - \frac{x}{v_R}\right) \tag{5-1}$$

式中:ω——角频率,$\omega = 2\pi f$;

φ——相位;

A_φ——振幅;

t——时间。

沿波的传播方向,在地面放置距离为 Δx 的两个检波器,则能测出它到达两个检波器的时差 Δt,由同相含义有:

$$\omega\left(t + \Delta t - \frac{x + \Delta x}{v_R}\right) = \omega\left(t - \frac{x}{v_R}\right) \tag{5-2}$$

则

$$v_{\mathrm{R}} = \frac{\Delta x}{\Delta t} \tag{5-3}$$

面波采集原理如图 5-1 所示，对于均匀弹性半空间介质，当其表面受到竖向冲击力的作用时，在介质中将产生压缩波（P 波）、剪切波（S 波）和 Rayleigh 波（R 波）。三种弹性波所占能量比例为：R 波占 67%，S 波占 26%，P 波占 7%。而且，P 波和 S 波在均匀介质中为球面，波的振幅随传播距离 r 以 $1/r$ 的比例衰减，而瑞雷波以圆柱面的形式向外传播，其振幅则以 $1/\sqrt{r}$ 的比例衰减。可见，瑞雷面波比体波的衰减慢得多，这给利用瑞雷面波进行土层剪切波速的测试提供了有利条件。

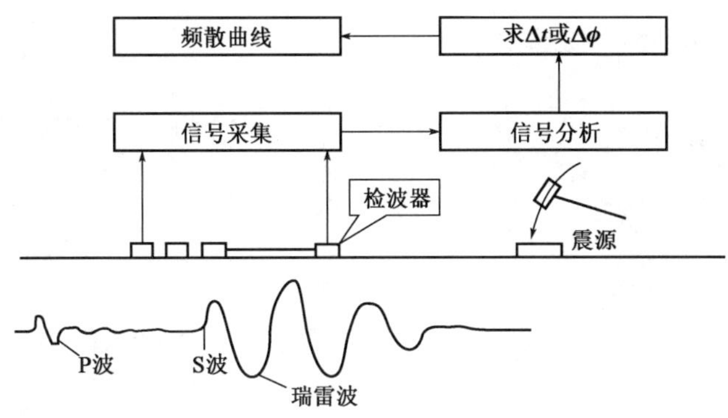

图 5-1　瑞雷波测试原理

由于重力触探检测速度较慢，为不影响后续工序的正常施工，在进行两种检测方法相关性计算后，认为可部分采用瑞雷面波法替代重力触探对碎石桩进行检测。该方法主要利用瑞雷面波传播速度与介质的物理力学性质的密切相关的特性，不同波长瑞雷面波波速的大小反映碎石桩桩体在不同深度的密实情况。

在地表以一定间距 Δx 布设 $N+1$ 个检波器，便可检测到瑞雷面波在 $N\Delta x$ 长度范围内的传播过程及采集点（$N\Delta x/2$）的不同深度面波波速及分层情况。设瑞雷面波的频率为 f_i，相邻波器记录的相位差为 $\Delta\varphi_i$，则有：

$$v_{\mathrm{R}} = 2\pi f_i N \frac{\Delta x}{\sum_{i=1}^{N} \Delta\varphi_i} \tag{5-4}$$

由于瑞雷面波波速与介质的物理力学性质关系密切，即波速的大小直接反映介质的“松软”或“密实”情况，因而在已做过动力触探的桩体上做面波试验工作，通过不同深度面波波速与动力触探击数 $N_{63.5}$ 做对比，并做相关统计工作，确定 v_{R} 与 $N_{63.5}$ 之间的关系，从而采用瑞雷面波对其他桩体进行检测，直接计算出动力触探击数 $N_{63.5}$。

采用 SWS-3 型面波仪专用瞬态瑞雷面波数据处理软件进行。在脉冲荷载作用下，位于地表的传感器接收到的基本上是 R 波的竖向分量信号。瑞雷波经检波器 1 向检波器 2 往外传播（图 5-2），所接收到的信号是时间域信号，包含了多个单频瑞雷波，必须借助于频谱分析才可能求得 R 波速度，所以这一方法也称为表面波频谱分析法（Spectral Analysis of Surface Wave，简称 SASW）。

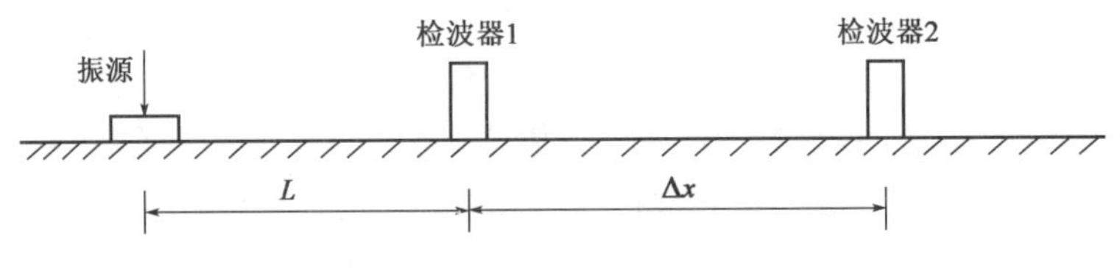

图 5-2 瑞雷面波检波原理

将多个检波器信号通过逐行频谱分析和相关计算并进行叠加，最终可得到各测点处面波速度随深度的变化曲线，即频散曲线。频散曲线及其特征反映了测点处面波速度随深度的变化情况及地下地质条件，是面波分析、解释的主要资料，如图 5-3 所示。

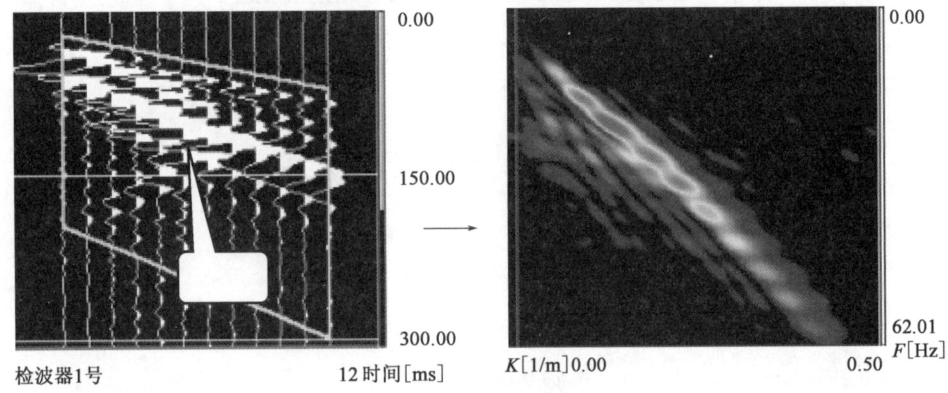

图 5-3 瑞雷面波曲线

通过对采集信号面波截取，进行二维傅氏变换后，对面波能量谱进行选取，最终计算频散曲线。并通过一系列的面波频散曲线，勾绘面波测深映像图，直观反映某一路段的岩土物性变化情况，如图 5-4 所示。

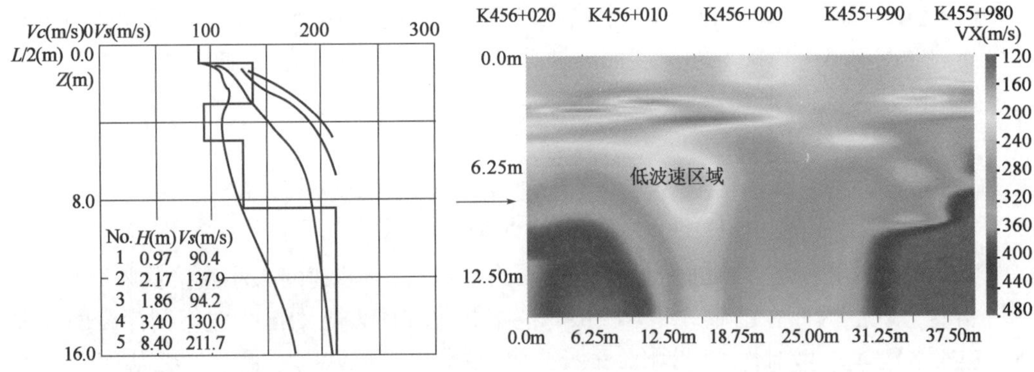

图 5-4 瑞雷面波测试映象图

5.1.2 沿线物探

通过对瑞雷面波勘探工作的测深映像图及前期岩土工程勘察资料综合分析，白音华—霍林河公路沿线在原地面高程 0.0 ~ −15.0m 深度范围内岩土层性质与瑞雷面波波速对应情况如下。

(1)松软沉积物。主要成分为松软粉砂、粉土、细砂、细砂及黏土互层,波速为120~160m/s。

(2)较密实沉积物。主要成分为密实中砂、中细砂、粉土,波速范围180~360m/s。

(3)密实沉积物。主要成分为中粗砂、沙砾或含砾砂层,平均波速大于400m/s。

(4)坡积物及强风化岩。主要成分为碎石、碎石土、强风化泥岩、砾岩,平均波速大于540m/s。

依据瑞雷面波勘探工作并结合工程地质勘察资料,共发现不良地质条件的路段12处,总长7.72km。针对不良地质路段可能产生的隐患,建议采取适当工程措施予以处理。物探异常及推断地质情况描述见表5-1。

物探异常及推断地质情况 表5-1

序号	里 程 号	异常描述及推断解释	长度(km)
1	K8+650~K9+450	软土深度范围0.0~-6.0m,推测主要为松软粉砂层,平均波速150m/s	0.8
2	K12+000~K13+000	软土深度范围0.0~-6.0m,为下湿地型软土,推测主要成分为含水率较高的粉砂、黏土、中细砂互层,波速范围120~160m/s	1.0
3	K13+450~K13+800	软土深度范围0.0~-6.5m,推测主要为松软中细砂层,波速范围120~150m/s	0.35
4	K15+050~K15+800	软土深度范围0.0~-6.0m,推测为松软粉砂、细砂、黏土互层,波速范围120~150m/s	0.75
5	K20+350~K21+600	该路段为下湿地型软土,软土深度范围0.0~-7.0m,推测主要为含水率较高的粉砂、黏土互层,波速范围120~150m/s	1.25
6	K21+660~K22+280	该路段为下湿地型软土,软土深度范围0.0~-7.0m,推测主要为中细砂、黏土互层,波速范围120~150m/s	0.62
7	K23+650~K24+450	软土深度范围0.0~-7.5m,推测为细砂、黏土互层,平均波速150m/s左右	0.8
8	K38+350~K39+350	该路段软土平均深度范围0.0~-5.0m,其中K38+400~K38+550路段软土深度范围0.0~-7.0m,推测为松软细砂、黏土互层,平均波速140m/s	1.0
9	K48+650~K48+900	该路段软土深度超过10.0m,推测主要为含水率较高的黏土层,平均波速130m/s左右	0.25
10	K58+600~K58+950	软土深度范围0.0~-6.0m,推测主要为细砂、黏土互层,平均波速150m/s左右	0.35
11	K59+150~K59+600	软土深度范围-2.0~-7.5m,其中K59+150~K59+400软土深度超过10.0m,推测为含水率较高的细砂、黏土互层,平均波速130m/s	0.45
12	K89+850~K89+950	软土深度范围0.0~-6.0m,推测主要为松软河滩沉积物,以粉砂、细砂为主,平均波速150m/s左右	0.1

5.2 路基冲击压实与评价

5.2.1 路基冲击压实工艺

冲击压实工艺,是利用冲击压路机特有的“揉压—碾压—冲击”所产生的综合作用,使土石颗粒被重新组合,土石颗粒之间的空气和水被强压挤出,粗颗粒孔隙被细颗粒逐渐填充,被压实材料产生永久性变形,从而使土体得到压实。冲击压路机用来处理一般软弱地基也有非常好的效果(冲击压路机作业深度可达到1~1.5m)。与常规压实机械相比,冲击压路机突破了常规压实机械压实遍数的有限性、压实作用深度的有限性、压实作用强度的有限性。对于填料和含水率(最佳含水率的±3%)也没有常规压实机械的要求严格,再有,冲击压路机必须要在高速行驶中(12~15km/h,而常规压实设备仅为3~5km/h)才能产生“揉压—碾压—冲击”作用,因此作业效率比常规压实机械高。因此,冲击压实工艺已经越来越广泛地应用在土石方路基压实和一般软弱地基的处理上。填筑路基时采用大厚度巨粒料填筑并进行足够遍数的冲击压实,全线路基填筑都采用了这种方法。

1)原状路基冲击压实技术

在完成路基清表、平整碾压之后进行冲击压实施工。主要施工机械包括冲击压路机1台、牵引车1台(图5-5)。冲击压路机为YCT25型3瓣双轮,自重16t,冲击势能25kJ,牵引功率T59坦克360kW左右,其他牵引车160kW左右,速度10~15kW/h,冲击压实力60~120t。另有推土机1台,装载机1台、振动压路机1台、水车1台。

a)

b)

图5-5 冲击压实

施工方法为:试验路段在清表(20~30cm)后,首先检测天然密实度,然后直接对原地面冲击压实。为了保证冲击压实效果和最佳冲击压实速度,路基冲击压实前先用YZ18t激振力50t振动压路机压实5遍,后用平地机进行整平。冲击压路机压实时,从路基的一侧向另一侧转圈碾压,冲击压实顺序“先两边,后中间”,以轮迹重叠1/2并覆盖整个填筑表层为冲击压实“一遍”。在冲击压实过程中,若表面出现较大起伏,为不影响冲击压实速度和压实效果,随时用推土机或平地机进行整平;若表面过干,适当洒水。冲击压实18遍后进行原地表压实度、压沉值检测,直到达到规定的压实度和压沉值(≤5mm)后才停止冲击压实。试验路段冲击压实达到要求的遍数,用以指导全线的冲击压实施工。

2)特殊路段冲击压实技术

在完成路基清表、平整碾压,铺筑大厚度巨粒料后进行冲击压实施工。施工方法为:冲击压实路段在清表(20~30cm)后,选择先铺筑30cm石渣(强度≥15MPa,且粒径>37.5mm、石块含量≥70%),上料后,摊铺整平采用装载机粗平一次,并将材料均匀摊铺在预定的宽度上。摊铺表面力求平整,同时用人工配合PY160B平地机进行精平,人工捡出超粒径颗粒后再进行冲击压实。冲击压实工序和遍数与试验路段相同。冲击压实18遍后进行原地表压实度、压沉值检测。

5.2.2 路基沉降观测

为了检测冲击压实后路基质量,对压实后路基沉降进行了观测。通过检测冲击压实18遍后一般地基与特殊地基(湿地或低洼易积水)压沉值,压沉值控制要求为5mm,两路段压沉值100%满足质量要求。从一般地基和特殊地基经冲击压实和路堤填筑后典型测点的沉降时程可以看出,在经历一段时间的沉降较快增加后,两测点沉降基本趋于稳定,稳定值在15mm左右,表明冲击压实后基础变形值较小,可满足路基承载和水泥混凝土里面质量控制要求。

5.3 级配碎石缓冲层的施工工艺及质量控制

5.3.1 施工工艺

1)拌和

严格级配碎石配合比进行混合料拌和。采用稳定粒料拌和站设备。通过电子计量设备精确控制各种集料,成品料仓的放料门采用气泵定时控制开关,定时卸入车斗内,减轻成品料在下料时产生离析。进料、拌和、出料为连续作业。

拌和过程中根据天气情况,安排专人检测材料含水率,根据变化等情况,及时调整用水量,确保混合料的含水率均匀,拌和过程中,含水率一般控制在比最佳含水率高1%左右。试验人员按照要求频率检验级配碎石的级配、含水率。拌和好的级配碎石应均匀。

2)运输

拌和合格的级配碎石,用自卸车运输至现场,进行摊铺碾压。运输时采用慢速行驶,避免在运输过程中产生离析。根据摊铺机的摊铺能力、拌和机的拌和能力及运输车辆的运距和数量,合理选择摊铺机行走速度,尽量不让摊铺机停机待料;摊铺开始前,摊铺机前有5辆以上的运料车等候,并配专人指挥车辆,使摊铺机开机后连续摊铺,保证平整度。运输时采用表面覆盖保湿毡,防止水分蒸发。

3)摊铺

摊铺采用具有自动找平、夯实功能的摊铺机。

(1)采用两台稳定土摊铺机组成梯队联合摊铺,避免摊铺幅度过宽造成集料离析。主线单幅路面一次成型,从路基高程底侧第一台摊铺机先行摊铺,摊铺10m后,第二台摊铺机跟进摊铺,两台摊铺机前后相距5~10m同步摊铺混合料。按试验段总结确定的松铺系数1.35进行摊铺,并一起碾压。前后两台摊铺机轨道重叠50～100mm。摊铺过程中控制两台摊铺机速度均匀一致,摊铺速度控制在1.5m/min,要求摊铺机操作员不得随意增快或减慢摊铺速度,也不要随意起升料斗,以免造成又一次离析;保证两台摊铺机摊铺厚度一致、横坡度一致、摊铺平整度一致、振动频率一致,两机摊铺接缝平整。

(2)摊铺机位于摊铺起点,按松铺厚度安装好熨平板,熨平板下两边垫宽20cm长60cm的硬质木板,垫木板过程中使用钢尺测量厚度,并用不同厚度的钢板块调整厚度,保证准确的松铺厚度。

(3)运料车在摊铺机前30cm处停下,避免撞击摊铺机,空挡等待,由摊铺机顶推前进并将混合料缓缓倒入摊铺机料斗中,边卸料边摊铺,卸毕后运料车驶离,另一辆运料车再按上述过程进行卸料。

4)碾压

碾压机械数量与组合和碾压遍数应根据试验路段总结确定的数据进行控制。

摊铺及碾压作业段长度为80m。作业面配备2台XSM220振动压路机、1台XSM262振动压路机和1台XP302轮胎压路机。

碾压原则:先边后中,先轻后重,先静后振,先弱后强,先慢后快,先低后高,重叠轮迹,直线行驶,匀速碾压。

碾压顺序及遍数:(1)初压。用XS220压路机静压1遍;(2)复压。用XS220压路机先轻振1遍,强振1遍,再用XS262压路机强振2遍;(3)终压。用XP302轮胎压路机碾压,遍数以消除轮迹为止。

碾压由两侧路肩开始向路中心碾压;保证边缘压实度和形成路拱,弯道碾压从低侧向高侧进行,保证横坡度。

初压时,压路机的行进速度控制在1.5～1.7km/h,复压速度控制在2～2.5km/h,重叠轮迹1/2轮宽。碾压完成后及时进行压实度检测,压实度达不到设计要求时及时分析原因,并进行补充碾压达到规定压实度。

对压路机碾压不到的位置采用小型夯机进行夯实,避免边缘部位压实不到位。碾压结束后,拉线修边,边缘要用人工修边夯实,以保证平顺的边线线形,如发现边缘料过干和松散,应适当洒水和铺设细料并夯实,保证边缘无松散粒料。

5)接缝的处理

(1)纵向接缝处理

采用两台摊铺机梯队摊铺作业,单幅一次成型,在每段或每日工作结束时两台摊铺机摊铺至里程桩号一致,梯队摊铺碾压时注意预留20～30cm不碾压,以作为后续施工的基准面。正常施工不设纵向接缝;当由于特殊原因需要设置纵向接缝时,应使纵缝垂直相接,严禁斜接。

在预估可能产生纵缝处对未摊铺路段边缘先安装方木支撑后摊铺,方木高度与级配碎石压实厚度相同;如在摊铺前一幅时未用方木支撑,靠边缘的30cm左右难以压实,在摊铺后一幅时,先将未完全压实部分和路拱不符合要求部分挖松并补充洒水,待后一幅混合料摊铺后一起进行整平和碾压。

(2)横向接缝处理

级配碎石采用摊铺机连续摊铺,不中断,摊铺过程中不设置横向接缝。每天收工或遇特殊

原因需要设置横缝时,按以下方法处理:

在每段或每日工作结束时两台摊铺机摊铺至里程桩号一致,施工尾端为后续作业留设衔接横缝,设置横缝处,留5~8m不进行碾压,后续施工时,对留下未碾压部分与后续作业段一起整平后进行碾压,必要时补充洒水。

横缝碾压时后轮要越过两段的接缝处;纵缝从已压实路段向未压实路段顺缝碾压。加强接缝部位碾压,不漏压,使各部位碾压遍数相同。

摊铺、碾压完成后对接缝处进行平整度和压实度检测,确保接缝处的平整度和压实度满足要求。

5.3.2 质量检验与控制标准

控制碾压遍数,碾压遍数满足要求后,及时对碎石缓冲层的各项技术指标(表5-2)进行检测,直到检测合格为止。

级配碎石缓冲层检测技术指标及标准　　表5-2

检查项目		规定值或允许偏差	检测方法和频率
压实度(%)	代表值	96	灌砂法:按JTG F80/1—2004附录B每200m每车道取样2次
	极值	92	
平整度(mm)		12	3m直尺:每200m测2处×10尺
纵断高程(mm)		+5,-15	水准仪:每200m测4个断面
厚度(mm)	代表值	-10	按JTG F80/1—2004附录H检查,每200m每车道1点
	极值	-25	
宽度(mm)		不小于设计值	尺量:每200m测4处
横坡(%)		±0.3	水准仪:每200m测4个断面

外观检测要求:(1)表面平整密实,边线整齐,无松散现象;(2)压路机碾压后无明显轮迹。

为保证施工后级配碎石层免受来往车辆的碾压损坏,施工完成若不能及时进行下一道工序时,应实施交通管制,禁止重型车辆通行。

5.4 碾压贫混凝土基层拌和、摊铺和碾压工艺

5.4.1 配合比

1)强度要求

碾压贫混凝土基层设计强度应满足以下要求:28d设计抗压强度标准值15MPa,28d弯拉强度标准值3.0MPa。

2)工作性要求

采用改进VC值进行测定。

改进VC值的测量采用改进维勃仪。在测定普通水泥混凝土稠度的维勃仪透明塑料圆盘上施加一定的荷载即为改进维勃仪。将碾压混凝土混合料放入改进维勃仪内振动,测定圆盘

下布满灰浆所需的时间(s)即为改进 VC 值。

通过前期试验,混凝土运到摊铺现场测定改进 VC 值为 120~140s,圆盘半面积出浆为 60~70s。

3)压实度要求

采用水稳重型击实试验(取得)的最大干密度来评定现场压实度,经常会产生超密现象。可采用振动击实法和现场灌砂法这两种方法来确定最大干密度。

振动击实法,将搅拌均匀的一定质量的碾压混凝土放入圆柱试模内,使用上置式振动夯振捣,每次 15s,每次测量混凝土体积,并计算湿密度。重复以上步骤,直至湿密度不再增长为止,记录此时湿密度和出浆情况,并测定此时含水率,得到最大干密度。试验时可进行单面或双面振捣,以获得较大湿密度的方式为主。

现场灌砂法,在现场碾压完毕段落进行灌砂试验,每 10m 每车道 1 次,计算其湿密度和干密度。样本量不小于 9,最终取平均值作为最大干密度。

这两种方法所取得的数据进行对比,最终确认最大干密度宜按 2440kg/m^{3}进行计算。

4)配合比计算方法

碾压混凝土配合比设计的基本出发点是:选择最佳浆体用量,即胶凝材料最大限度地填满细集料间的空隙并包裹细集料颗粒,形成密实的砂浆;砂浆最大限度地填满混凝土拌合物中粗集料间的空隙并包裹粗集料颗粒,形成均匀密实的混凝土。因此,碾压混凝土配合比设计过程中,必须了解胶凝材料浆体能否填充细集料的空隙,砂浆含量能否填充粗集料的空隙。在此基础上考虑拌合物的不均匀性以及施工现场与室内条件的差别,适当增加一定的胶凝材料灰浆量和砂浆量作为余度。最终通过现场碾压试验,检验设计出的碾压混凝土拌合物对现场施工设备的适应性。

填充包裹法配合比设计步骤:

(1)选定水泥浆富余系数 K_p及砂浆富余系数 K_m:

K_p = 水泥净浆体积/细集料空隙体积

K_m = 砂浆体积/粗集料空隙体积

经验表明,在一定的密实功下当填充性良好时,K_p值可取为 1.1~1.4,K_m值可取为 1.2~1.6。砂越粗,K_m越大;K_p值的确定则相反,砂越细,K_p值越大。

(2)试验确定碎石、砂在充分密实填充下的单位质量(kg/m^3)。应用容积升填料,并在振动台上振动至最大密实,称量容积升内的集料质量。

(3)计算碎石、砂在充分密实填充下的空隙率。

(4)计算碾压贫混凝土各组分材料用量:

$$G = \frac{1000 - 10V_a}{\dfrac{10V_G K_m}{W_G} + \dfrac{1}{\rho_G}} \tag{5-5}$$

$$S = \frac{10V_G K_m G}{\left(\dfrac{10V_S K_p}{W_S} + \dfrac{1}{\rho_s}\right) \times W_G} \tag{5-6}$$

$$W + \frac{C}{\rho_c} = \frac{10V_S K_p S}{W_S} \tag{5-7}$$

式中：W_S、W_G——干细集料、粗集料在充分密实下的单位质量（kg/m^3）；

V_S、V_G——干细集料、粗集料在充分密实下的空隙率（%）；

S、G、W、C——细集料、粗集料、水、水泥用量（kg/m^3）；

ρ_s、ρ_G——细集料、粗集料的密度（g/cm^3）；

K_p、K_m——水泥浆、砂浆富余系数；

V_a——含气量（%）。

5.4.2 施工设备改进

由于要采用拌制稳定土的拌和机来拌制碾压混凝土，而现有的设备不能满足要求，因此必须对现有设备构造进行改进。

1）改进配料机上的料斗

在为配料机料斗中装入0～4.75mm、4.75～16mm、16～26.5mm三种规格不同粒径的粗、细集料时，为确保其合成级配控制在要求范围内，应事先筛除集料中不符合要求的超限颗粒，同时应避免给配料机料斗上料时产生混料现象，在配料机料斗的上料口加装格网，以剔除超限料；在各料斗间加装高隔板，在配料机2号料斗与3号料斗之间、3号料斗与4号料斗之间增加或加高隔板，防止不同规格集料混料现象。

2）增设碾压混凝土拌制用水量的自动计量装置

碾压混凝土中用水量计量的准确度，直接影响着碾压混凝土的施工和易性与力学性能，因此必须严格控制。由于碾压混凝土用水量相对较少，为了使有限的水分均匀地分散到拌和料内，必须采用带有自动计量水流量装置的搅拌设备。WBC600型稳定土拌和机不具备这种功能，因此必须加以改进。为此增设了自动计量水流量装置。该装置可设定供水流量与水泵转速之间的关系，采用涡轮流量计计量，流量信号反馈给调频电机，带动水泵，实现供水的自动闭环控制，提高水计量精度和供水稳定性，满足了拌制碾压混凝土用水量的严格要求。

3）加大水泥螺旋供料器输送功率提高水泥供料量

WBC 600型稳定土拌和机水泥最大输送能力为40t/h，是按最大水泥剂量6%（外掺）设计的。但用于碾压混凝土料的拌制，碾压混凝土中水泥剂量高达13%（外掺），原系统输送能力满足不了供料要求。若按生产率360t/h计算，水泥输送能力应为46.8t/h。为解决这一问题，采用了更大功率的电机替换原设备螺旋供料器的驱动电机，提高计量称量的最大量程到50t/h，满足了大剂量水泥供料量的需要。

4）改造碾压混凝土搅拌器提高拌料质量

WBC 600型稳定土拌和机为连续式生产工艺，其搅拌器进料口至卸料口只有2.8m，拌和时间较短，通过多种方式实测到的搅拌器纯拌和时间只有8～10s，试拌出的碾压混凝土造成拌和物中的水和水泥很难均匀分布，花白料较多，成品料较干涩，拌和质量较差。因此对这种连续式搅拌器必须进行改进，延长纯拌和时间，才能拌和碾压混凝土混合料达到搅拌均匀，并实现初步液化。

为了延长混合料在搅拌器中的滞留时间，即增加纯拌和时间，采取了对搅拌器内的4对搅拌桨叶（两根搅拌轴上各两对）进行反装改造，即两根搅拌轴同一位置上两对叶片对调（图5-6）。随着搅拌轴的旋转，这4对反装的搅拌桨叶会将混合料反向推移，迟滞搅拌料的正常出料速度,从而达到延长纯拌和时间的目的,提高了碾压混凝土的拌和质量。

图 5-6　反装叶片增加搅拌时间

5)改进拌和站成品料储仓结构解决装料离析问题

在拌和站储料仓中,成品料的堆放存在明显的离析问题。皮带输料机的带速为 2m/s,由于抛料速度较快使粗细料的抛送距离有较大不同,造成距离皮带输料机较近的一边成品料偏细,较远的一边成品料偏粗,见图 5-7。

针对储料仓中成品料堆放出现的离析问题,通过在皮带输料机出口增设挡板,储料仓中加装井字架(图 5-8),提高输料和卸料均匀性,减小成品料离析现象。储料仓经上述两方面的改造后,储料仓堆放成品料的粒料离析得到显著改善。

图 5-7　离析

图 5-8　防离析隔板

5.4.3　施工关键

1)混凝土拌制

采用改进的稳定土厂拌设备集中拌制碾压混凝土混合料。在正式拌料前,对设备进行调试,尤其是调整好供水量。先调试所用的厂拌设备,试拌后,逐项检测,需达到配料准确、符合设计级配和水泥剂量,拌和料均匀一致,无干料、生料、离析现象。检验合格后再正式批量生产。所有电子计量设备均需通过静态标定以及动态物料标定,连续式拌和站拌制碾压混凝土计量允许偏差应符合表 5-3 的要求，且设备能在线监控各配料系统的瞬时流量和运行参数。

连续式拌和站计量允许偏差(%) 表 5-3

材料名称	水泥	集料	水	外加剂
碾压混凝土	±1	±2	±1	±1

严格控制碾压混凝土成品料中含水率，水灰比控制在 0.35±0.01，改进 VC 值调整在 10±5s。砂石料宜覆盖防雨，料堆底部严防浸水，严禁雨天拌制碾压混凝土。

混凝土搅拌前，应精确测定粗、细集料的含水率，根据粗细集料含水率的变化，快速反馈并严格控制加水量和粗细集料用量。一般情况下，含水率每班抽测 6 次，并按测定结果及时调整混凝土施工配合比。

化学外加剂应采用液体外加剂，并从混凝土用水量中扣除溶液中的水量。水与外加剂计量的准确度，直接影响着混凝土的施工性能与力学性能，应予以严格控制；通过建立供水流量与水泵转速之间的关系，实现供水量的闭环控制。连续式拌和站应按流量比例控制，并采用流量计添加外加剂。

搅拌器有效长宽比大于 2∶1，搅拌器要有足够的叶片数量，并有合理的安装角度，磨损严重的搅拌叶片应及时更换。为了确保供料稳定，以及提高拌料强度效率，对于改进连续式稳定土拌和设备拌制碾压混凝土时，生产力不宜大于额定产量的 60%。

2)混凝土运输

为避免混合料离析、水分蒸发、含水率减少，应尽快将拌好的成品料运送到铺筑现场使用。由于碾压混凝土的施工和易性对含水率的变化特别敏感，若运距远大、气温高，运料车上的混凝土料应覆盖运送，以防水分过分蒸发。装料时，自卸车应挪动车位，以减少混合料在装卸过程中产生的离析。碾压混凝土成品料运输时间应控制在 30min 之内，并保证混凝土在拌和完成后 2h 之内压实完毕，且摊铺时(前的)混凝土的改进 VC 值应保证为 30s±5s。

3)混凝土摊铺

宜采用两台摊铺机“一前一后”同时摊铺，相距 5～10m，两幅重叠 5～10cm 形成纵向接缝，并一起碾压；也可进行全幅式摊铺，避免出现纵向接缝。

宜连续摊铺，(可有效地保证平整度)，摊铺速度为 1～3m/min。不得随意中途停顿或变换速度，做到缓慢、均匀、不间断地摊铺，避免摊铺机停机待料。要求厂拌设备产量与摊铺机的摊铺能力相匹配，厂拌设备生产量宜 >600t/h，若生产量较小，则应降低摊铺速度。

摊铺前，摊铺机应调整到最佳工作状态。对于同一台摊铺机，其振幅和振动频率的选择取决于碾压混凝土的改进 VC 值、厚度和摊铺速度，振幅和频率应予材料特性相适应，确保摊铺平整度、预压实度均匀，摊铺层的预压实度宜为 80%～85%，其松铺系数 β 宜控制在 1.15～1.20。

$$k=\frac{h}{h_c}=\frac{h_c+\Delta h}{h_c}=1+\frac{\Delta h}{h_c} \tag{5-8}$$

式中：h——摊铺成型后的结构层厚度(m)；

h_c——碾压完成后的结构层厚度(或设计厚度)(m)；

Δh——通过碾压摊铺层产生的永久变形量(或称沉降量)(m)。

碾压混凝土混合料经摊铺机摊铺后，还要经振动碾压才能密实成型，如果摊铺后碾压混凝土混合料没有一定的密实性或处于较松散状态，则在强力振动碾压作用下摊铺料会产生推移挤，造成路面的不平整。这就要求摊铺机的预压密实度应保证在80%以上，当摊铺层的密实度和平整度较好时，摊铺层预压密实度越高，碾压所产生的沉降量 Δh 越小；松铺系数 k 越小，碾压后的路面平整度就越好。一般摊铺机的预压密实度应保证在80%以上。

摊铺层的预压实度 K_a 与碾压完成后结构层的压实度 K_c 之间有如式(5-9)所示。

$$K_c = \beta \cdot K_a \tag{5-9}$$

式中：K_c——碾压完成后结构层压实度；

K_a——摊铺层预压实度。

对于碾压混凝土，并不是预压密实度越高越好。摊铺层的预压密实度过高，易使碾压层上下部的密实度产生较大差异，上部形成硬壳层，影响压路机对下部材料的碾压效果，造成厚度方向的压实度不均匀，容易产生"拉裂裂纹"。

摊铺速度 v 对摊铺层的预压实度 K_a 以及碾压混凝土的提浆效果影响很大。若预压实度 K_a 不足，可适当降低摊铺速度 v。同时，通过适当降低摊铺速度 v 可使单位体积碾压混凝土参与振动的时间延长，夯实密度加密，使碾压混凝土振动液化更充分，并提高提浆效果。

碾压混凝土参与振动(液化)的时间 t 为：

$$t = \frac{60B}{v}(\mathrm{s}) \tag{5-10}$$

式中：B——摊铺机熨平板纵向宽度，多数摊铺机 $B=0.5$ 或 $0.6\mathrm{m}$；

v——摊铺速度(m/min)。

摊铺机应保证一个合理的摊铺速度，v 也不能降低过多，否则将大幅降低其生产率、增大施工成本，同时可能会引起过振振松现象以及摊铺速度不稳定导致的压实度不均匀。

摊铺机螺旋布料器转子应有2/3埋入混合料中，以保证分摊时避免两边缘有松散材料的离析现象。并保持螺旋连续稳定转动。

在摊铺机后面，应设专人检查摊铺混凝土表面，并消除局部不平整、缺料、粗细集料离析等现象。若出现局部粗集料"窝"，应铲除，并用新拌混合料或湿筛砂浆填补，严重时应停机查明原因。

4)混凝土碾压

碾压混凝土摊铺后应立即进行碾压作业。碾压速度应均匀、稳定，并按初压(静压)、复压(振动压实)、终压(静压)和整面四个阶段进行。

初压、复压、终压和整面作业应密切衔接配合，一气呵成，中间不应停顿、等候和拖延，不得相互干扰。若有局部晒干和风干，应及时喷雾。不同碾压阶段适宜的碾压速度和碾压遍数列于表5-4。

初压：采用11～13t双钢轮振动压路机不开振动的状态下进行稳压，以使铺层对后续的重压和振动压实有一定的适应性；

复压：应采用18～22t单钢轮和11～13t双钢轮振动压路机，在低频高幅(低频25～28Hz、高幅1.0～2mm)——→高频高幅(高频30～50Hz、高幅0.8～1.0mm)状态下进行碾压，以达到压实度并提浆；

终压：一般采用25～30t轮胎压路机静压，主要进行碾压混凝土料提浆和消除摊铺或复压时出现的拉裂裂纹或碾压轮迹；

整面：采用 11 ~ 13t 双钢轮压路机静碾 1 遍消除轮胎压力机碾压轮迹。

不同碾压阶段适宜的碾压速度和碾压遍数 表 5-4

碾压阶段	初压	复压	终压	整面
压路机类型	11 ~ 13t 双钢轮振动压路机（不起振）	18 ~ 22t 单钢轮或 11 ~ 13t 双钢轮振动压路机	25 ~ 30t 轮胎式压路机	11 ~ 13t 双钢轮振动压路机（不起振）
碾压速度（km/h）	1.5 ~ 2	2 ~ 3	4 ~ 6	4 ~ 6
碾压遍数	1 ~ 2	3 ~ 5	2 ~ 3	1

碾压长度一般控制在 50 ~ 80m 为宜，碾压应遵循：直线段先两边后中间，平曲线段先内侧后外侧，先低侧后高侧的顺序进行。

碾压时压路机应重叠 1/3 ~ 1/2 轮宽（静碾），30cm（振动）。

在已完成或正在碾压的路段上，严禁掉头、紧急制动和驻车。

碾压混凝土的液化与其压实特性、含水率存在密切关系，因此碾压过程中应密切注意含水率的变化规律，并通知搅拌站进行适当的调整。对于富含灰浆的碾压混凝土，液化后层面可能出现水露，或层面呈弹性状随振动轮变形，此时应停止碾压。

当碾压面出现发白情况或有振碾压 6 遍时尚无微浆出露现，可安排 2 人用喷雾器不断进行喷雾，以补偿失水。

施工过程中尽量保证其作业的连续性，应重点掌握几个时间间隔：

（1）碾压混凝土拌合物运输时间应控制在 40min 之内；

（2）碾压混凝土拌合物从摊铺至开始碾压不超过 60min；

（3）从碾压混凝土的出料、运输、摊铺、碾压完成总时间不宜超过 2h，且碾压时混凝土的改进 VC 值宜应保证在 30s ± 5s，具体时间长短可根据当地气候适当调节；

（4）如施工中断，应按照碾压混凝土的施工规范对施工接缝（宜为“台阶式”）进行处理。用于施工缝处理的黏结水泥浆，从摊铺到覆盖上层碾压混凝土不宜超过 15min。

碾压过程中观察安装在压路机上的压实度在线跟踪检测仪，监测混凝土被压实情况，及时调整碾压遍数，提高碾压作业效率。

5.5 本章小结

本章探讨和阐述的内容可概括如下：

（1）用物探的瑞雷面波对地基进行普查，为优化路基设计和指导施工提供必要信息。

（2）对局部路基采用冲击压实，经十年多连续观测，路基工后沉降在设计允许的范围内。

（3）碾压混凝土基层经二次搅拌、抗离析转运摊铺后，开裂间距加大，均匀性提高。

第6章　重载混凝土路面施工工艺与质量控制

为应对重载,混凝土板厚一般在28cm以上,更多为30~32cm。而板厚的增加给拌和、运输和摊铺带了更大的挑战,大厚度摊铺时对滑模功率、振捣范围以及平整度控制带来诸多的困难。采用滑模摊铺机施工面层,需根据重载水泥混凝土的弯拉强度、工作性、耐久性和经济性等要求,制定相应的施工工艺,保证基准线架设准确,振捣密实,表面平整,锯缝时机恰当,养生及时,并合理填缝封缝,确保水泥混凝土路面质量满足使用性能要求。

6.1　大厚度混凝土路面滑模施工技术

滑模摊铺机各组件的安装如图6-1所示,组件包括:布料犁或布料搅龙、计量挡板、高频排阵间的横隔板、挤压底板以及搓平梁。

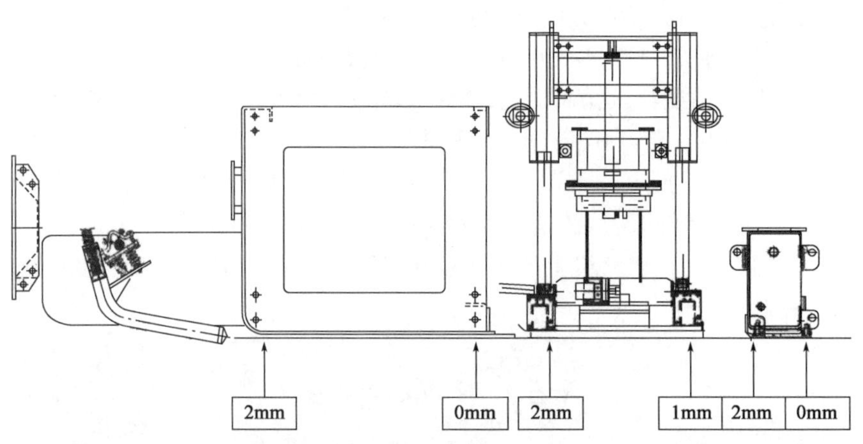

图6-1　滑模各部分安装图(方框内数字为高度差)

滑模摊铺机的支腿可灵活转向且高度可调,支腿油缸最大伸长高度不小于80cm,油缸无漏油。履带张紧后前导向轮与第一个托轮之间履带的下垂量约10mm即合适,履带应配有橡胶垫。配有布料搅龙或布料犁,优先选用布料犁。

滑模摊铺机需配有L形液压高频振捣棒,直径为ϕ66mm或ϕ76mm。振捣棒的个数按照摊铺宽度均匀布设,摊铺宽度8.5m布设个数不少于24个;振捣棒间的布设间距宜为36~38cm,最大不超过45cm,端边振捣棒距离侧模板的间距宜为10~15cm,最大不超过20cm(均以振捣棒的圆心测量)。振捣棒的最大振动频率应在150Hz(9000r/min)以上,可通过有源或者无源加速度专用设备检测应振动频率。

配备自动抹平板装置,超级磨平器为镁铝合金材质。传力杆通过 DBI 打入装置,DBI 上振捣电机输出频率不宜低于 100Hz(6000r/min),否则振动力不够周围混凝土不能充分振实,降低传力杆传荷能力,会使路面早期损坏。拉杆的打入可采用拉杆自动打入装置或低频振动简易打入装置,不宜采用钢锤打入或人工摇动插入。

6.1.1　滑模摊铺机基准线改进

1)基准线架设要求

基准线桩(图 6-2)固定位置到摊铺面板边缘的横向支距,应根据滑模摊铺机侧模到传感器的位置而定,一般 2 或者 4 履带跨中摊铺时,两侧路面边缘宜不小于 1m 宽度,最小不得小于 0.65m。基准线上的高程应为其所在位置的路面边缘高程(计入支距横坡高度)加上设定的架设高度。基准线的横向间距为摊铺宽度加一侧(单线)或两侧(双线)横向支距。双线式基准线的垂直横向线间距应相等,单线式基准线到摊铺边缘间距应相等。基准线桩纵向间距平面直线段应小于或等于 10m,圆曲线段视弯道半径大小,一般可为 5 ~7m。在小半径弯道或山区极小半径回头弯道上,内侧线桩间距宜加密到 2.5 ~5m,外侧线桩间距宜为 3.5 ~7m;平面缓和曲线段和纵断面竖曲线段线桩间距宜为 5 ~10m。基层顶面到夹线臂的高度宜为 45 ~75cm,自基准线所在位置的路面边缘高程算起的基准线统一架设高度宜为 25 ~50cm。基准线桩夹线臂夹口到桩的水平距离宜为 30cm。夹线臂到桩顶垂直距离宜为 15cm。基准线桩应牢固打入基层 15 ~25cm。当打入困难时,应采用电钻钻孔后再钉牢。一根基准线的最大长度不得大于 450m。超过此长度并需要继续摊铺时,应续接基准线,续接方式应通过同一个过渡桩的夹线臂口平顺连接。

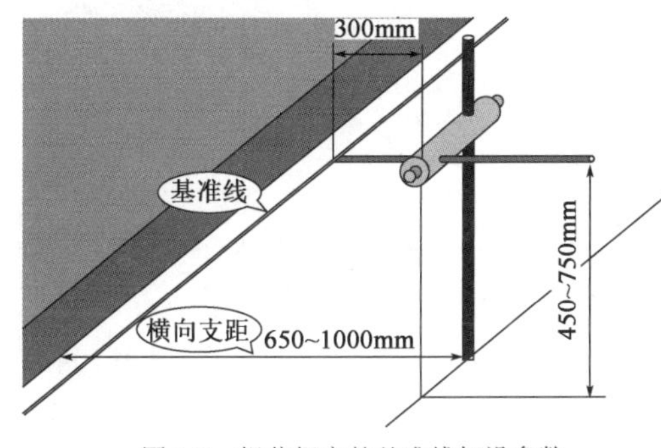

图 6-2　规范规定的基准线架设参数

基准线宜在摊铺前一天完成设置。基准线设置好以后,应进行校核复测,并注意防止弯道和渐变段出现差错。基准线设置好以后,禁止扰动。摊铺时严禁碰撞和振动。一旦碰撞变位,应立即重新测量设定。基准线接头不得大于 1cm。每 100m 基准线不得多于 2 个接头。多风季节施工时,应缩小基准线桩间距。风力达到 5 ~6 级时,应停止施工。

2)基准线挠度测试

增加基准线两侧的拉力可以有效减少自然挠度的影响,通过试验建立基准线两端拉力与自然挠度 h 之间的关系为:

$$\frac{F}{F_0}=\tan\alpha;\quad \tan\frac{\alpha}{2}=\frac{2h}{l} \tag{6-1}$$

式中:F——基准线在挠度最大点处的张拉力;

F_0——基准线从挠度最大点到桩支点的自重力,$F_0=\rho gAs$,A 为基准线横截面面积,s 为基准线从挠度最大点到桩支点之间的弧长;

α——桩支点处基准线与水平向夹角。

取钢绞线的直径 $d=3\text{mm}$，密度 $\rho=7.8\text{g/cm}^3$，两桩之间长度 $l=10\text{m}$ 代入式(6-1)，得：

$$h=\frac{\sqrt{F^2+145.8}-F}{10.8} \tag{6-2}$$

当张拉力分别为 1000N、1500N、2000N 时，代入式可计算出中线处自然挠度分别为 6.75mm、4.5mm、3.37mm。试验数据如表 6-1 所示。

试验数据　　表 6-1

张拉力(N)	940	1115	1266	1460	1666	2200
中点处挠度(mm)	6	3	2	0.6	0	0

3)基准线布设改进措施

基准线是滑模施工混凝土路面的“生命线”，路面摊铺的几何精度和平整度很大程度取决于基准线的测设精度。实际施工中，如果按规范要求布设基准线，会产生挠度。挠度的产生基于两个原因，一个是基准线桩间距太大，会产生自然下垂(4.5～5.0mm)，另一个是传感器走线时，基准线受力下垂(6.5～7.0mm)(图 6-3)。

为解决这个问题，采取了三项改进措施：

(1)基准线桩在直线段间距宜为 5m(规范规定要求基准线桩在直线段间距不大于 10m)，基准桩位置与横向缩缝位置重合；

(2)规范规定的拉力值，现场很难把握，有时根本达不到规定的拉力值，由此产生挠度，影响了摊铺的质量。对于 2mm 基准线，拉力值为 1500N(规范要求值是 1000N)，而 3mm 基准线拉力值为 1800N。采用电子拉力传感器，屏幕直接显示，可以准确达到要求，避免基准线自然下垂和受力后的下垂。

(3)用 50g 铅锤挂在基准线中央进行校验，5m 间距时下挠度不应大于 1mm，10m 间距时下挠度不应大于 2mm，如图 6-4 所示。

图 6-3　基准线

图 6-4　基准线 50g 铅锤校验

6.1.2　滑模行走区域的布局和硬化

滑模摊铺机应行走在铺设了级配碎石缓冲层、底基层或基层之上。若行走在中央分隔带或硬路肩时,要进行硬化处理,应检查并平整滑模摊铺机的履带行走区。若履带行走位置承载力不足,随着履带的碾压而发生突然的起伏或塌陷,则会使传感器无法及时反馈信号,对路面平整度造成其恶劣的影响。

当履带在中央分隔带中行走时,两幅级配碎石层满铺连接、压实,且铺筑厚度要大于25cm,铺筑宽度不小于70cm,具体如图6-5所示。考虑到滑模摊铺机履带支腿油缸的伸缩量在45cm左右,此级配碎石层高5~10cm。

当在边缘行走时,滑模摊铺机行走区宜设在行车道侧的底基层上,并用底基层水稳料满铺至与级配碎石缓冲层平齐,也即行走区宽度不小于40cm,具体如图6-6所示。

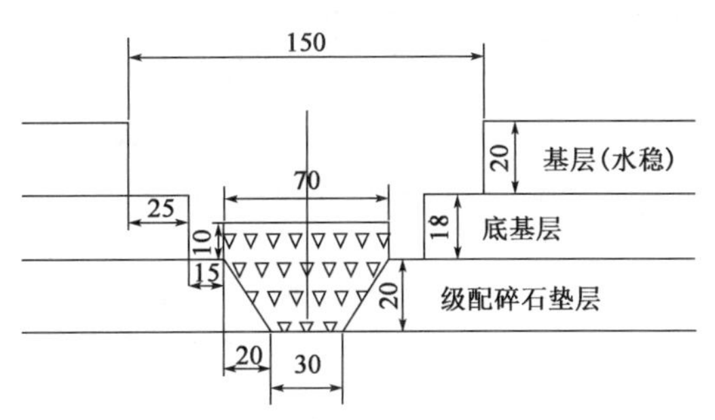

图6-5 级配碎石层满铺中央分隔带(尺寸单位:cm)

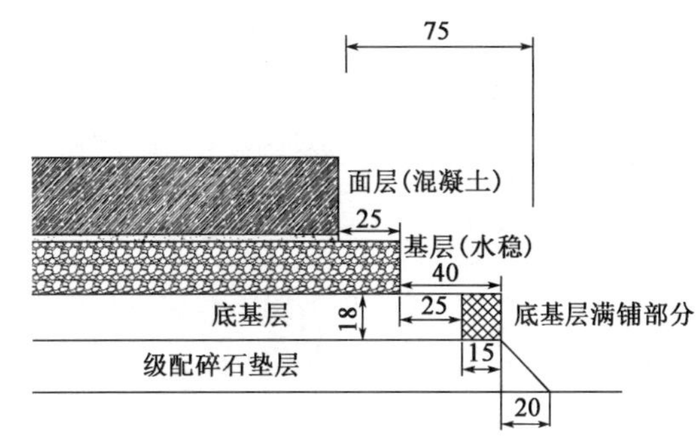

图6-6 满铺底基层时滑模摊铺机行走区(尺寸单位:cm)

6.1.3 滑模摊铺机模板改进

1)挤压底板前倾角的设置

滑模摊铺机满负荷运行时可铺筑的最大纵坡为:上坡5%,下坡6%。对滑模摊铺机原设定的工作参数进行必要的调整,以便摊铺机在长大陡坡段摊铺时处于良好的工作状态。

挤压底板前倾角大小和提浆夯板深度与滑模摊铺机的推进阻力与挤压力大小关系很大,也是横向拉裂与否的关键要素。必须设定在最佳位置,方可正常摊铺。通常滑模摊铺机在上坡施工,尤其是坡度较大时,为了防止摊铺机过载,宜将挤压底板前仰角适当调小,设置为3°左右。有的滑模摊铺机挤压底板前端是圆弧状的喇叭口,能保证充足进料,形成足够的挤压力。提浆夯板位置宜在挤压底板前缘以下5~10mm之间。此外,适当调轻抹平板压力,以避免抹平板过大的压力将铺好的路面损坏。一般的调节原则是:坡度越大,弯道越小,抹平板的压力应越小;相反,坡度较缓,弯道较大,压力可以适当调高。下坡摊铺施工时,摊铺机的参数调节正好与上坡时的相反,前仰角宜适当调大,并适当调大抹平板压力,以板底不小于3/4长度接触路表面时抹平板压力为宜。

2)超长模板设置

混凝土路面在滑模摊铺时,两侧边缘没有模板支撑,若混凝土的工作性控制不好,面板摊铺以后常常会出现溜肩问题。边缘脱模后的溜肩问题可通过加长两侧滑动模板来消除,一般两侧滑动模板要延长2~3倍。在平直路段这样做没有问题,但在弯道路段,特别是超高弯道路段,过长的侧模不利于摊铺机转向;且容易出现外侧边缘脱空,内侧边缘挤坏混凝土的问题。因此,在超高路段摊铺时,需将加长侧模卸除。

6.1.4 滑模摊铺机搓平梁改进

1)DBI 装置对滑模摊铺路面影响

滑模摊铺机配备的 DBI 装置是缩缝处自动插入传力杆的施工技术。从施工实践中,DBI 装置对滑模摊铺路面造成了一定的干扰,主要表现在,植入传力杆处的混凝土表面平整度变差。

如果按每间隔 30cm 插入一根 50cm 长的 ϕ32mm 传力杆计算,每 30cm × 50cm 的局部范围就有 0.3079 升混凝土拱起并形成传力杆顶部混凝土缺失坑槽(图 6-7)。

每条横向缩缝插入了一排 ϕ32mm 长度 500mm 的传力杆,8.5m 宽度路面一次插入 25 根传力杆,排出的混凝土体积为 7.7L。实际上传力杆插入到位时,考虑到传力杆挤开的上部混凝土坑槽,其扰动的混凝土体积可达到 60.9L。此时,路面已被滑模摊铺机振捣密实,这 7.7L 和被扰动的 60.9L 混凝土体积过大,在其侧向及底部不变的情况下,大部分混凝土又被压入槽中,少部分混凝土向上顶出,影响滑模摊铺混凝土路面的平整度,夜间行车可见插入传力杆造成的路面波状起伏。

这种缺陷曾试图通过 DBI 装置后面的振动搓平梁或搓平直板来消除,但实际上完全消除这种表面缺陷是不可能。因为振动搓平梁或搓平直板的自重及自身功率是有限的,它不可能把凸起的混凝土全部“搓”平。

虽然用搓平梁或搓平直板前的砂浆暂时找平,但随着时间推移,随着砂浆沉降,植入传力杆处的内部空气逐渐排出,致使植入传力杆处的混凝土表面平整度差,并且有气泡冒出,还伴随着泌水现象,硬化后的该处混凝土表面有时会出现气孔(图 6-8)。

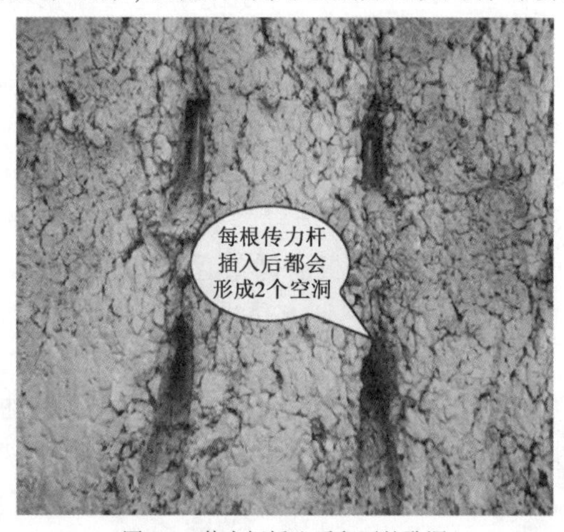

图 6-7 传力杆插入后留下的孔洞

图 6-8 硬化后传力杆上方的孔洞

2)振动平板的补振设计

混凝土拌和物在脉冲振动力作用下,颗粒间的黏聚阻力急剧减少,振动时的黏聚阻力仅为不振时的 5%,混凝土受振后具有良好的流动性,粗集料在自重作用下互相滑动,均匀地填充内部的孔隙,获得较高的密实度。在 DBI 装置后部增设两块 3m 长、0.5m 宽的钢板,钢板厚 8mm,与混凝土的接触面积为 3m × 0.4m,每块钢板上设置两个偏心电机(图 6-9),传力杆(中央拉杆)插入后,启动电机,通过偏心电机带动振动平板对局部混凝土进行补振,以消除因传力杆(中央拉杆)插入后对平整度的影响。

a)

b)

图6-9 增加偏心电机

选用2级偏心电动机，转动频率2800次/min，偏心距0.44N·m，电机重15kg；极限振幅为0.17mm；振动平板为长3m、宽0.4m、厚8mm的钢板；每块振动平板安装两个电机。振动平板通过螺杆固定在摊铺机DBI装置的后部。施工时，传力杆插入就位后，立即启动电机，使振动板对拱起的混凝土进行充分振捣，待振动板驶离传力杆部位后，关闭电机，停止振动。经过补振，填充于传力杆挤开的上部凹槽混凝土获得了振捣密实，拱起的混凝土量大幅减少，而这部分混凝土经过振动液化，很容易通过振荡搓平梁和超级抹平板均匀地推移到路面各处，从而将局部拱起的混凝土化解为均匀增厚，提高了路面的平整度。

经过补振后的混凝土未发现任何塑性收缩裂缝，传力杆部位牢固可靠，能保证良好的传荷性能。平整度检测数据表明，经过补振的路面平整度合格率达到90%，标准差σ的平均值为1.02mm；而未经过补振的路面平整度的合格率仅为66%，标准差σ的平均值为1.26mm。

6.2 混凝土振动液化性能

我国水泥混凝土路面普遍采用三辊轴或者滑模摊铺机铺筑，由于摊铺机吞吐量很大，混凝土的生产和运输往往难以供给。摊铺速度往往受供料时间、供料间隔的影响，很难与混凝土的施工性能相匹配。道路低摊落度混凝土振捣液化靠振捣棒，见图6-10。混凝土振捣液化的影响因素有振动时间、振动频率、振幅。为了明确振动时间对混凝土强度、密实度的影响，采用相同材料组成的混凝土，选择合适的振动频率和振幅，通过测定密度、强度来判断混凝土的密实性能，进而研究密实性能与振动时间的关系，得到混凝土的最佳摊铺速度。

6.2.1 振动时间对混凝土密度的影响

根据《公路工程水泥与水泥混凝土试验规程》(JTG E30—2005)中水泥混凝土试件制作方法的要求，采用表6-2所示配合比进行。

道路混凝土配合比 表6-2

水泥 (kg/m³)	水 (kg/m³)	砂 (kg/m³)	减水剂 (%)	集料(kg/m³)		
				0.5~1cm	1~2cm	2~3cm
370	155	693	0.3~1	246	246	739

通过控制萘系高效减水剂的掺量，调节混凝土的工作性，分别拌制坍落度为0mm、10mm、30mm、50mm、70mm的混凝土，每一级坍落度的混凝土成型150mm×150mm×150mm的抗压试件和100mm×100mm×400mm的抗弯拉试件各10组，每组3个。分别由振动台、振捣棒两种方式施以0s、10s……90s的振动，振动参数如表6-3所示。测定硬化混凝土的密度，结果按照15%原则，取平均值。

振动参数 表6-3

振动方式	频率(Hz)	振幅(mm)	转速(r/min)	激振力(N)
振动台	50	0.5	2840	7000
振捣棒	50	1.0	3000	13500

1)振动台密实的普通混凝土抗压试件的振动时间与密度

试件制备后，养生28d，测得抗压试件的密度平均值。相同坍落度的混凝土，密度随振动时间的增加而增大，相同振动时间的混凝土，密度随坍落度的增加而增大。由振动台密实的不同坍落度的混凝土抗压试件的密度和振动时间的关系曲线如图6-10所示。密度随振动时间的延长而增大，0mm坍落度的混凝土抗压试件在振动时间小于80s之前，随时间的增加密度呈明显上升趋势，当振动时间增大到80s后，密度则在稳定在2515~2525kg/m^{3}之间，不再上升，即可认为80s为0mm坍落度混凝土的振实时间。和0mm坍落度混凝土相似，10mm坍落度混凝土的这一拐点出现在70s左右，而30mm、50mm、70mm坍落度的混凝土的振实时间分别为60s、50s、40s。

2)振动台密实的普通混凝土抗弯拉试件的振动时间与密度

由振动台密实的不同坍落度的混凝土抗弯拉试件的密度和振动时间的关系曲线如图6-11所示。与抗压试件相似，抗弯拉试件的密度大体随振动时间的增加而增大，不同的是，由于和振动平台的接触面积相对试件总体积较大，试件达到振实状态时，整体质量更加均匀，不同坍落度混凝土试件密度的离散性小。0mm、10mm、30mm、50mm、70mm坍落度的混凝土试件的振实时间分别为70s、70s、60s、50s、40s。

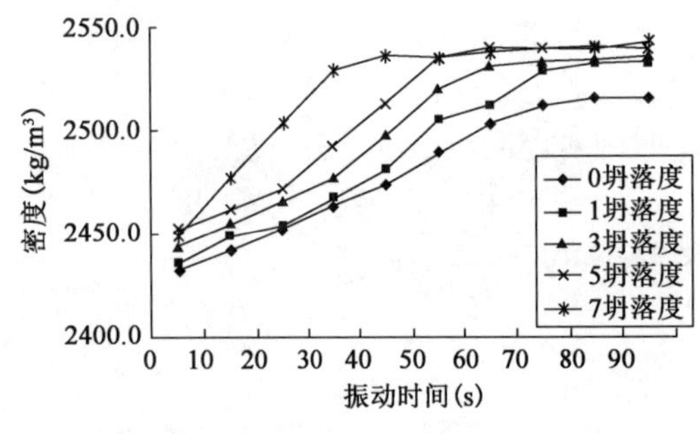

图6-10 振动台密实的抗压试件的振动时间与密度

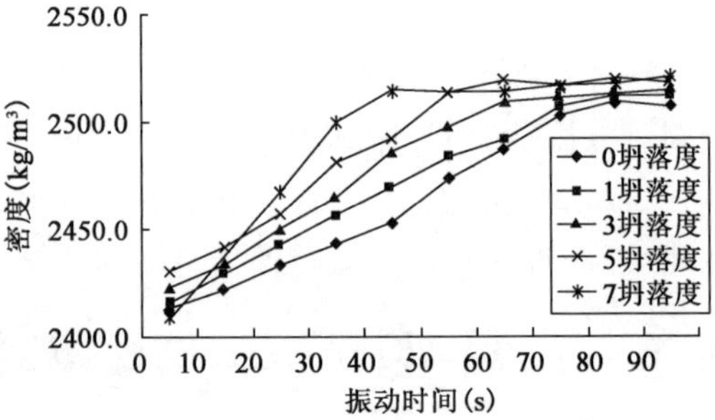

图6-11 振动台密实的抗弯拉试件的振动时间与密度

3)振捣棒密实的普通混凝土抗压试件的振动时间与密度

由振捣棒密实的不同坍落度的混凝土抗压试件的密度和振动时间的关系曲线如图6-12所示。与经振动台密实的普通混凝土试件相比，相似之处在于：坍落度相同的试件，密度随振动时间增加而增大；不同的是：振动时间相同的试件，密度随坍落度的增大无显著变化。此外，由于振捣棒振幅较大,经振捣棒密实的混凝土试件达到密实状态的时间较经振动台密实的试件稍有缩短。不难看出:0mm、10mm、30mm、50mm、70mm 坍落度的混凝土试件的振实时间分别约为 70s、60s、50s、40s、30s。

达到振实时间前,密度随振动时间的增加近似线性增长,到达振实时间后的一定范围内,密度几乎不再变化。并且,不同坍落度的混凝土试件到达密实状态后,密度近似相同,其离散性较振动台密实的试件更小。

4)振捣棒密实的普通混凝土抗弯拉试件的振动时间与密度

由振捣棒密实的不同坍落度的混凝土抗弯拉试件的密度和振动时间的关系曲线如图6-13所示。同一坍落度混凝土抗弯拉试件的密度总体随振动时间的增加而增大;同一振动时间的混凝土试件密度随坍落度的增大而增大。

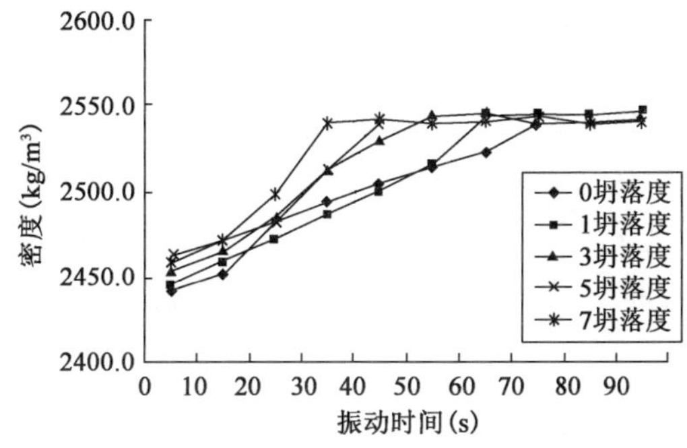

图6-12 振捣棒密实的抗压试件的振动时间与密度

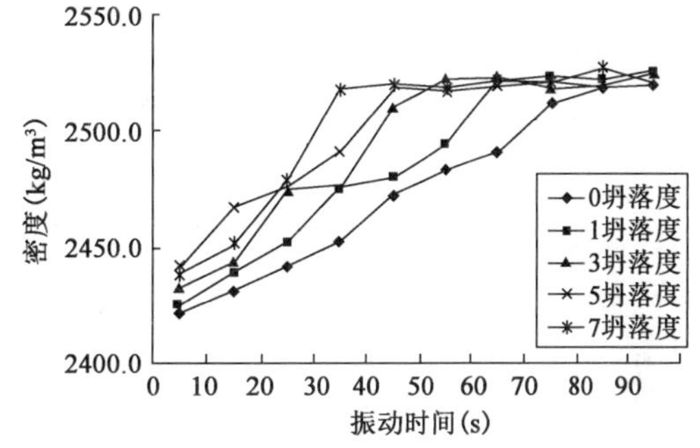

图6-13 振捣棒密实的抗弯拉试件的振动时间与密度

由于和抗压试件相比,抗弯拉试件的尺寸较大,等体积混凝土与振捣棒的接触面积较小,试件未到达振捣棒有效作用半径内的混凝土不能均匀密实。所以,振动密实前,密度随振动时间的增加无明显变化规律。

由图中可知,0mm、10mm、30mm、50mm、70mm 坍落度的混凝土试件的振实时间分别为70s、60s、50s、40s、30s。与由振动台密实的试件相比,不同坍落度的混凝土到达密实状态所需要的时间均有所缩短。

6.2.2 振动时间对混凝土抗压强度的影响

为得到不同工作性普通道路混凝土、粉煤灰道路混凝土的振动时间和抗压强度之间的关系,试验采用相同原材料、相同配合比,分别拌制坍落度为 0mm、10mm、30mm、50mm、70mm 的混凝土,每一级坍落度的混凝土成型 150mm×150mm×150mm 的抗压试件 10 组,分别由振动台、振捣棒两种方式施以 0s、10s……90s 的振动,每组 3 个。

1)振动台密实的普通混凝土的振动时间与抗压强度

由振动台密实的不同坍落度的混凝土试件的振动时间和抗压强度的关系曲线如图 6-14所示。由图可知相同坍落度的混凝土试件的强度随振动时间的增加显著增长。如:0mm 坍落度的试件抗压强度由不施加振动时的 30.5MPa 增长为振动 90s 后的 53.0MPa,涨幅高达75%,这一值对于 10mm、30mm、50mm、70mm 坍落度的混凝土试件分别为 55%、59%、58.7%、56.5%。

相同振动时间的混凝土试件,密度则随坍落度的增加明显呈上升趋势,振动时间为70s之前,这一现象尤为明显。即:混凝土试件达到密实状态之前,相同振动时间的试件坍落度越大,密度越大。

振动时间从0s增加到70s的过程中,0mm坍落度混凝土试件的抗压强度从30.5增长到52.9,强度增长54.9%,之后振动时间从70s增加到90s的过程中,抗压强度的增长仅为1.7%。对于0mm坍落度的混凝土,70s之前,强度从明显增长,70s之后,即使对其施加相同的振实功,强度也不再增长,即认为70s是0mm坍落度的最佳振动时间。

10mm、30mm、50mm、70mm坍落度的混凝土最佳振动时间依次为:60s、50s、30s、20s。即:随坍落度的增加,最佳振动时间减小。

2)振捣棒密实的普通混凝土的振动时间与抗压强度

由振捣棒密实的不同坍落度的混凝土试件的振动时间和抗压强度的关系曲线如图6-15所示,可知相同振动时间的混凝土试件的抗压强度随坍落度的增加整体呈增长趋势。如:振动时间为0s时,0mm坍落度试件的抗压强度为32.8MPa,70mm的则为36.3MPa。振动时间为40s时,0mm坍落度试件的抗压强度为49.5MPa,70mm的则为56.5MPa。相同坍落度的混凝土,抗压强度随振动时间的增加呈显著增长,0mm坍落度混凝土试件的抗压强度由不施加振动时的32.8MPa增长为振动90s后的56.5MPa,涨幅高达72%。这一值对于涨幅最小的50mm坍落度的混凝土试件也高达54%。

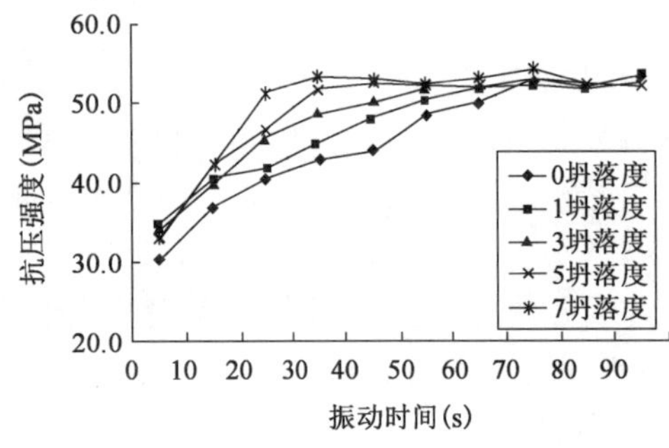

图6-14 振动台振动时间与抗压强度

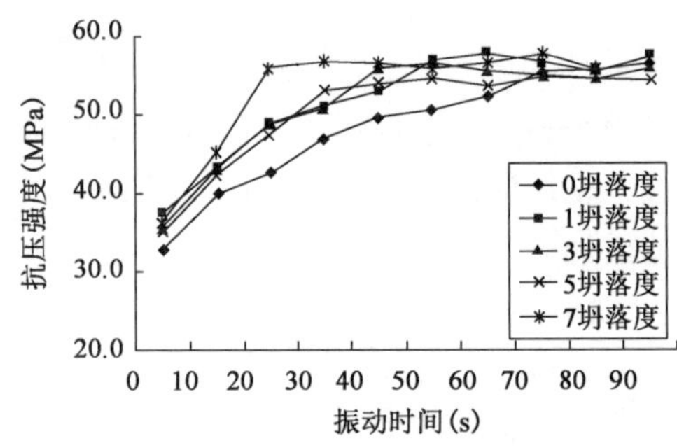

图6-15 振捣棒振动时间与抗压强度

与振动台密实的试件相似,振动时间从0s增加到70s的过程中,0mm坍落度混凝土试件的抗压强度从32.8MPa增长到55.4MPa,强度增长69%,之后振动时间从70s增加到90s的过程中,抗压强度的增长仅为1.9%。即:70s是0mm坍落度的最佳振动时间。

10mm、30mm、50mm、70mm坍落度的混凝土最佳振动时间依次为:50s、40s、30s、20s。相同坍落度的由振捣棒密实的混凝土试件达到最大抗压强度需要的时间比振动台有所缩短。

6.2.3 振动时间对混凝土抗弯拉强度的影响

为得到不同工作性普通道路混凝土、粉煤灰道路混凝土的振动时间和抗弯拉强度之间的关系,试验采用相同配合比,分别拌制坍落度为0mm、10mm、30mm、50mm、70mm的混凝土,每一级坍落度的混凝土成型100mm×100mm×400mm的抗弯拉试件10组,分别由振动台、振捣棒两种方式施以 0s、10s……90s 的振动,每组 3 个。

1)振动台密实的普通混凝土的振动时间与抗弯拉强度

由振动台密实的不同坍落度的混凝土试件的振动时间和抗压强度的关系曲线如图 6-16 所示。与抗压强度随振动时间的变化规律相似,相同坍落度混凝土的抗弯拉强度随振动时间的增加而增长。从 0s 到 90s 的振动过程中,0mm 坍落度的混凝土试件抗弯拉强度增长近 30%,增幅最小的 50mm 坍落度的试件也达到 22%。相同振动时间的混凝土试件强度随坍落度的变化总体呈增大趋势。

由图中曲线可得,0mm、10mm、30mm、50mm、70mm 坍落度的混凝土最佳振动时间依次为:70s、50s、40s、30s、20s。坍落度为 0mm、10mm 的试件到达最佳振动时间前,抗弯拉强度增长有所波动,其他坍落度的混凝土试件抗弯拉强度增长均表现稳定。

振动施加前期,振动时间由 0s 增长都 20s 过程中,所有坍落度试件抗弯拉强度均呈现较快增长。大坍落度混凝土试件表现尤为明显,70mm 坍落度的抗弯拉强度在前 20s 增长了 25%,而 0mm 坍落度的试件仅增长 10%。结合前述由振动台密实的普通混凝土、粉煤灰混凝土试件,不同坍落度混凝土试件达到最佳振动时间后,抗弯拉强度和抗压强度一致,表现出较高的稳定性。

2)由振捣棒密实的普通混凝土的振动时间与抗弯拉强度

经振捣棒密实的不同坍落度的混凝土试件的振动时间和抗弯拉强度的关系曲线如图 6-17 所示,可知相同坍落度混凝土的抗弯拉强度随振动时间的增大而增加,虽然增长程度不及试件的抗压强度,但 0mm 坍落度的混凝土试件从 0s 到 90s 的振动过程中,抗弯拉强度增长近 26%,增幅较大的 10mm 坍落度的试件可达 31%。

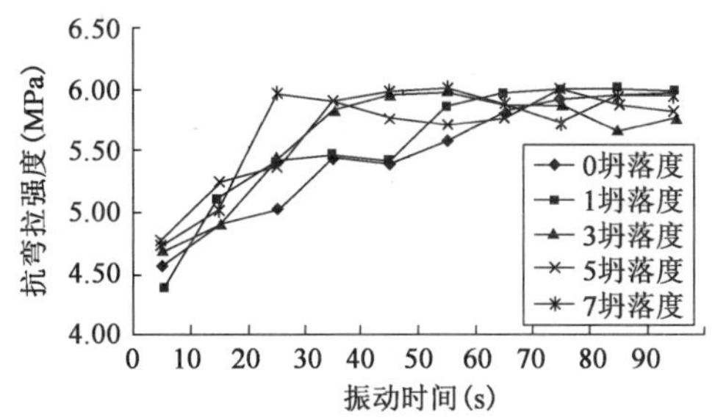

图 6-16 振动台振动时间与抗弯拉强度关系

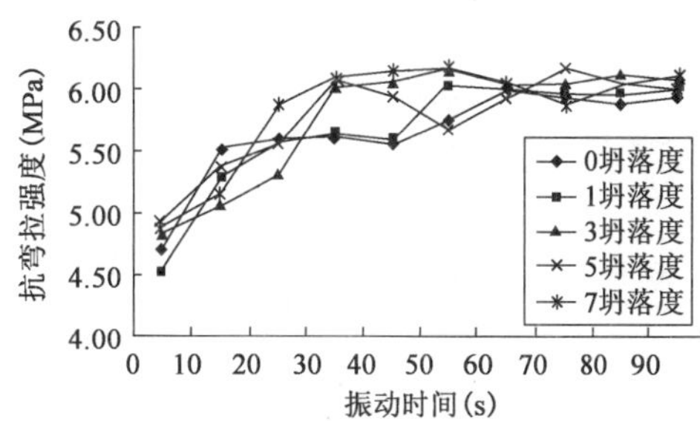

图 6-17 振捣棒振动时间与抗弯拉强度关系

相同振动时间的混凝土试件强度随坍落度的变化总体呈增大趋势。70mm 坍落度混凝土试件振动时间为 60s 时达到最大抗弯拉强度,振动时间大于 60s 后,抗弯拉强度出现减小的情况。50mm 坍落度试件达到最佳振动时间后,抗弯拉强度也有所波动。这一现象易使人联想到过振离析导致的强度下降。

6.2.4 混凝土的最佳振动时间与摊铺速度

不同工作性的混凝土,其最佳的密度、抗压强度、抗弯拉强度对应着不同的振动时间。由于摊铺速度直接影响着振捣棒的振动时间,对于工作性不同的混凝土,施工时的摊铺速度也应不同。因此,针对不同工作性的混凝土,结合振捣棒的有效工作半径,给出各自适合的摊铺速度。

1)混凝土的最佳振动时间

由振动台、振捣棒密实的不同工作性的普通混凝土试件的最佳振动时间和密度、抗压强度、抗弯拉强度的关系如图6-18所示。

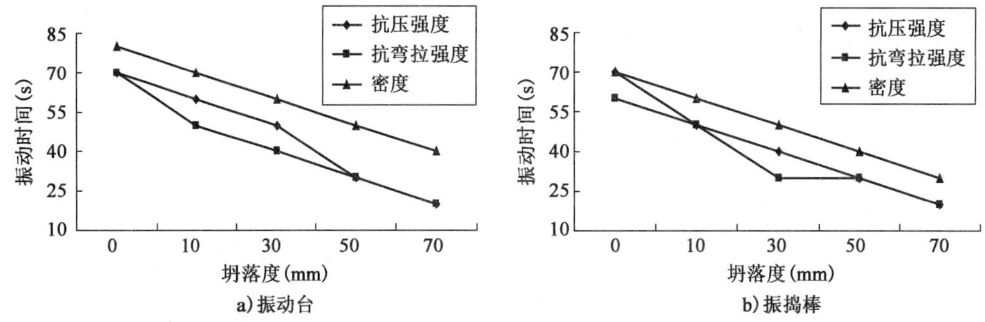

图6-18　密度、强度对应的最佳振动时间

密度、强度对应的最佳振动时间均随坍落度的增大而增大,强度对振动时间的敏感性较密度高。0mm坍落度的混凝土试件振动时间为60s时,抗压强度、抗弯拉强度即达到最大值;而密度则在80s时才达到最大值。与0mm坍落度试件相似,10mm、30mm、50mm、70mm坍落度试件也存在类似规律。

由振动台和振捣棒密实的不同坍落度的普通混凝土试件的最佳振动时间如表6-4所示。

普通混凝土的最佳振动时间　　表6-4

密实方法	振动台					振捣棒				
坍落度(mm)	0	10	30	50	70	0	10	30	50	70
最佳振动时间(s)	80	70	60	50	40	70	60	50	40	30

2)振捣棒的有效作用半径

振捣棒的布置间距直接影响着混凝土的振实效果,间距太大则中间混凝土得不到有效振动,间距过小则会造成不必要的浪费,还将给施工带来麻烦。此外振捣棒的作用半径还间接影响着摊铺机具的行走速度,因此,量测振捣棒的有效作用半径,对振捣棒的布置意义重大。振捣棒一般成排布置,如图6-19所示。相邻两个振捣棒的能量均能向中间传递,因此,假定振动加速度衰减为振源处的50%时,振动失效,当加速度小于振源处的50%后,即使相邻两个振捣棒振动能量的叠加也不足以达到单个振捣棒的振动能量。从而,通过测定振动加速度沿棒体向周围的衰减,得到不同型号振捣棒的有效半径。

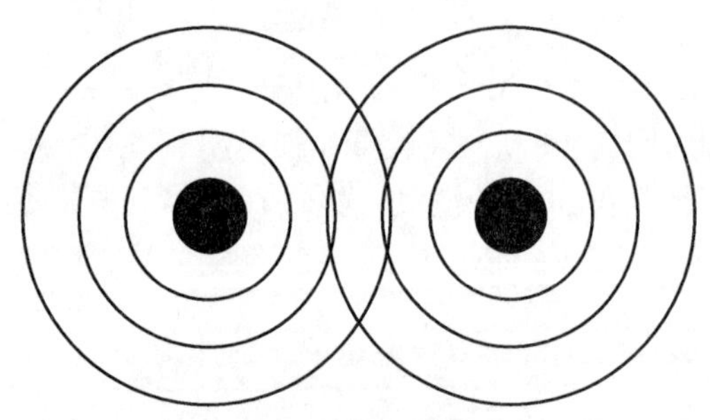

图6-19　相邻振捣棒的能量叠加

常见的振捣棒的有效作用半径如表6-5所示。由此可为振捣棒间距的设置以及摊铺速度的设定提供科学的依据。

振捣棒的有效作用半径 表6-5

振捣棒体直径(mm)	有效作用半径(cm)
35	15~20
50	20~25
65	25~30

3)混凝土的最佳摊铺速度

在水泥混凝土滑模摊铺机上,振动棒起振捣和提浆作用,每隔一定距离均匀布置在可升降的振动梁上,其外形成"L"型,在摊铺施工时,可在较低坍落度的混凝土中由摊铺机拖动前进。滑模摊铺机上使用的振捣棒振幅为0.3~0.5mm,振动频率最大为150~200Hz。按照混凝土振动工艺原理,低频振动对大块集料有较大的振实作用,而小粒径的颗粒振实则较多地依赖于高频振动。

合适的摊铺速度不仅要保持路面的平整度、均匀性,保证混凝土的密实性也同样重要。目前,国内大多数施工单位的摊铺能力远大于其搅拌设备的生产能力,因此,摊铺速度往往由供料时间、间隔决定这样决定的摊铺速度不一定适合混凝土的施工性能。与摊铺速度密切相关的振动参数是振动时间,由于道路混凝土的密实性很大程度上取决于振捣设备的振动时间,所以振动时间直接决定着水泥混凝土滑模摊铺机的摊铺速度。

设振捣棒的有效作用半径为r,摊铺速度为v,则摊铺机在r内的行走时间为r/v,摊铺范围内沿摊铺机行走方向任一点的振动时间即为$2r/v$;为保证混凝土在$2r/v$内振动密实,只要通过试验得出不同类型的混凝土的最佳振动时间,即可逆推摊铺速度,如表6-6所示。由于激振力与振动频率成2次方关系,高频振动时,激振力远大于低频振动。所以,当滑模摊铺机振捣棒组高频振动时,摊铺速度可以适当加快,不宜小于表6-6中所示时间。

道路混凝土的最佳摊铺速度 表6-6

混凝土坍落度(mm)	0	10	30	50	70
最佳摊铺速度(m/min)	0.75	0.85	1.0	1.2	1.5

6.3 路面混凝土塑性开裂防治技术

6.3.1 硬化阶段水泥混凝土路面温度场

水泥水化过程中产生大量的水化热,加之混凝土是热的不良导体,水泥发出的热量聚集在结构物内部不易散失,因而导致混凝土内部温度有较大的上升。混凝土内部温度的升降会引起应力,此应力称为温度应力。工程实践表明,水泥水化热引起的温度升高一般在15℃~30℃,有些情况下甚至可能达到40℃。混凝土在施工阶段,气温的变化对混凝土的水化热有较大影响。外界气温越高,混凝土的浇筑温度也越高,同时混凝土的绝热温升也越高。而外界气温下降,特别是温度的骤降,会在混凝土表面引起急剧的降温,由于混凝土是热的不良导体,这时混凝土内部仍处于高温阶段,因此,在表层将形成陡的温度梯度,严重限制混凝土的急剧收缩,引起温度应力,在混凝土表面产生裂缝。

混凝土内部的温度是水化热的绝热温升、浇筑温度和结构物的散热降温等各种因素的叠加,温差越大混凝土变形相差就越大。所以在高温环境下,如何解决混凝土内外温差大就显得非常重要。

通过对比试验,研究新铺水泥混凝土路面板24h内温度场变化及不同温度场环境下混凝土路面内应变变化规律,以便采取合理养生措施来减小路面板温差。

1)试验方案

试验研究喷普通养生剂、喷白色涂料、铺塑料薄膜和铺草垫四种不同养生方式下混凝土路面板的温度场及应变变化规律。

(1)成型四块30cm厚水泥混凝土路面板,在每块路面板距板顶1cm、15cm、30cm处(用“路面板上层、中间层和底层”表示)放置内埋式应变计传感器,埋置位置如图6-20所示,用于测定四块路面板不同深度处的温度及应变变化;

(2)在路面板表面分别喷涂普通养生剂、白色涂料、铺盖塑料薄膜和草垫,草垫要经过浸湿处理;

(3)在喷普通养生剂和白色涂料的路面板水平方向放置温度传感器,即在距板顶1cm处自板边至板中心每隔5cm布置一个温度传感器,埋置位置如图6-21所示;

(4)专门布置1个温度传感器用来观测大气温度,该温度传感器距离地面1.2m,需通风良好,上设有遮阳板以免其受阳光曝晒;

(5)记录好每个测试点安装的应变计及温度传感器编号和安装位置,通过采集仪读取温度及应变数据,温度及应变数据每隔5min记录一次。

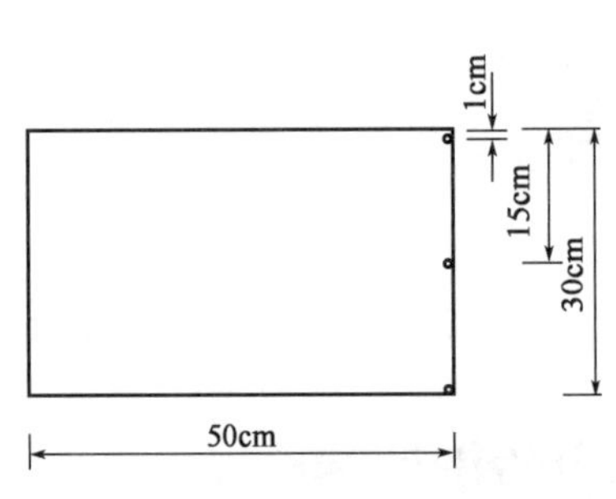

图6-20　应变仪埋置位置纵断面图

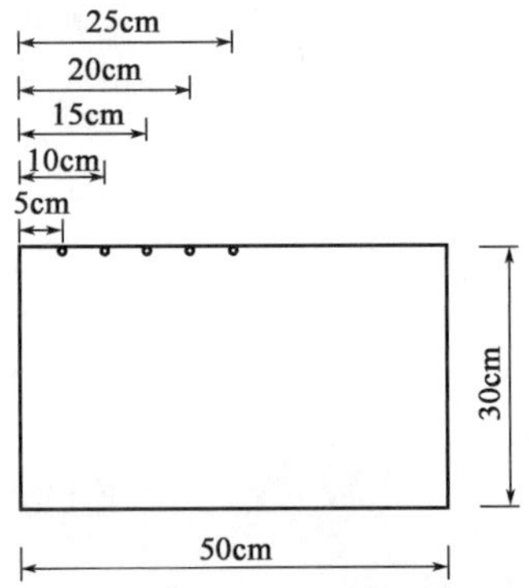

25cm
20cm
15cm
10cm
5cm
30cm
50cm

图6-21　温度传感器埋置位置纵断面图

2)不同养生条件下路面板沿深度方向温度变化规律

对不同养生方式下路面板沿深度方向的温度变化作比较分析,试验结果如图6-22所示,温度数据为每隔5min记录一次。

喷普通养生剂及铺塑料薄膜的水泥混凝土路面板随深度增加温度峰值滞后性明显,这是由于混凝土路面板表面受到外界气温和太阳辐射的影响,但是热量向路面内部传导仍需要一定的时间,因此随着深度的增加,温度变化曲线峰值出现的时间也随深度而滞后。

两块板中间层和底层的温度峰值相对于上层温度峰值的滞后时间见表6-7。

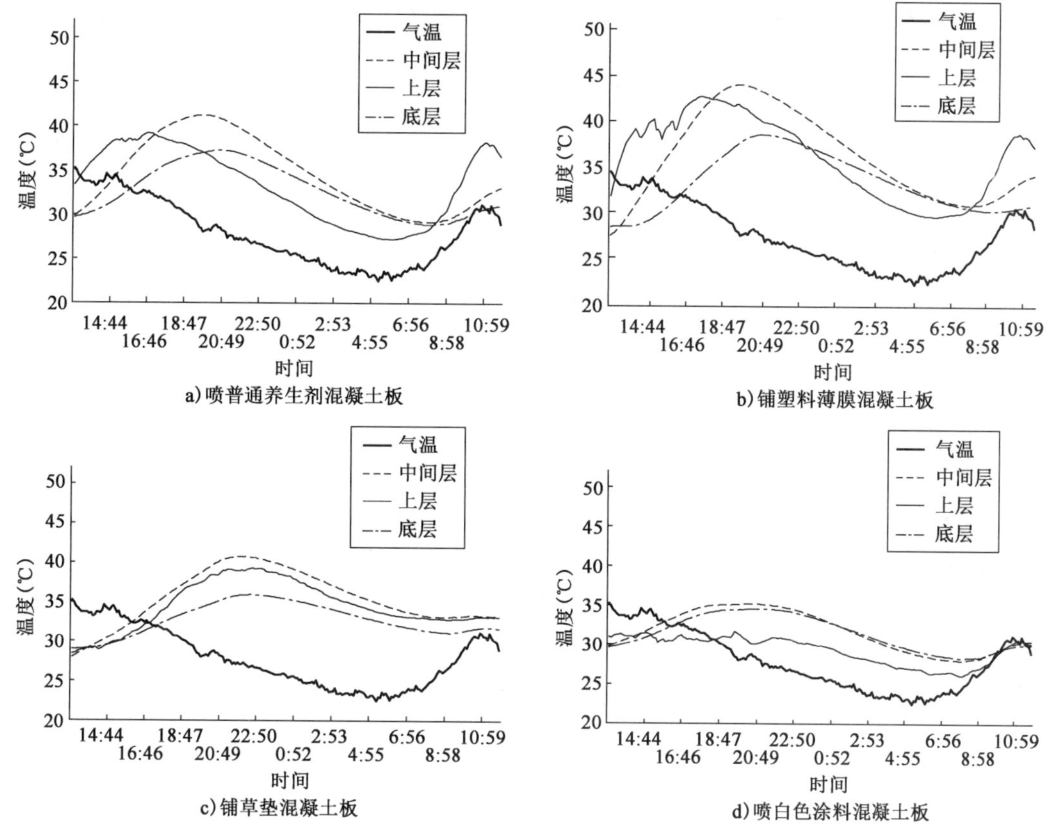

a)喷普通养生剂混凝土板

b)铺塑料薄膜混凝土板

c)铺草垫混凝土板

d)喷白色涂料混凝土板

图6-22 不同养生方式下混凝土板沿深度方向的温度变化曲线

温度峰值滞后时间表

表6-7

位　　置	喷普通养生剂混凝土板	铺塑料薄膜混凝土板
中间层	2h45min	1h55min
底层	3h40min	3h15min

铺草垫及喷白色涂料的水泥混凝土路面板不同深度的温度几乎同时达到最大值。由于草垫是经过浸湿处理后铺在水泥混凝土路面板上的，草垫上水分的蒸发带走了路面板表面一部分热量，且太阳辐射被遮挡，从而外界气温和辐射对水泥混凝土板的温度影响减小，混凝土内部水化放热成为温度升高的主要因素，故路面内温度变化出现一致性，温度峰值几乎同一时间达到；由于白色涂料对太阳辐射有极强的反射能力，太阳辐射对混凝土板的影响更小，所以该混凝土板内温度变化几乎只受自身水化的影响，其温度峰值便同时出现。

对于喷普通养生剂及铺塑料薄膜的水泥混凝土路面板，板的中间层温度在刚刚铺筑的3～5h内，由于水化反应低，且路表的热传导需要时间，其温度要比路表温度低；水化反应加快，路面板中间受路表导热、板周围及自身水化热的综合影响，其温度超过其他深度处。喷普通养生剂的混凝土路面板不同深度处的最大温差为7℃，铺塑料薄膜的混凝土路面板温差达到12℃，而铺草垫及喷白色涂料的混凝土路面板的温差明显较其他两种养生方式下的混凝土板

的温差要小，均为4℃，且路面板不同深度处的温度比其他两种养生方式下路面板对应深度处的温度低，温度波动幅度较小。

由于草垫浸湿后铺在水泥混凝土路面板上，路面板白天受气温和太阳辐射的影响小；随着水分的蒸发，草垫逐渐变干，夜晚无太阳辐射且气温降低的情况下，由于草垫的保温作用，路表受气温的影响仍然不大，所以温度波动幅度较小。

同理，由于喷洒白色涂料，路面板温度一直处于较低的状态，无论白天、晚上，路表与气温热交换量都少，路面板的温度波动不大。又由于路表吸收的热量远远低于散失的热量，导致路面板上层的温度要低于其他深度处的温度。

不同养生方式下路面板同一深度处温度变化分析结果如下，见图6-23。

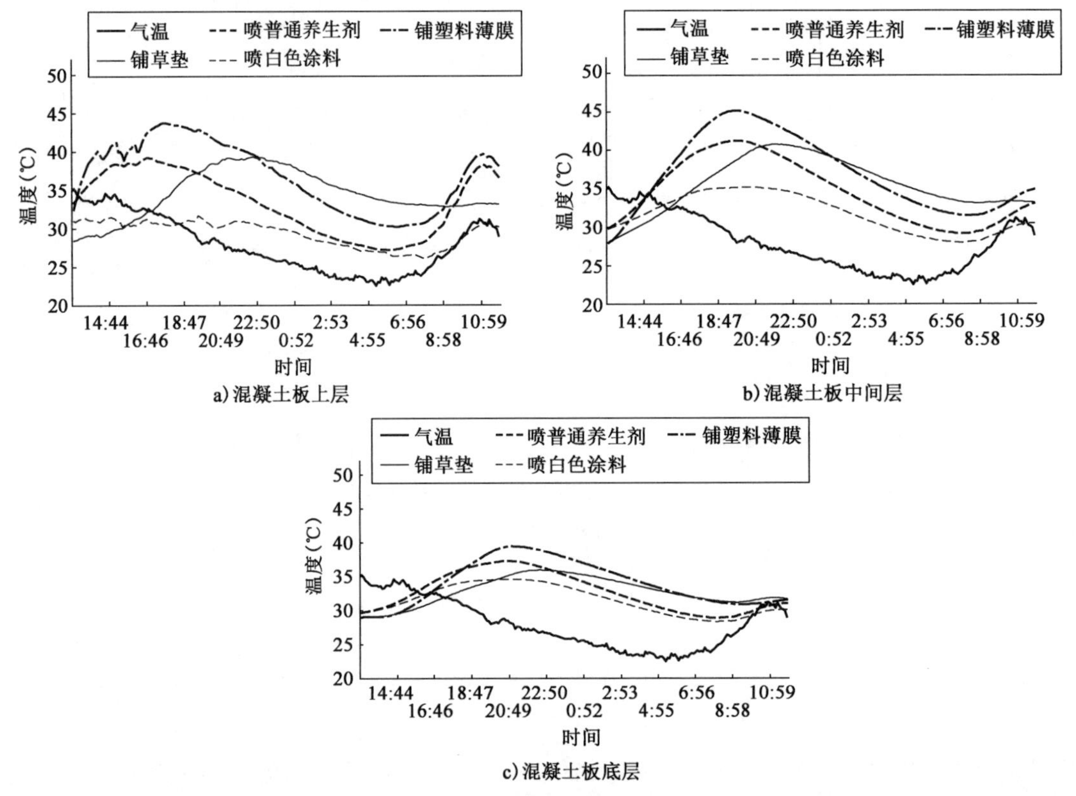

图6-23 不同养生方式下路面板同一深度处温度变化曲线

在路面板上层和中间层处，喷白色涂料的水泥混凝土路面板的温度明显比其他养生方式的温度低。在路面板上层，喷白色涂料的混凝土板与铺塑料薄膜的混凝土板的温度差达到13℃，在路面板中间层达到10℃；这主要是由于混凝土路面在不同的养生方式下太阳辐射吸收率不同所造成的：由于白色涂料能够反射大量的太阳辐射，对太阳辐射吸收率极小，其养生下的水泥混凝土板受外界变化影响很小。

随着深度的增加，路面板受太阳辐射及气温的影响逐渐减小，四种养生方式的水泥混凝土路面板的温度波动幅度都逐渐减小，且四种不同养生方式下的水泥混凝土路面板的温度相差不大，最大温度差仅为5℃。但仍然可以看出，喷白色涂料的路面板温度较低。

喷白色涂料及铺草垫两种养生方式对降低水泥混凝土路面内的温度及温差有很大作用,有利于降低新铺水泥混凝土路面的温度应力,减少裂缝产生。

3)不同养生条件下混凝土的初、终凝时间

测定混凝土的凝结时间,通过在一定时间间隔内,测定混凝土拌合物中筛出的砂浆的贯入阻力,当贯入阻力达到3.4MPa时的时间为初凝时间,达到28MPa时的时间为终凝时间。一般情况下,初凝发生在拌和后2~6h内,终凝发生在4~12h内。混凝土的硬化速度极大地影响施工的进度。温度、水胶比和掺合料、外加剂都会对凝结时间产生影响。通过测定分析四种养生条件下水泥混凝土砂浆的贯入阻力变化规律,分析不同温度环境对水泥混凝土凝结时间的影响,如图6-24所示。

喷普通养生剂及铺塑料薄膜的混凝土凝结时间基本相同;铺草垫的混凝土凝结时间最晚,比上述两种养生方式的混凝土无论初凝时间还是终凝时间都推迟约1h,这是由于浸湿的草垫遮挡了太阳辐射,降低了混凝土内部的温度,减缓了贯入阻力的增长速率;同理,由于白色涂料能够反射太阳辐射,其凝结时间也比较晚。

6.3.2 养生剂对混凝土塑性开裂的影响

混凝土的施工质量是一个涉及多方面的过程控制问题,新拌混凝土浇筑后的养生是其中的关键一环,硬化阶段养生措施不到位可能出现如图6-25的情况。通过养生工艺阻止或补充混凝土表面的水分散失,减小和降低干缩以及塑性收缩开裂的风险,保证和提高混凝土的施工质量。

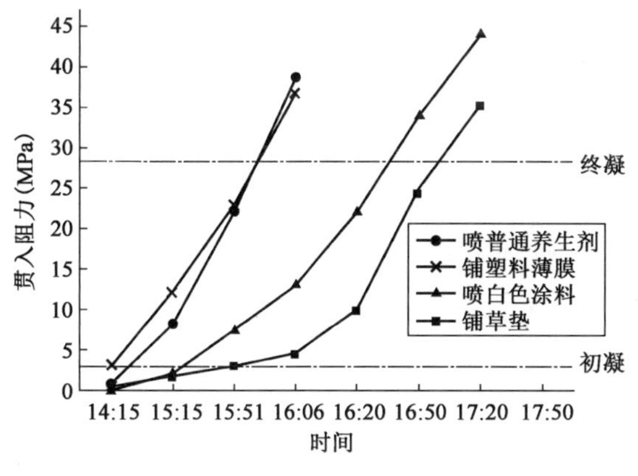

图6-24 贯入阻力曲线图

图6-25 无养生措施混凝土硬化后的裂纹

随着混凝土技术的发展,化学养生法应运而生。化学养生法主要是通过在结构物表面喷洒、涂抹成膜材料防止混凝土内部水分散失的工艺方法,与传统的养生方法相比,具有省工、省时、节水等优点,适用于公路、机场道坪、高层建筑、桥梁等工程结构物的养生。对水源缺乏地区或无法采用常规方法养生的工程,更显示出其优越性。但是通过目前使用情况来看,混凝土养生剂的质量参差不齐,养生效果差强人意。缺乏有效、简便快捷的混凝土养生剂评价方法。

美国ASTM《养生混凝土的液体结膜剂技术标准》规定,喷有规定用量200g/m^{2}养生剂的砂浆试件(150mm×300mm×50mm)在室温37.8℃±1.1℃,相对湿度32%±2%,空气环流速度V_0=0.5m/s的条件下养生72h进行试验,特别要求对试件边缘要密封,试体的水分损失不得超过0.55kg/m^2。该方法提出了0.55kg/m^{2}的蒸发量评价指标,但是建立在砂浆评价方法的

基础之上,而养生剂一般用于混凝土中,同样的环境条件下,砂浆和混凝土的失水呈现不同的规律。

俄罗斯《混凝土养生剂技术条件》规定,按美国标准方法试验,但对养生参数做了调整;条件更为苛刻,即涂养生剂试件在温度40℃ ±2℃、相对湿度30% ±2%和风速0.5m/s条件下养生72h,允许失水量仍取不超过0.55kg/m^2。

英国标准《混凝土养生剂试验方法》(BS 7542—1992)及《道路施工专用养生剂》(BS 8110—1997)。水泥砂浆试件尺寸与ASTM C156—2005相同,水灰比为0.44。规定制作6块3对试件,其中一半为基准(未涂养生剂),另一半涂养生剂;在环境温度38℃ ±1℃、相对湿度为35% ±5%和风速为0.5m/s的室内养生,经72h养生其有效率保水E应不小于75%。英国市场上销售的混凝土养生剂按有效保水率划分,有75%和90% 2个等级。水灰比对泌水有一定程度的影响,但是作为养生剂的评价更应该关注环境因素的影响。

德国试验方法也采用1:3比例的水泥砂浆,但水灰比为0.42,养生温度为30℃ ±2℃,相对湿度为40% ±3%,经3d、7d和14d测定,养生剂的保水率3d(72h)应不小于50%。50%的保水率对混凝土性能的影响可能较大。

我国《水泥混凝土养生剂》(JC 901—2002)和《公路工程混凝土养生剂》(JT/T 522—2004)中规定混凝土养生剂的主要质量指标有混凝土保水率和抗压强度比两项;但混凝土的抗压强度对养生环境不敏感,同组试件的抗压强度试验值偏差可能在15%的范围之内。

水泥混凝土路面板的尺寸一般为4m×6m×0.25m,尺寸比为16: 24: 1,和试件相比,与环境接触的面积更大,养生要求更高,因此,通过150mm立方体试块在温度40℃,湿度35%,风速0.5m/s的条件下来评价路面混凝土养生剂的使用效果不准确。另外混凝土保水率试验中风速控制在0.5±0.3m/s不具有普遍适用性,区域不同,环境条件各异,如据统计内蒙古的年平均风速在1.5m/s以上。

不同的环境条件,混凝土的蒸发速率不一样,需要采取不同的养生措施,或者需要养生剂的匹配。需要确定敏感性因素的极限值,适当保证其他因素的影响范围,从而实现养生剂评价的同时达到不同环境条件下进行路面水泥混凝土早期养生的目的,确保水泥混凝土路面的施工质量。

一般环境条件下,混凝土表面5cm内湿度变化较大,养生对混凝土性能的影响在近表的5cm区域比较明显,为了简便实用和数据的可靠性,采用300mm×450mm×50mm尺寸的试模替代规范规定的150mm×150mm×150mm试模,研究不同外界环境条件下喷涂养生剂试件的蒸发量和保水率,为建立路面混凝土养生剂的评价方法和评价指标提供理论支撑。

选用P·O42.5普通硅酸盐水泥,组成材料:天然河砂的细度模数2.28,表观密度2690kg/m^3,含泥量0.7%;5~25mm连续级配石灰岩碎石。选取复合养生剂BF、水玻璃型NS、石蜡型养生剂HB、胶乳型养生剂JB和KX。其中BF、JB、KX的推荐掺量为5m^2/kg,HB和NS的推荐掺量为10m^2/kg.

养生条件C1为温度40℃,湿度35%,风速0.5m/s;养生条件C2为温度20℃,湿度60%,风速3m/s;养生条件C3为温度20℃,湿度60%,风速0m/s。通过风箱来调整风量的均匀性和风速的稳定。试模尺寸300mm×450mm×50mm,每个试模内装入的混凝土质量保证在16kg±0.2kg,50Hz平板振动15s。振动结束后进行抹面、边部密封处理、喷洒养生剂、称重计时,然后置于不同的环境条件下开始试验。鼓风设备见图6-26。

图6-26 试验风箱

一般情况下温度越高、湿度越小、风速越快,混凝土表面的蒸发就越剧烈,JC 901 和 JT/T 522规定混凝土养生剂在温度40℃,湿度35%,风速0.5m/s条件下要满足75%的保水率。固定混凝土配比研究养生条件对混凝土蒸发量的影响,见表6-8。

混凝土配合比及工作性 表6-8

水泥(kg/m^3)	水灰比	砂率(%)	减水剂掺量(%)	坍落度(cm)
360	0.42	38	0.5	5

1)测试条件的比选

(1)C1 养生条件

标准保水率测试条件下,混凝土蒸发量数据在36h的时候基本达到稳定,BF、HB、JB 和 KX 养生剂能够满足规范规定的75%保水率要求,见表6-9。KX 保水率最大为91.8%,NS 保水率最小为73%。总体来看,温度40℃,湿度35%,风速0.5m/s的条件下,各养生剂的养生效果比较理想。

C1 条件下72h蒸发量试验 表6-9

养生剂类型	蒸发量(g/m^2)					蒸发量(kg/m^2)	保水率(%)
	12h	24h	36h	48h	72h		
BF	90	113	123	125	128	0.95	75.1
NS	94	120	130	135	139	1.03	73
HB	78	94	103	107	110	0.82	78.6
JB	87	109	119	123	126	0.94	75.5
KX	22	32	39	40	42	0.31	91.8
空白	209	312	475	502	516	3.82	—

(2)C2 养生条件

在降低温度,增加环境湿度和增大风速的环境条件下,12h达到了整个蒸发量的80%左右,24h就快速达到稳定,见表6-10。通常温度越高、湿度越小、风速越快,混凝土表面的蒸发就越剧烈;但是C2试验组降低了温度,增加了湿度,混凝土的蒸发量反而增大,说明风速从0.5m/s增大到3m/s对混凝土蒸发量的影响远远大于环境的温度和湿度。大部分保水率指标剧烈下降,并且呈现很大的差异化,其中NS养生剂的保水率甚至不足10%,BF、HB、JB养生剂的保水率在25%~45%之间,基本不能满足混凝土早期养生的要求,满足规范要求的只有

KX 一种,保水率保持在 89.7%。

C2 条件下 72h 蒸发量试验 表 6-10

养生剂类型	蒸发量(g/m²)					蒸发量(kg/m²)	保水率(%)
	12h	24h	36h	48h	72h		
BF	330	381	401	410	415	3.07	26.5
NS	402	475	498	514	518	3.84	8.1
HB	260	306	321	331	334	2.48	40.7
JB	311	368	386	398	402	2.98	28.8
KX	45	54	56	58	58	0.43	89.7
空白	438	517	543	559	565	4.18	—

(3)C3 养生条件

温度 20℃,湿度 60%,风速 0m/s 环境条件下,混凝土的蒸发量数据在 48h 基本达到稳定。通过比对发现,除了 KX 外,其他 5 组混凝土的蒸发量数值基本相近,对应的四种养生剂的保水率没有超过 20%,基本没有起到保水的作用,见表 6-11。养生剂的成膜条件有关,无风条件下,伴随混凝土泌水,水溶性养生组分成膜困难。仅仅只有 KX 快速成膜,满足了 75% 的保水率要求。同时虽然几种养生剂的保水效果较差,但是混凝土的蒸发量较小。

C3 条件下 72h 蒸发量试验 表 6-11

养生剂类型	蒸发量(g/m²)					蒸发量(kg/m²)	保水率(%)
	12h	24h	36h	48h	72h		
BF	73	121	140	162	164	1.21	14.8
NS	74	122	155	183	187	1.39	2.1
HB	72	110	129	153	157	1.16	18.3
JB	73	119	137	159	163	1.21	14.8
KX	20	32	40	41	42	0.31	78.2
空白	71	128	156	187	192	1.42	—

对比不同养生条件下的蒸发量和保水率数据,发现大部分混凝土养生剂的成膜保水效果随条件改变。风速是影响养生剂养生效果的最重要因素,改变风速,混凝土养生剂的蒸发量呈现较大的差异化,见图 6-27 和图 6-28。因此采用养生条件 C2 作为养生标准环境。

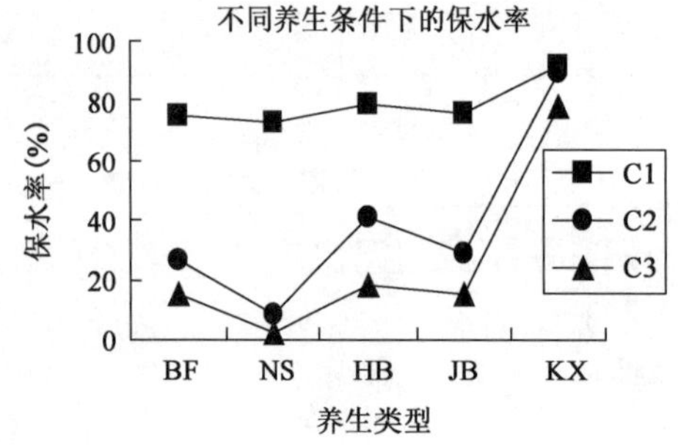

图 6-27 不同养生条件下的保水率

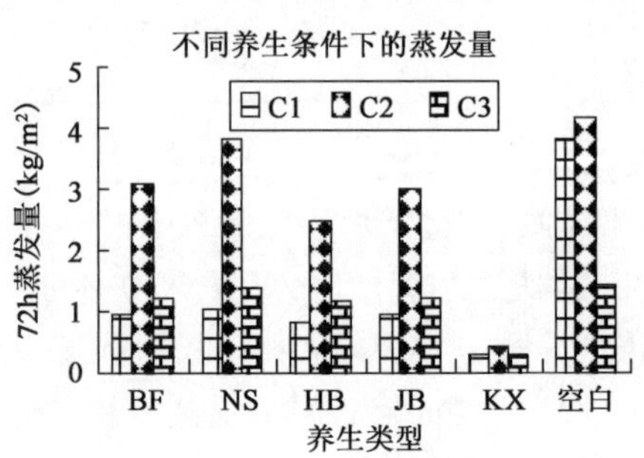

图 6-28 不同养生条件下的 72h 蒸发量

2)养生剂与路面混凝土蒸发率

蒸发率试验是将混凝土连同托盘放置在养生条件C2(温度为20±0.5℃,湿度为60±1%,风速3m/s),分3组分别比较3种不同养生剂养生的试件的蒸发率随时间的变化情况。试验按照表6-12所示配合比拌和混凝土,然后将拌和好的混凝土添加到长方体托盘内,经振动并抹平;电子天平上(感量不大于1g)。

混凝土配合比　　表6-12

水泥 (kg/m^3)	水 (kg/m^3)	砂 (kg/m^3)	减水剂 (%)	碎石 (kg/m^3)		
				0.5~1cm	1~2cm	2~3cm
370	155	693	0.3~1	246	246	739

第一组,将拌和好的混凝土分别装入2个托盘,振动抹平后,第1个托盘的混凝土不做任何处理,记为KB-1,直接置于电子秤上进行试验;第2个托盘的混凝土喷洒DG养生剂,喷洒剂量为0.25kg/m^2;第二组第1个托盘的混凝土不做任何处理,记为KB-2;第2个采用WS养生剂,记为WS;第三组第1个托盘的混凝土不做任何处理,记为KB-3;第2个采用BS养生剂,记为BS。为保证同组试验具有可比性,试验规定,从拌和混凝土加水至将装好的混凝土放到电子秤上的时间需保证在7min左右。7min后开始记录混凝土的质量,每隔15min记录一次,直至质量不再损失,试验规定连续1h内,质量损失小于2g即认为质量不再损失。

没有喷洒养生剂的混凝土质量损失较为严重,蒸发率最大值介于0.3~0.4$kg/(m^2 \cdot h)$之间。成型后约400min之前,质量损失最快;而400~720min之间质量损失速度稍有下降,但仍保持较快的速度。约1200min之后,质量损失明显下降,其后的300min里,质量基本不再发生变化。

WS养生剂在混凝土的保湿作用上表现突出,与没有喷洒养生剂的混凝土相比,WS养生剂养生的混凝土在硬化过程中蒸发率最大时仅为0.16$kg/(m^2 \cdot h)$,见图6-29。混凝土成型1200min后,水分蒸发渐渐趋向于0,虽然该时间较没有喷洒养生剂的混凝土相差不大,但这整个过程中,水分质量损失均较后者小。DG养生剂养生的混凝土在硬化过程中水分蒸发率最大值为0.19$kg/(m^2 \cdot h)$,较WS养生剂稍有逊色,见图6-30。混凝土成型1200min时,质量已不再损失。

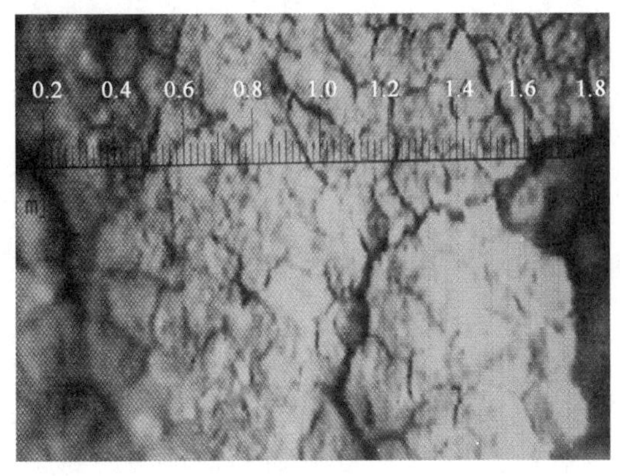

图6-29　混凝土硬化微观照片(WS养生剂)

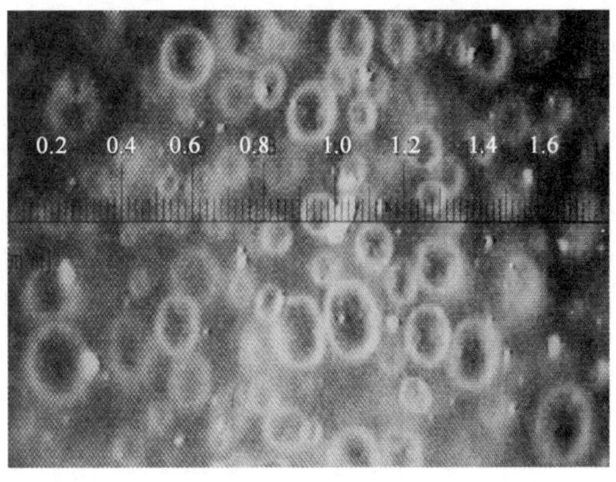

图6-30　混凝土硬化微观照片(BS养生剂)

混凝土的初凝、终凝时间分别接近450min和720min。混凝土初凝前，蒸发率较高，水分质量呈较快损失；初凝至终凝过程中，蒸发率仍然较高，但质量损失速度较初凝前有所下降；终凝后，水分质量损失明显下降，随时间增长，蒸发率逐渐趋于0。喷洒养生剂后，水分散失过程仍然可以分为这2个阶段，水分快速散失的时间减少至300min左右，成型500min以后混凝土质量基本不变。养生剂对混凝土不但起到了保湿作用，还缩短了其水分散失的时间进程。

3)路面混凝土的早期开裂试验

为对混凝土早期裂缝进行定量分析，通过试验测定混凝土板在不同养生剂下的平均开裂面积、单位面积的裂缝数目和单位面积上的总开裂面积，研究裂缝的形成和发展情况。

采用表6-12中的配合比，按照平板法早期抗裂试验方法的要求，采用3种养生剂进行早期开裂试验。第一组，将拌和好的混凝土分别装入4个开裂试验箱，振动抹平后，第1块混凝土不做任何处理，即空白组(记为KB-1)，第2~4块喷洒DG养生剂，剂量分别为0.2kg/m^2、0.3kg/m^2、0.4kg/m^2，分别记为DG-0.2、DG-0.3、DG-0.4。第二、三组与第一组相似，分别喷洒WS养生剂和BS养生剂，喷量和第一组保持一致。第二组的4块试件分别标记为KB-2、WS-0.2、WS-0.3、WS-0.4。第三组的4块试件分别标记为KB-2、WS-0.2、WS-0.3、WS-0.4。

随着养生剂喷量的增大，混凝土单位面积上的总开裂面积明显下降，尤其是WS养生剂，喷量增大到0.3kg/m^{2}时，开裂面积从1650mm^{2}下降到65mm^2。比较不同喷量的混凝土试件的裂缝宽度，则不难发现，喷洒养生剂有效地抑制了裂缝的发展，喷量为0kg/m^{2}的混凝土试件，最大裂缝宽度为0.84mm，而喷量为0.4kg/m^{2}的BS养生剂养生的试件裂缝最大宽度则只有0.38mm。喷洒DG养生剂和WS养生剂则差异不大，最大裂缝宽度为0.55mm。

随着养生剂喷量的增大，每条裂缝的开裂面积呈现明显下降趋势，尤其是WS养生剂，喷量增大到0.3kg/m^{2}时，每条裂缝的平均开裂面积从130mm^{2}下降到5mm^2。另外两种养生剂的养生的试件对应的开裂也均有不小程度的下降。

比较第一条裂缝出现的时间会发现，没有喷洒养生剂的开裂时间是在成型后的43min，而随养生剂喷量的增加，WS养生剂养生的混凝土试件第一条裂缝出现的时间推迟到了75min。同时，这一试件对于DG养生剂、BS养生剂分别推迟到了70min和110min。

另外，养生剂对抑制裂缝长度的发展也有一定的效果，没有喷洒养生剂的试件裂缝多为贯穿性的，长达500多毫米，而随养生剂喷量的增加，裂缝长度不断下降，其中BS养生剂养生的试件的裂缝多为细且短的小裂缝。和没有喷洒养生剂的混凝土试件相比，随养生剂喷量的增加，单位面积上裂缝条数也明显减少。

综合比较这三种养生剂，BS养生剂养生的试件裂缝多，但裂缝细小；DG养生剂养生的试件裂缝较白色养生剂少，但是宽度要大得多，平均开裂面积也大。BS养生剂则将前两者的优点融为一身，其养生的试件裂缝少，并且裂缝细小。

6.3.3 自行式防风雾化养生剂喷洒

混凝土路面喷洒养生剂能有效减小混凝土中水分蒸发率，减少混凝土塑性裂缝的产生。目前大多数养生剂均为液态乳胶型，使用普通喷雾设备(图6-31)很难喷洒，即使使用高压水枪设备(图6-32)也很难做到喷洒均匀。

图6-31　人工普通喷洒

图6-32　人工高压喷洒

混凝土路面养生剂喷涂机，适用于新建混凝土公路路面喷涂养生剂，使养生剂在混凝土路面形成一层薄膜，保护水分，从而起到养生新修混凝土路面的作用。该喷涂机是自主研发的新产品。它由车轮、机架、不锈钢喷洒系统（包括电动喷雾机、储液箱、搅拌器、滤清器、喷嘴、球阀、管道、接液盘等）、自动行驶驱动装置及变速操纵箱等组成。具有自动快慢前进、后退、自动转向（左转、右转）、均匀雾化喷洒和防风以及喷前纵向拉毛，单喷嘴补漏等功能，是新建混凝土路面理想的养生剂喷涂设备。

与传统养生剂喷洒设备相比，该喷涂机具备操作简单、喷洒效率高、喷洒效果均匀、不受大风影响、减少养生剂的浪费等优点，如图6-33和图6-34所示。设备结构主要包括：

图6-33　机械养生剂喷涂设备

图6-34　人工补喷侧面

（1）机架

养生剂喷涂设备机架由桥架及前挡风梁组成，桥架是用型钢方合组焊成的长10350mm，宽600mm，高500mm方型梁，梁的后面整个固定上2mm厚的钢板，梁的上面全铺上了3mm厚花纹板，整个喷洒系统全部安装在桥架上。人员可以从路的一侧经桥架上面走到另一侧。前挡风梁是用型钢方合组焊成的长9650mm，高350mm单片梁，并在前面固定2mm厚钢板，然后与桥架连接起来组成机架。

(2)小车

养生剂喷涂设备小车用10号槽钢焊成车架,并在车架前后各焊两个车轴支板,将轮胎、轮辋、轮毂、轴及轴承组装起来,装在支板上组成小车。

(3)挡风板

后挡风板是由2mm厚的钢板折弯并铣长孔,安在机架的后下部,长孔便于调整挡风板的高低;前挡风板是用2mm厚钢板折弯成型后固定在机架的前上方。两头两块可拆下,便于维护驱动装置;前挡风板即起挡风作用又可刮毛混凝土路面,它是用2.5mm厚的钢板铣长孔折弯固定上外购的特别毛刷,装在前挡风梁下面,并可根据刮毛情况,调节高低位置;侧面机架用2mm厚钢板挡住,小车内侧用软胶板挡风,用软胶板是便于检修车轴总成。由于挡风结构的存在,能有效防止因大风天气造成的养生剂喷洒不均匀,与养生剂的浪费。

(4)驱动装置

由Y90L-4型三相异步电动机,通过XWD型减速器,再经过Z=15的小链轮、节距为19.05的链条、Z=60的大链轮带动车轮旋转,实现喷涂机的前进、后退。通过变频器实现变速和左转、右转。

(5)电动喷雾机

用3kW电动机带动柱塞泵,给液体加压,经过管道上的喷咀实现雾化。

(6)储液箱

用不锈钢板组焊的两个储液箱,容积各为400L,置放在桥架两端之内。每个储液箱上设有一个加液口,并在加液口中,安放一个过滤网,承担养生剂的二次过滤任务。

(7)搅拌器

在两个储液箱上还分别装上0.25kW电动机,带动1∶15的减速器使搅拌器工作,其旋转速度为95r/min。

(8)过滤器

采用不锈钢双联过滤器,为了清洗方便,将其安装在桥架平台上面,每个月旋开端盖,抽出滤网进行清洗一次。

(9)喷管

采用ϕ38mm不锈钢管,在管上均布着17个向下的支管,在每个支管上用螺纹连接,固定着镍合金喷嘴,并在喷管的中部各设一个蛇形软管,可单独操纵的活动喷嘴,用以补充喷不到的地方。

(10)接液盘

采用1mm厚的不锈钢钢板折成盘形,接焊成通长的接液盘,并且套在喷管主管上,能放到喷嘴下面接着漏液,还能翻到喷管上面,不影响喷洒养生剂。接液盘的一端放一个接盆,接液盘接到的养生剂流到接盆内,再倒入储液箱内。有效减少了养生剂的浪费。

6.4 喷塑传力杆使用性能评价

由于传力杆布设偏差,混凝土收缩受到限制,应力无法在缩缝处释放,经常导致在传力杆端部出现断板。滑模摊铺机传力杆插入装置(DBI)在插入过程中,存在有偏差,为避免插入精度不够(传力杆位置不准确),必须对传力杆插入装置进行检测和校准。

水泥混凝土路面中常设置传力杆,以保证相邻板之间的传荷能力,减小板边缘和角隅处的挠度量,降低进入接缝的水和细粒的不利影响(如携细粒的水的高速喷射所引起的错台)。

目前,传力杆的施工方式主要有两种,一种是支架法(图6-35),主要是通过人工事先设置支架,把传力杆绑扎于固定好的支架上;一种是DBI法(图6-36),通过在滑模摊铺机上配备传力杆自动植入装置插入传力杆(DBI)。无论是支架法施工还是DBI施工,均受人为因素、施工因素以及混凝土自身材料性质的影响,使传力杆出现遗漏布设和水平面内、垂直面内偏差的现象。目前尚缺少手段获得硬化后路面中传力杆的空间位置。常见的钢筋探测仪探测深度不能探测到如此深度的钢筋分布(至少13cm以上的保护层厚度),同时探地雷达结果发现检测数据反分析困难,图像不易识别和钢筋位置判断不精确。因此亟须采用新技术进行量测。

图6-35 支架法

图6-36 DBI法

6.4.1 喷塑传力杆的加工

为保证传力杆在混凝土接缝处能够自由伸缩,白霍一级公路对传力杆采用了全长度喷塑处理,工厂化集中生产喷塑传力杆,见图6-37。

图6-37 工厂化集中生产喷塑传力杆

由于使用喷塑传力杆,使传力杆布设空间位置准确,有效防止了断板和错台现象,增强了缩缝的传荷能力,提高了路面板整体承载力。

6.4.2 硬化后路面传力杆空间位置探测

为了精确探测传力杆的空间位置,采用德国 MIT 公司生产的传力杆无损检测仪进行现场检测(图 6-38 和图 6-39)。该设备探测深度可达 50cm,探测精度在深度方向上为 ±4mm,在水平方向上为 ±8mm。该设备应用电磁涡流感应原理,当设备中通有交变电流的激励线圈从传力杆上方或附近移动过时,进入传力杆的交变磁场在传力杆中感生出方向与激励磁场相垂直的、呈漩涡状流动的电流(涡流),涡流转而产生一个与激励磁场方向相反的磁场,使线圈中的原磁场部分减弱,引起线圈阻抗的变化,进而得出检测结果。

图 6-38 MIT-SCAN2-BT 无损检测仪

图 6-39 接缝传力杆现场检测

测试路段位于某高速公路上,水泥混凝土路面板厚 32cm,传力杆直径 28mm,长度 500mm,理论埋置深度为 16cm。随机抽取了支架法施工的 20 条接缝和 DBI 法施工的 38 条接缝。检测施工后传力杆的空间位置分布情况如图 6-40 所示。

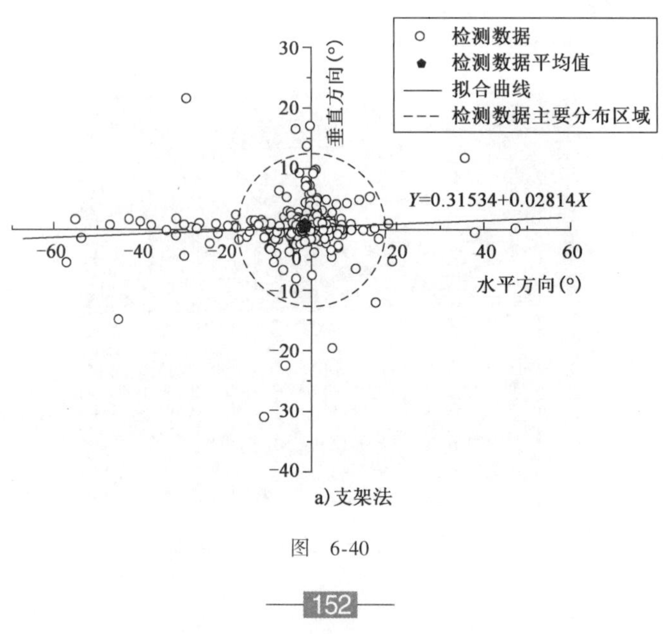

a)支架法

图 6-40

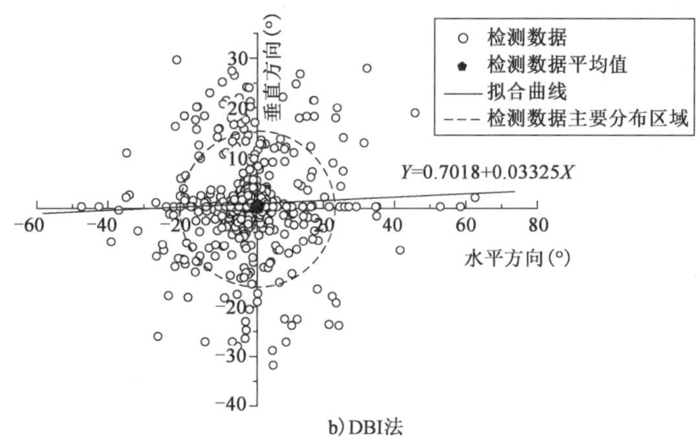

b) DBI法

图6-40　不同施工方式传力杆空间位置偏差情况分布

从图6-41可以看出，支架法施工传力杆空间偏差在水平方向为±15°，垂直方向±10°的范围内；DBI法施工传力杆空间偏差在水平方向为±20°，垂直方向±15°的范围内。

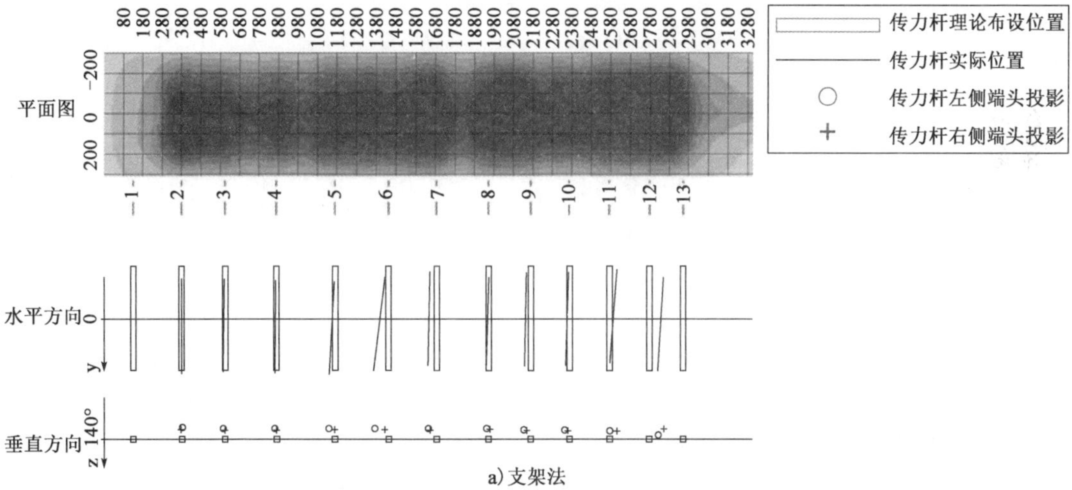

a) 支架法

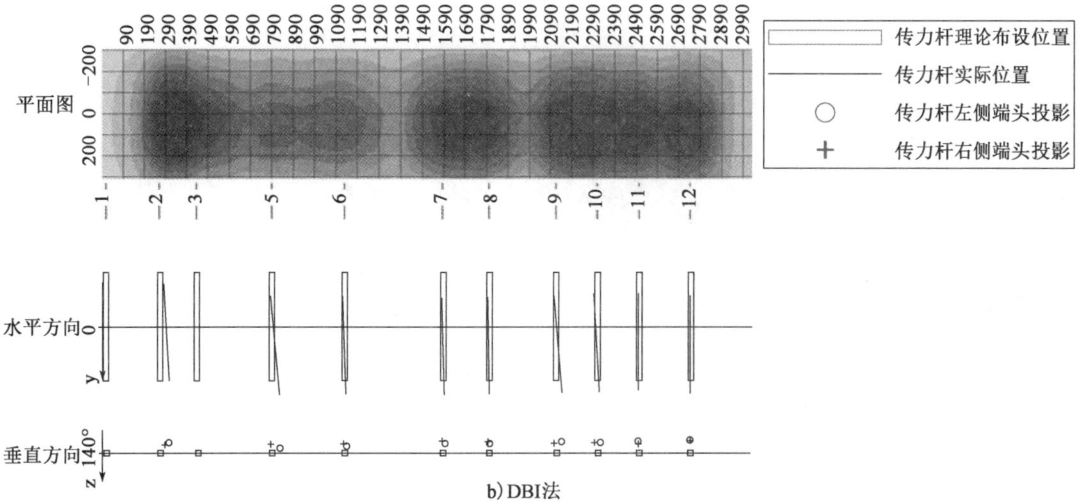

b) DBI法

图6-41　不同施工方式传力杆空间探测图像识别结果

表6-13汇总了不同施工方式传力杆空间探测的结果，表明传力杆支架法的施工精度优于DBI法施工精度。

不同施工方式传力杆空间探测结果(%)　表6-13

传力杆状态	支架法		DBI法	
	水平面	垂直面	水平面	垂直面
缺失	8.8	8.8	11.1	11.1
≤5°	70.0	85.0	63.4	66.8
>5°,≤10°	6.5	3.1	9.3	9.3
>10°	14.6	3.1	16.2	12.8

通过对检测数据和现场施工资料进行分析，发现在支架法施工过程中，存在传力杆的缺失现象；同时混凝土的振捣，也会导致传力杆布设位置产生偏差。在DBI法施工过程中，同样存在传力杆缺失的现象；同时在混凝土硬化阶段，传力杆由于自重，在塑性混凝土中产生不均匀沉降；或者插入时由于混凝土的粗细集料分布差异造成传力杆位置偏差。支架法施工的传力杆空间定位精度要优于DBI法施工的传力杆空间定位精度。

6.5　混凝土面层的接缝与施工

混凝土面层的接缝类型有纵向接缝和横向接缝两种。

6.5.1　纵向接缝中的拉杆

拉杆采用直径16mm的螺纹钢，长度800mm，中间部位采取防锈处理，设在面板中间，间距600mm。纵向接缝分纵向真(施工)缝和纵向假缝。

1)纵向施工缝

(1)L形拉杆

根据板块划分尺寸要求，同时当不能一次性全横断面施工时，就必须分幅施工。分幅分次施工必然形成纵向施工缝，此施工缝为真缝。纵向施工缝中的拉杆不需要支架固定，摊铺行进过程中，在加长模板后采用拉杆插入设备安装拉杆(图6-42)，避免人工手动插入。当然如果混凝土坍落度控制不好，在滑模机行走后，许多工程需要用侧模支挡侧壁一段时间，以避免塌边；此时应注意侧模板的宽度(太宽，影响插入)和插入拉杆的时间。

图6-42　拉杆插入设备安装拉杆

在插入拉杆后，为了防止可能发生的异常情况对拉杆的位置产生的潜在破坏，并尽可能减小拉杆伸出端对施工的影响，增大施工作业空间，宜将拉杆的伸出端向斜下方弯曲(图6-43)，即L

形拉杆，靠近混凝土板边。在摊铺另一幅路面前，再由人工套管将拉杆位置调整回正常水平方向。插入的侧向拉杆应牢固，不得松动、碰撞或拔出。若发现拉杆松脱或漏插应在横向相邻路面摊铺前，钻孔重新植入。

(2)纵向真缝的切割顺直处理

为了增加美观，保证纵向施工缝的顺直，必须对纵向施工缝进行切割，一般切割深度为10cm，切割边最小厚度为3～5mm。在切割后，用清水清洗切割面，待切割面彻底干燥后，立即用嵌缝专用双面胶贴在切割面。专用嵌缝双面胶的宽度为2.5cm，厚度5mm，嵌缝双面胶与混凝土的黏结力、弹性恢复和低温性能应和嵌缝料的要求。

2)纵向假缝

当一次摊铺宽度为2个车道及以上时，应设纵向施工缝，形式为带拉杆的假缝，应采用拉杆钢筋支架预先安装拉杆(图6-44)，并在摊铺开始前摆放到预定位置。施工时为了准确定位，请用红色喷壶，标记支架左右位置。同时为了防止拉杆妨碍料车后退倒料，一般可行的方法是让料车倒料后，由一组人工按预定的位置安装拉杆支架，并用射钉枪固定支架。注意拉杆在靠近传力杆时，应取消拉杆，以避免拉杆和传力杆冲突，保证拉杆距离横缝45cm，距传力杆至少15cm的距离(图6-45)。

拉杆采用直径为16mm的螺纹钢筋，长度为0.8m，间距为50cm。拉杆中间10cm区域需要均匀喷涂0.2mm的防锈涂层，对拉杆起到防止锈蚀的作用(图6-46)。拉杆位于板厚中央。

图6-43　L形拉杆

图6-44　沿路线方向的拉杆钢筋支架

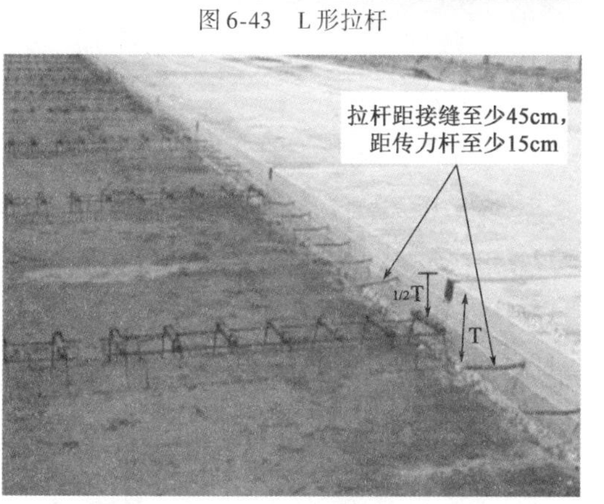

图6-45　传力杆和拉杆的相对位置

图6-46　拉杆中间10cm区域喷防锈涂层

拉杆的支架钢筋采用光圆钢筋，钢筋直径12mm，Q235。纵缝的切割深度，第二次扩缝的深度和相应灌缝的要求同横向缩缝。

6.5.2 横向接缝

分为缩缝、施工缝、胀缝（均设传力杆）和隔离缝（不设传力杆）。

1）缩缝

当用DBI方法插入传力杆时，不需要架立钢筋，传力杆直接挤入新拌混凝土中。混凝土面板缩缝设置如图6-47所示，每隔4.5m等间距设置缩缝并布设传力杆。当有支架时推荐使用“八”字形架立钢筋，这种模式省钢筋且移动传力杆支架时刚度大，见图6-48和图6-49。也有使用“U”形架立钢筋的情况，见图6-50～图6-52。

图6-47 DBI施工时传力杆示意图

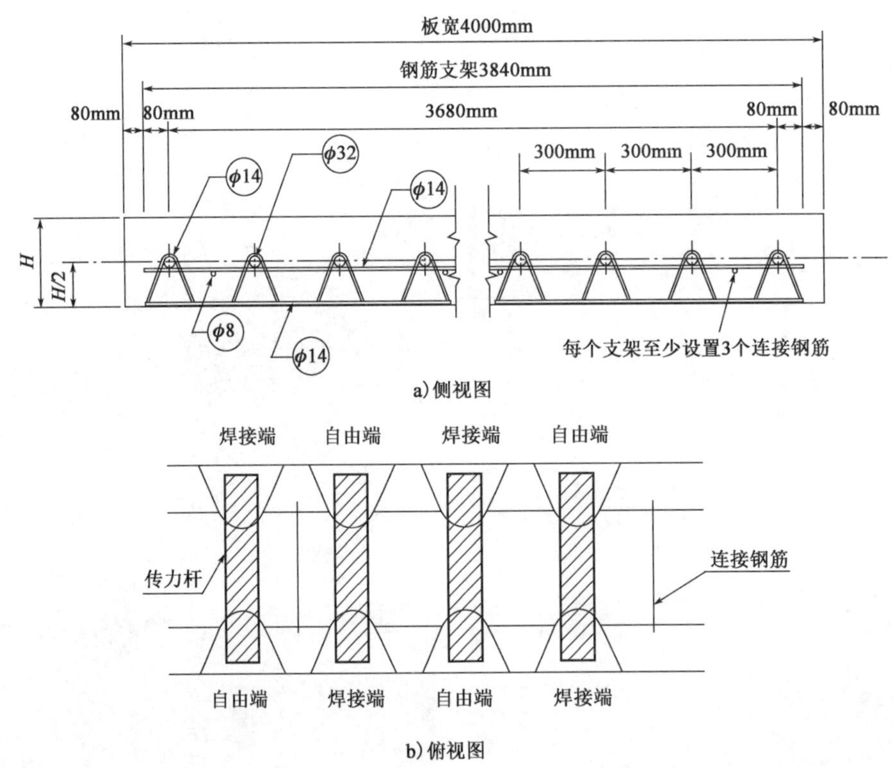

图6-48 “八字”形架立钢筋和传力杆

2）施工缝

若每天摊铺结束或摊铺中断超过一定时间，则应设置横向施工缝。其位置宜与胀缝或缩缝重合。横向施工缝应与路中心线垂直。采用平缝加传力杆形式当不设支架时，见图6-53，施工缝传力杆不齐时，见图5-54。

a)半刚性基层

b)粒料基层

图6-49　“八”字形缩缝架立钢筋和传力杆现场施工

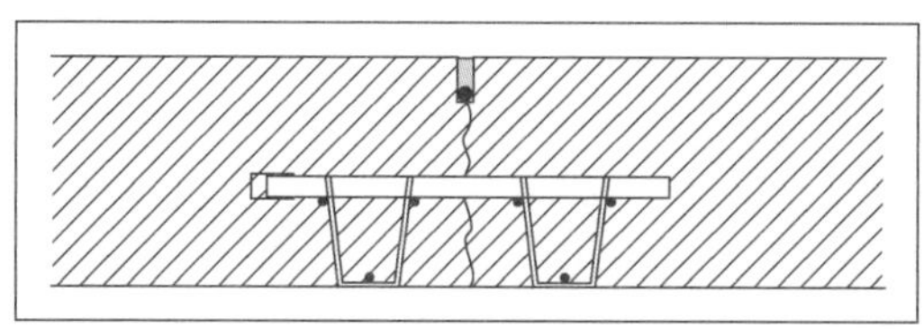

a)接缝横断面

b)现场施工

图6-50　“U”形架立钢筋和传力杆

图6-51　半刚性基层上固定方法

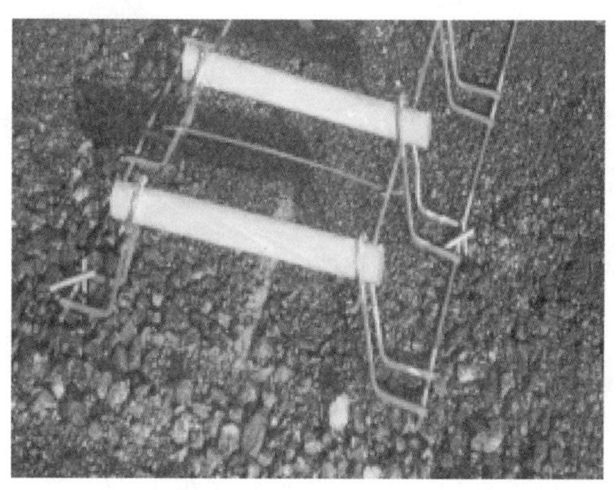

图6-52　粒料基层的固定方法

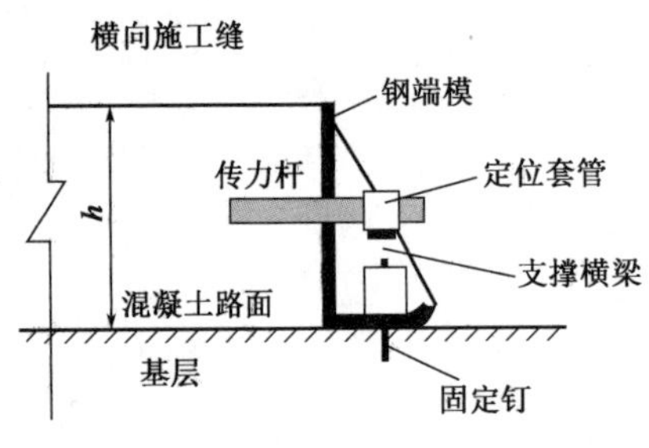

a）示意图

b）现场施工图

图 6-53　施工缝

图 6-54　施工缝处传力杆参差不齐

3）胀缝

在邻近桥梁或其他固定构造物处应设置横向胀缝（图 6-55）。

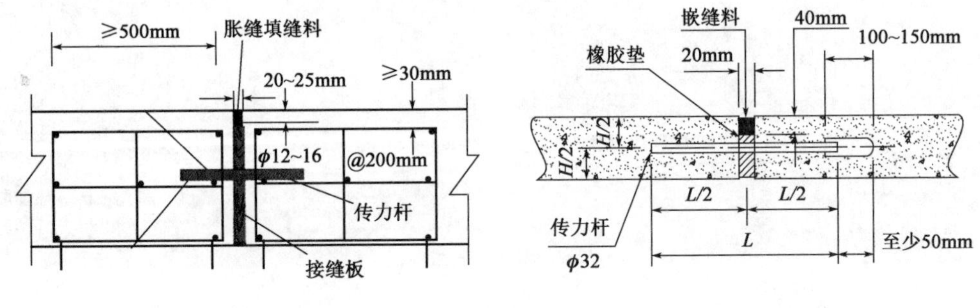

a）架立钢筋示意图

b）传力杆细部图

图 6-55　胀缝

4)隔离缝

使用摊铺机配备的DBI铺筑时,每条缩缝插传力杆普通混凝土路面连续长度超过500m时,应在两个构造物之间设置总长不大于500m的隔离缝。隔离缝中不设传力杆,只设胀板隔离(图6-56)。

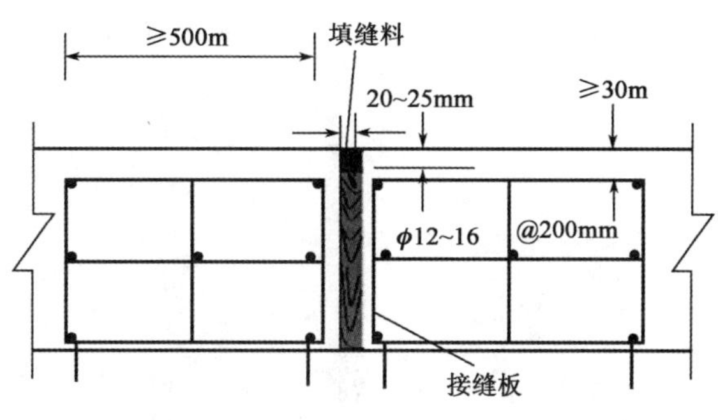

图6-56 隔离缝

6.6 混凝土面层切缝、填缝施工工艺

6.6.1 混凝土面层切缝

1)横向缩缝切缝时间

混凝土面层按4.5m间距切横缝,并对应路面切纵缝;切缝时间应根据成熟度理论进行,当混凝土的成熟度达到200℃h,可以进行切缝施工。应保证切缝的及时、顺直,切缝时应避免掉块和损坏边角。

有传力杆缩缝的切缝深度应为1/3~2/5板厚,最浅不得小于80mm;无传力杆缩缝的切缝深度应为1/4~1/5板厚,最浅不得小于60mm。混凝土面层横向缩缝应按4.5m等间距布置,不宜采用斜缝。

2)纵向缩缝切缝时间

对已插入拉杆的纵向缩缝切缝深度不应小于1/3~2/5的板厚,最浅切缝深度不应小于80mm。

3)切缝要求

纵、横缩缝宜同时切缝。缩缝切缝宽度宜控制为6±1mm,锯片厚度不宜小于5mm,切缝时锯片晃度不应大于2mm。可先用薄锯片锯切到要求深度,再使用5mm厚锯片扩宽填缝槽或直接使用台阶叠合锯片一次切成。填缝槽宽度宜为8±1mm,深度宜为12~15mm。

切缝前依基准线桩位置垂直路中心线放样(弹墨线),横向缩缝应垂直于路线中心线,直线段与中线垂直,曲线段(含缓和段)沿曲线半径方向布设。

6.6.2 混凝土面层切缝、填缝施工工艺

工艺流程为:切缝→扩缝→清缝→压条→配制填料→填缝→补缝收缝及养生。

1)切缝(纵向和横向)

采用桁架切缝装置(图6-57)进行切缝,相比小型机具切缝,更能够保证切缝与路中心线垂直;切缝更为顺直;切割深度需均匀,这样还可为后续硬刻槽和标线施工提供基准。

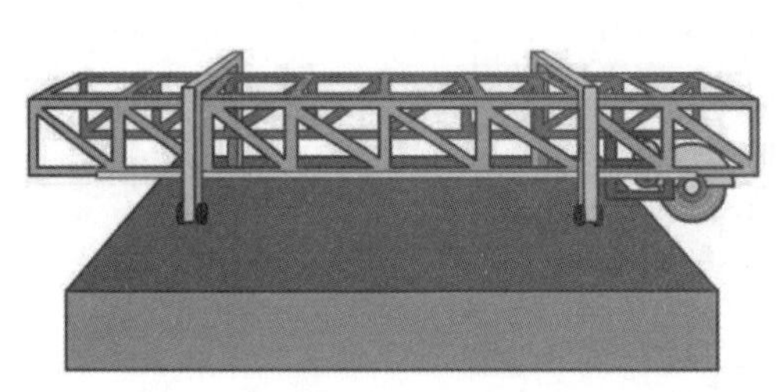

图6-57 桁架式锯缝

所有的接缝在切割时,要清洗干净。并配备吸尘器、废水回收装置等(图6-58和图6-59)。切缝时用来冷却刀头的水,要能够收集并排走,不要积聚在路表。

图6-58 德国横缝切割机器

图6-59 废液排除装置

2)扩缝

用切缝机把混凝土路面原有的纵缝、缩缝进行扩切,深度大于3cm,宽度8±1mm,锯缝机使用的锯片厚度6mm。(图6-60)

3)清缝

用机械钢丝刷进行缝内清刷,直至将污染及杂物彻底清刷干净;在确保缝内清洁、干燥的情况下,使用能够达到6kg压力的压缩机,用软管连接3分钢管,钢管前段砸扁并弯曲45°,将其前段塞进缝中用高压气将缝内的杂物、灰尘清除干净。(图6-61)

4)压条

用带限位卡的专用工具将背衬条压入缝内(图6-62),限位卡指示的深度为1.5cm另加

0.2cm(因背衬条在压下去以后会回弹0.2cm)胀缝深度为3cm,缩缝、纵缝的深度为1.5cm。

图6-60 扩缝

图6-61 清缝

图6-62 压入背衬条

5)嵌缝料配料

严格按照组合要求(甲组分一小桶,乙组分一大桶)配料并搅拌均匀,要保证搅拌时间15min,检查颜色是否均匀、稠度和流动性是否符合要求,不合格的绝不允许使用。要使用冲击钻改制的搅拌器,搅拌器前端为钢筋十字架,十字架长度约15cm,搅拌时要上下来回搅拌,不允许人工搅拌,见图6-63。

图 6-63 嵌缝料

6）填缝

在灌缝前首先检查背衬条的深度是否符合要求，同时检查缝槽是否受到污染，符合要求方可进行灌缝作业。接缝细部图和专用灌缝机具见图 6-64。在规定时间进行由低往高缓缓灌入，以确保缝内的空气排除干净，防止缝内封闭的空气在填缝料凝固过程中逸出而造成气孔，检查灌缝是否密实、饱满、平顺，颜色等是否符合要求，否则及时返工处理。

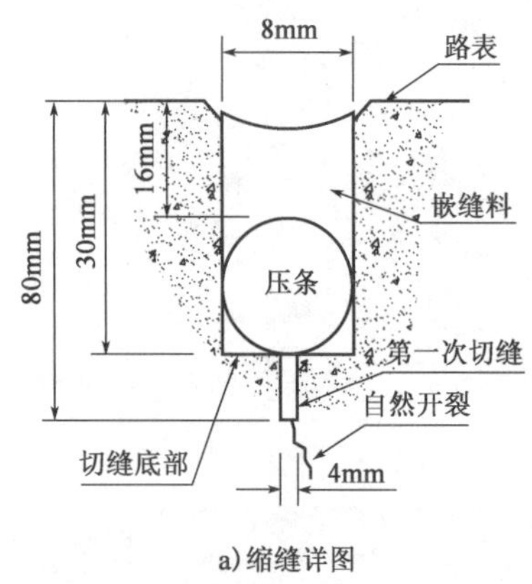

a）缩缝详图

b）现场灌封

图 6-64 灌封

各种缩缝灌缝的形状系数应控制在 1 ~ 1.5 之间，灌缝深度宜为 15 ~ 20mm，最浅不得小于 15mm。先挤压嵌入直径 9 ~ 12mm 多孔泡沫塑料背衬条，再灌缝。灌缝顶面热天应与板面齐平；冷天应填为凹液面，中心低于板面 1 ~ 2mm。填缝必须饱满、均匀、厚度一致并连续贯通，填缝料不得缺失、开裂和渗水。

7）胀缝

路面胀缝和桥台隔离缝应在填缝前，凿去接缝板顶部嵌入的木条，涂黏结剂后，嵌入胀缝专用多孔橡胶条或灌进适宜填缝料。当胀缝宽度不一致或有啃边、掉角等现象时，必须灌缝。见图 6-65。

8）补缝收缝及养生

对局部未灌满的缝进行人工修补，修补时要严格注意不能污染路面。

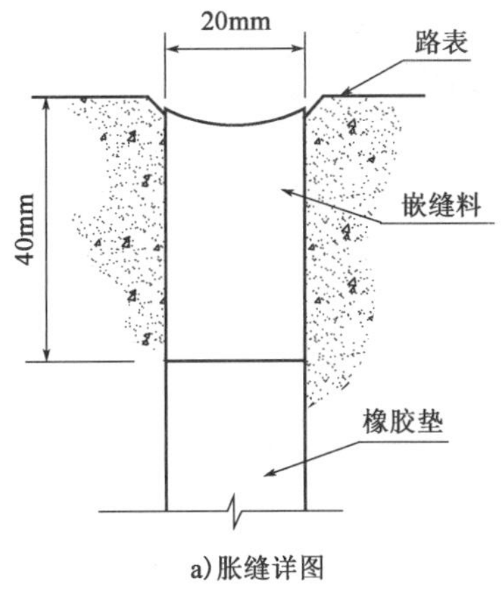

a)胀缝详图

b)现场施工完成后

图 6-65 胀缝

对高出路面部分的填缝胶进行人工收缝,以确保缝的高度均匀一致,外形美观。

灌缝完毕,由专人负责养生,防止灰尘、水以及杂物等的侵入,在未成型之前,严禁任何车辆行驶,以防污染路面。

6.7 混凝土面层抗滑构造施工

混凝土面层抗滑构造施工分为细观抗滑构造和宏观抗滑构造两部分。

6.7.1 细观抗滑构造施工

摊铺完毕或精整平表面后,宜使用钢支架拖挂 1 ~ 3 层叠合麻布、帆布或棉布,洒水湿润后作拉毛处理。布片接触路面的长度以 0.7 ~ 1.5m 为宜,细度模数偏大的粗砂,拖行长度取小值;砂较细,取大值。人工修整表面时,宜使用木抹。用钢抹修整过的光面,必须再拉毛处理,以恢复细观抗滑构造。见图 6-66。

图 6-66

图 6-66　细观纹理

6.7.2　宏观抗滑构造施工

混凝土路表刻槽是保证行车安全性的路面抗滑性能设计主要项目，是构成路表面宏观构造和排水设计的必要形式。混凝土路面在干燥状态下具有较高的抗滑能力，但当路面积水形成水膜时，轮胎与微观构造失去接触，从而引发交通事故，因此路表刻槽设计更应考量排水性能，刻槽工艺要确保路表的雨水能迅速排离。

混凝土路面刻槽参数有 5 个，分别是槽型、槽宽、槽深、槽间距和槽走向。

槽越宽，构造深度值越大。但是，槽宽超过一定时，对路面抗滑性能不再有明显影响，而且有可能影响路面平整度。经国内相关研究槽宽大于 5mm 时，对抗滑不起作用，因此槽宽选在 3 ~ 5mm 较为合理。

常用的硬性刻槽形状有矩形、梯形和倒三角形。国内对于槽型的选择，主要还是以矩形为主，只有广东深汕东高速和徐州观音机场跑道采用的是梯形槽型。

槽深的取值决定于行车速度、路面平整度和耐磨度。在车辆高速行驶，槽深低于 2mm 时，抗滑不起作用，因为当路面高低不平整达 2mm 时，凹区就没有槽纹了；同时槽深也决定到路表的排水能力，刻槽深度建议为 3 ~ 6mm。

槽走向的选择要根据路面行驶状况决定，槽走向有横向、纵向（图 6-67）、斜向（图 6-68）三种，国内主要以横向刻槽为主，国外以纵向、斜向为主；横向刻槽主要保证向前行驶动力、刹车的制动距离；纵向刻槽能防止侧滑，提高侧向制动力。对于直线路段宜采用横向刻槽；转弯路段宜采用纵向刻槽。

槽间距的选择要从抗滑性能及降低路面噪声污染两个方面考虑；从保证抗滑力的角度出发槽间距越小越好。但是槽间距过小，一是施工不便，二是耐久性差，槽边易造成类似啃边、掉边病害。当板块分割规整且在直线段时，可采用桁架刻纹机。当板块不规则时或弯道处，使用桁架刻槽机会出现如图 6-69、图 6-70 所示问题。此时应采用人工刻纹机进行（图 6-71），人工小机械刻槽的优点是，可以根据缩缝两头的距离，将中间多余的尺寸平均划分。

噪声测试发现变间距刻槽优于斜向刻槽，斜向刻槽优于纵向刻槽，纵向刻槽优于等间距横向刻槽。为了降低噪声，可以采用变间距的方法。此方法就是把槽的间距设置为不同，并作适当排列（图 6-72）。这样在特定的频率下集中的音能量被分散成宽频带的音，从而变化成平滑,使人的耳朵不易感觉得到。

图6-67 纵向刻槽

图6-68 斜向的刻槽(1:6)

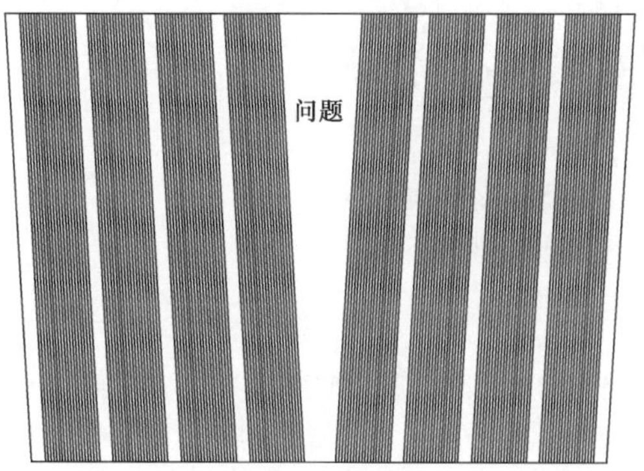

图6-69 不规则板块刻槽问题之一

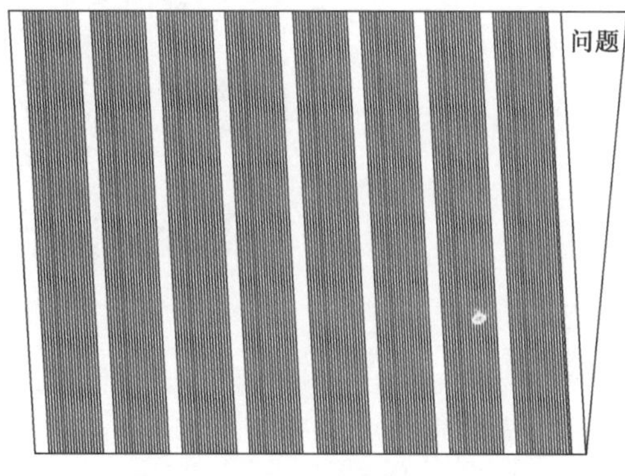

图6-70 不规则板块刻槽问题之二

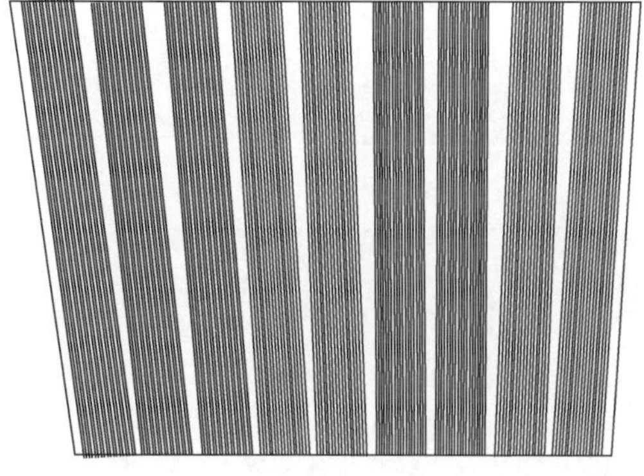

图6-71 不规则板块正确刻槽形式

图6-72 变间距刻槽

宏观抗滑构造采用硬刻槽,可采用等间距刻槽,刻槽深度应为3mm,槽中线间距为25mm±1mm。槽型可为矩形槽或梯形槽,若为梯形槽,上底宽5mm,下底宽3mm。刻槽采取19个槽为一组,组与组间距为50mm(间距均以槽中线控制);每块面板起始槽距切缝距离为

75mm(间距均以槽中线控制),见图6-73。

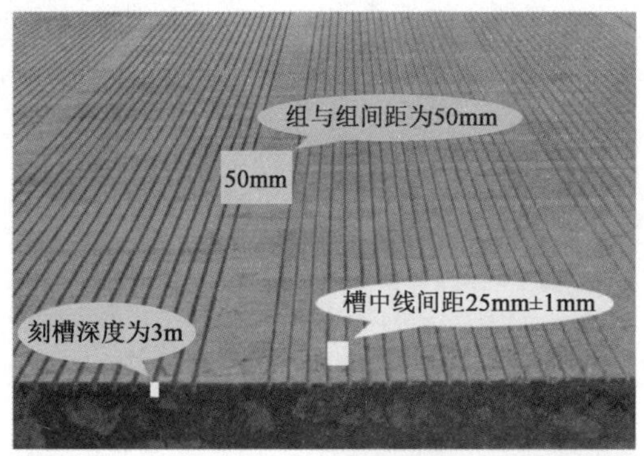

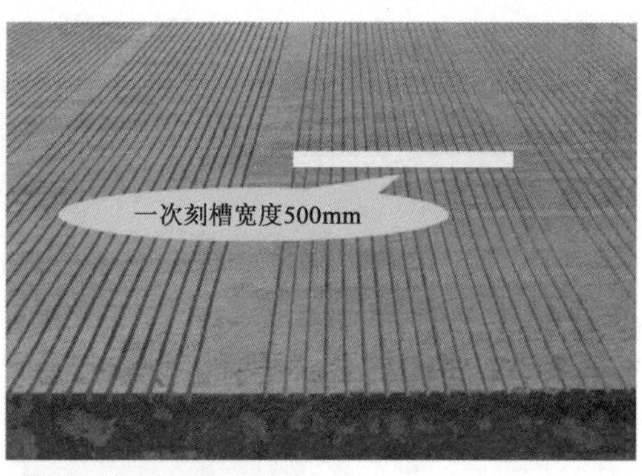

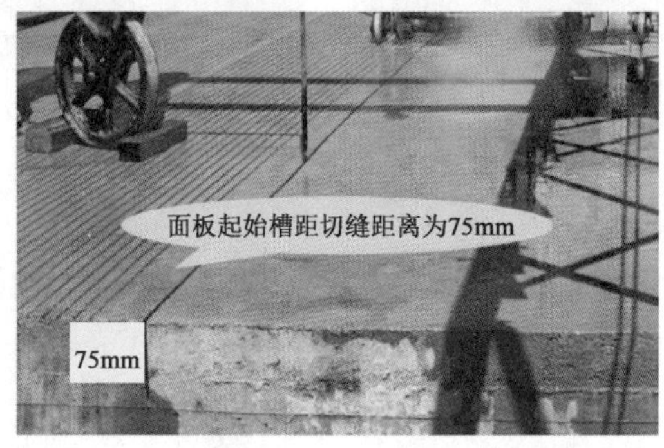

图6-73　刻槽纹理

硬刻槽机重量宜重不宜轻,一次刻槽最小宽度不应小于500mm,硬刻槽时不应掉边角,亦不得中途抬起或改变方向,并保证硬刻槽到面板边缘。抗压强度达到40%后可开始硬刻槽,并宜在两周内完成,在摊铺后4、5d内进行刻槽,再往后锯齿磨损厉害。硬刻槽后应随即冲洗干净路面,并恢复路面的养生。水平弯道应切割为纵向槽,每块面板刻直,在缩缝处略微转向。

为保证路面宏观抗滑构造要求,采用了桁架式双刀组刻槽的施工机具(图6-74)。采用桁架式双刀组刻槽的施工机具可以避免很多小型机具产生的刻槽缺陷,具有间距均匀、线条直顺、槽深槽宽一致的特点,整齐美观。

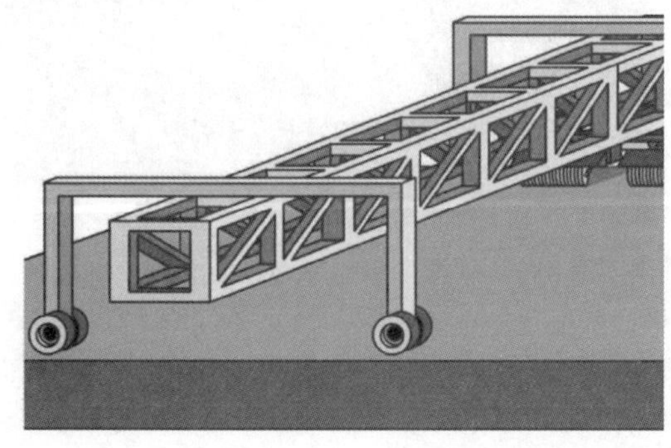

图　6-74

图6-74 桁架式双刀组刻槽施工机具

6.8 本 章 小 结

本章探讨和阐述的主要内容为:

(1)混凝土拌和站在静态标定的基础上进行了动态标定,使各材料的计量误差满足规范要求。通过试拌,最终确定路面混凝土的最佳搅拌时间,使混凝土既满足施工要求,又提高生产效率。

(2)通过试验确定基准线的拉力要求,直径2mm钢绞线拉力≥1kN,直径3mm钢绞线拉力≥2kN。通过对传力杆位置破检,以及对DBI的标定,有效的保证传力杆在混凝土的位置。通过在搓平梁上进行加振改进,消除了传力杆插入后留下的混凝土缺陷。

(3)使用常温施工式改性硅酮填缝材料耐嵌入性强,与混凝土路面接缝两侧面黏附性强,有效地保护了路面的胀、缩缝的功能,延长了公路的使用周期。水泥混凝土路面填缝施工必须在路面干燥后进行,否则容易造成填缝料脱黏,黏结强度降低。

(4)没喷洒养生剂时,道路混凝土蒸发率幅值介于0.3~0.4kg/(m^2.h)。喷洒养生剂后,幅值下降,介于0.16~0.19kg/(m^2.h);道路混凝土的水分散失过程分为这3个阶段:初凝前,蒸发率较高,水分质量呈较快损失;初凝至终凝过程中,蒸发率仍然较高,但水分损失速度较初凝前有所下降;终凝后,水分质量损失明显下降,蒸发率逐渐趋向于0;使用养生剂不仅对混凝土起到了保湿作用,还缩短了其水分散失的时间进程;养生剂对混凝土裂缝的数量、长度和宽度均有明显的抑制作用。随养生剂喷量的增加,这种抑制作用愈加明显。

(5)随着水泥水化反应的加快,路面板中间层受路表导热、板周围及自身水化热的综合影响,温度要比其他深度处的温度高;喷白色涂料及铺草垫两种养生方式对降低水泥混凝土路面内的温度及减少温差有很大的作用,这有利于降低新铺水泥混凝土路面内的温度应力,减少裂缝的产生;由于铺草垫和喷白色涂料的混凝土路面板受气温和太阳辐射等环境因素的影响相对较小,其凝结时间比其他两种养生方式要稍微晚些,这有利于施工中混凝土拌和料的运输和浇筑;新铺混凝土路面板白天路面板板边温度要稍高于板中心的温度,夜晚板沿水平方向温度趋于一致;路面板的应变与温度场具有密切的关系:无约束条件下,路面板温度高时,板体膨胀产生拉应变;温度低时,板体收缩可产生压应变;路面板同一深度处应变变化幅度与温度的变化幅度具有一致性;且路面板不同深度处的温差越小,其应变差也变小。

(6)自行式防风雾化养生剂喷洒设备,与传统养生剂喷洒设备相比,该喷涂机具有操作简单、喷洒效率高、喷洒效果均匀、不受大风影响、减少养生剂的浪费等优点。

(7)不同表面处理方式传力杆的拉伸试验中,在设定荷载大小和循环次数均相同的情况下,喷塑处理过的传力杆最终位移量较大,涂沥青的传力杆和涂黄油的传力杆最终位移量次之,包保鲜膜的传力杆和未处理的传力杆的最终位移量相差不大,都较小。由此再次证实,当传力杆经过喷塑处理后,由于喷塑膜层的存在,使该种处理方式的传力杆较其他几种处理方式的传力杆容易在混凝土中产生松动,更容易达到水泥混凝土路面设置传力杆的工作要求。

(8)采用桁架切缝装置进行切缝,相比小型机具切缝,更能够保证切缝与路中心线垂直;切缝更为顺直;切割深度均匀;还可为后续硬刻槽和标线施工提供基准。

(9)采用桁架式双刀组刻槽的施工机具可以避免很多小型机具产生的刻槽缺陷,具有间距均匀、线条直顺、槽深槽宽一致的特点,整齐美观。

第7章　接缝、排水与健康监控系统

路面使用寿命的长短和接缝、排水有关，除与建设质量好坏有关外，在很大程度上取决于养生工作的好坏。水泥混凝土路面作为高等级路面，虽然具有使用周期长，养生工作量小，耐久性好的特点，但一旦出现破坏，其破损就会迅速发展，且很难修复。当前，大多数道路养生管理部门仍然采用传统的手工作业方式对路况病害数据进行分析及决策，其数据量大、任务繁重、信息反馈速度慢，严重制约了道路养生维修工作效率的提高。鉴于此，有必要设计开发一套全面管理路况病害数据的信息系统，以简化管理流程，提高工作效率。

7.1　接缝与排水系统

7.1.1　板块划分

水泥混凝土路面在摊铺时需要考虑板块的划分，以便进行滑模施工时进行幅宽安排和纵向切缝。由于现行的水泥混凝土路面施工规范并未明确规定纵向切缝的位置，现场施工中经常出现切缝与路面标线位置重合的情况，或者其他一些不利于结构受力的工况。

水泥混凝土路面由于混凝土材料模量较大且没有松弛效应，所以随着温度的变化会在路面板内部产生各种形式温度应力（伸缩温度应力、翘曲温度应力和内应力）。为了减小混凝土板内的温度应力，需要在混凝土板摊铺结束若干小时后对水泥路面进行纵、横向切缝，以降低温度应力。切缝的位置对路面板的受力状况以及行车舒适性都有直接影响。设计规范中均只对水泥板块的尺寸做了简单的限制，并未对不同等级道路的实际情况提出滑模或者三辊轴施工幅宽和纵向切缝的位置提出明确的要求。现场施工中可能会出现切缝和车道线重合的情况，或者车道线外侧和纵缝重合的情况，造成路表排水不畅。还有，由于纵缝布置的问题，造成车辆左右两侧轮胎各行驶在两个不同板块上，从而影响路面结构受力。在此，针对不同等级、不同车道数以及不同设计速度的水泥混凝土路面的切缝位置提出建议，为水泥混凝土路面的施工提供参考。

1）道路边缘线、车道线的有关规定

《公路工程技术标准》（JTG B01—2003）将我国公路按照等级、车道数以及设计速度的不同分为20种断面类型，并对每一种类型的路基宽度和车道宽度做出了明确的规定。同时，《公路交通标志和标线设置规范》（JTG D82—2009）中也对车道线的设置方法给出了相应的标准。按规定，道路边缘线的宽度一般为20cm，车道分割线的宽度一般为15cm。内侧车道和外侧车道的车道宽度规定为道路边缘线的内侧到车道分割线中点的距离，中间车道的车道宽度规定为两条车道分割线中点间的距离，图7-1所示为车道宽度示意图。

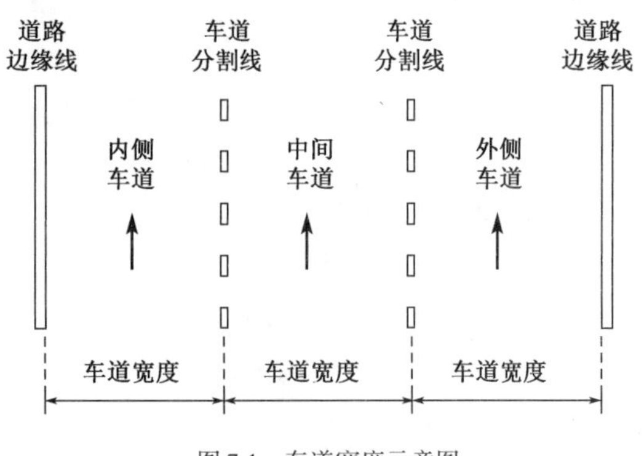

图 7-1 车道宽度示意图

2)水泥混凝土路面切缝断面形式

水泥混凝土路面施工形式主要分为滑模施工和三辊轴施工两种。大型滑模机的摊铺宽度可以达到 16m。受施工设备、后场拌和能力等相关因素影响,目前我国大多数水泥混凝土路面采用单次摊铺幅宽 8.5m。据此,以最大摊铺宽度为 8.5m 为例,针对不同断面形式,取其采用设计一般值时的整体式断面宽度。下面以设计速度为 120km/h 的双向四车道高速公路为例,对其纵向切缝方法进行说明。

根据《公路工程技术标准》(JTG B01—2003)相关规定,设计速度为 120km/h 的双向四车道高速公路半幅路面宽度(不含土路肩)为 17.5m,其中左侧路缘带 0.75m,两条车道宽度均为 3.75m 右侧硬路肩宽度 3.5m,土路肩 0.75m。每幅路面分两次摊铺,摊铺宽度分别为 8.5m 和 3.25m。在距路面左侧边缘 4.75m 处进行人工切缝,使得宽度为 11.75m 的路面分为 4.75m, 3.75m 和 3.25m 三部分。断面形式的切缝方法如图 7-2 ~ 图 7-21 所示。

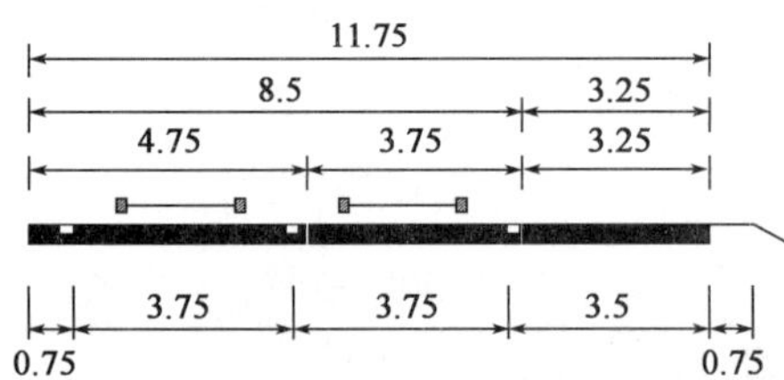

图 7-2 高速公路 120km/h 四车道(尺寸单位:m)

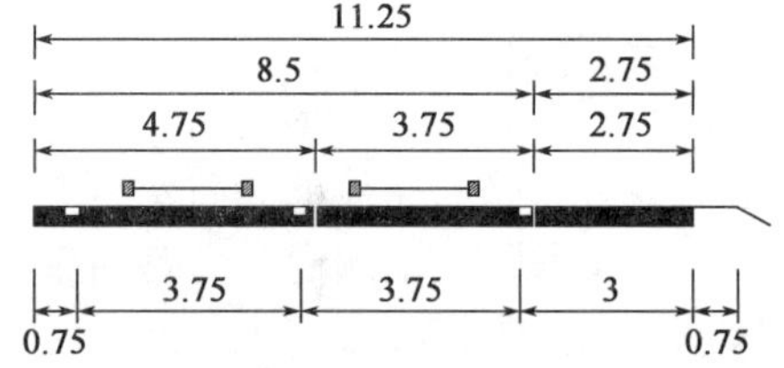

图 7-3 高速公路 100km/h 四车道(尺寸单位:m)

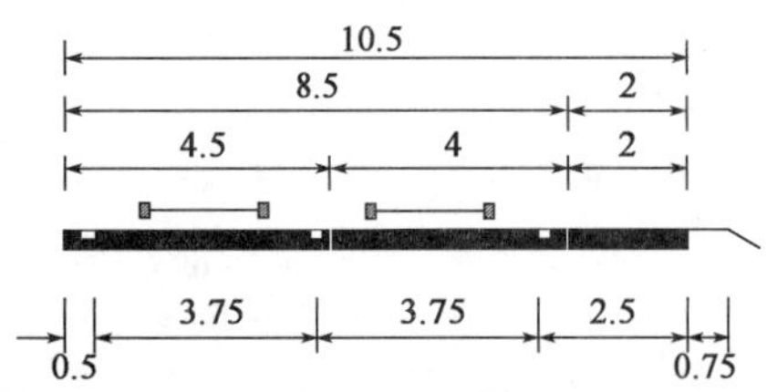

图 7-4 高速公路 80km/h 四车道(尺寸单位:m)

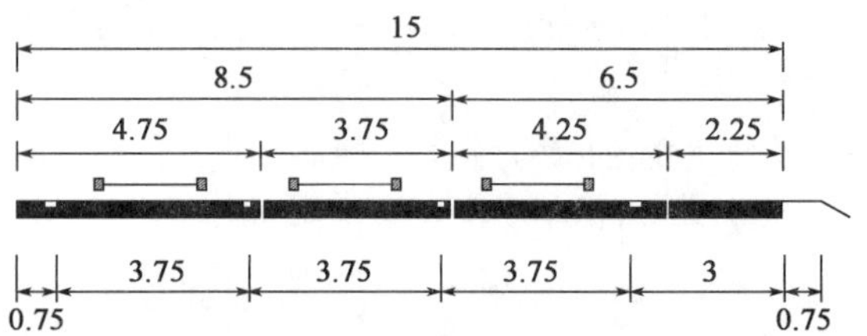

图 7-5 高速公路 120km/h 六车道(尺寸单位:m)

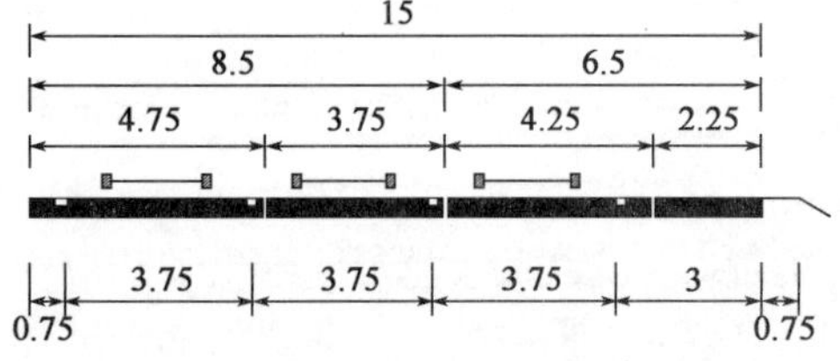

图 7-6 高速公路 100km/h 六车道(尺寸单位:m)

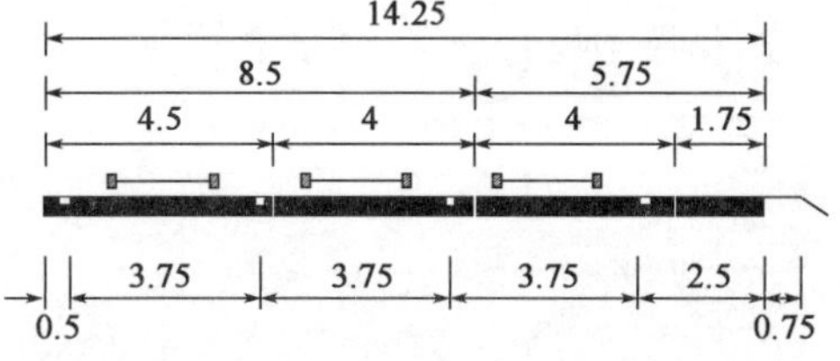

图 7-7 高速公路 80km/h 六车道(尺寸单位:m)

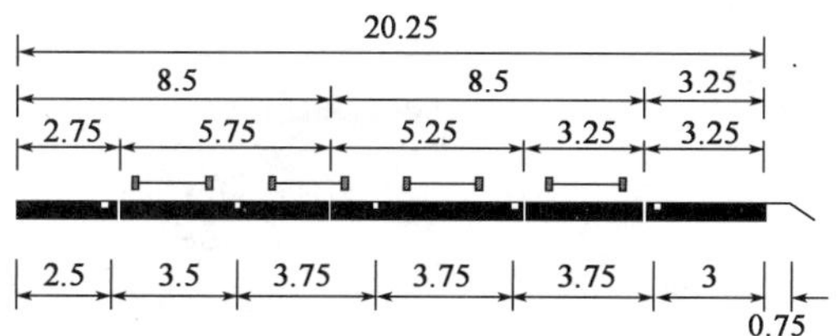

图 7-8 高速公路 120km/h 八车道(尺寸单位:m)

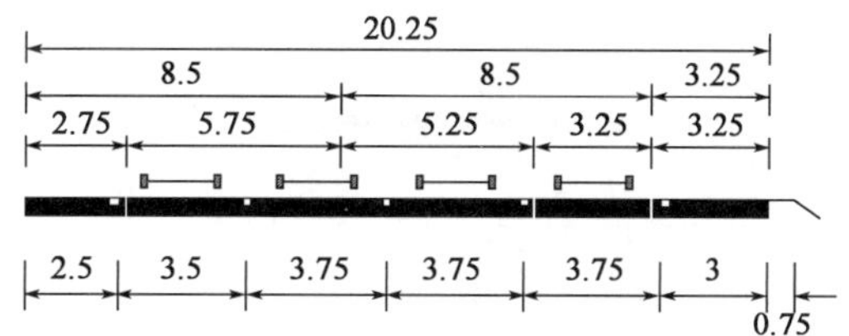

图 7-9 高速公路 100km/h 八车道(尺寸单位:m)

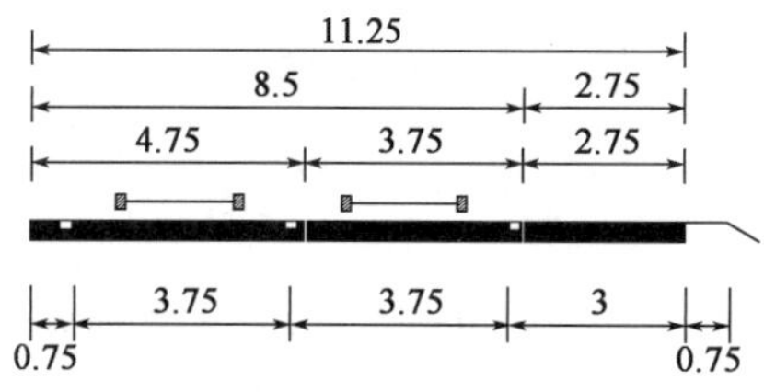

图 7-10 一级公路 100km/h 四车道(尺寸单位:m)

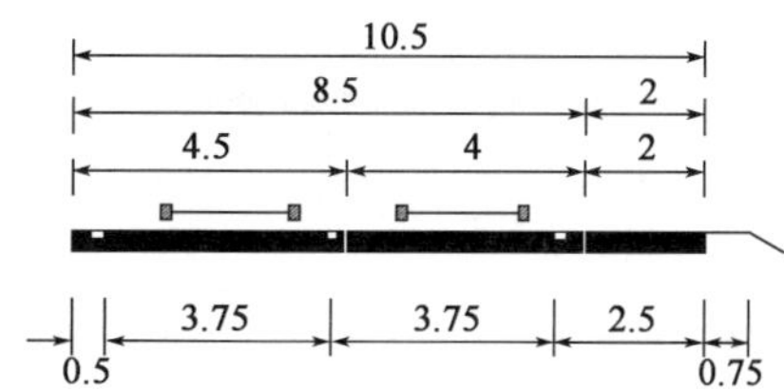

图 7-11 一级公路 80km/h 四车道(尺寸单位:m)

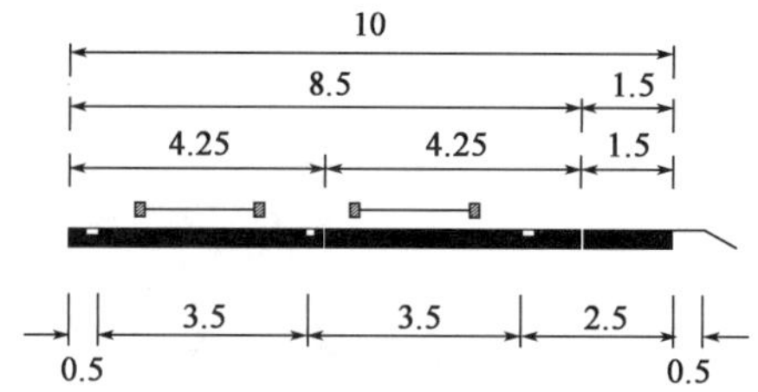

图 7-12 一级公路 60km/h 四车道(尺寸单位:m)

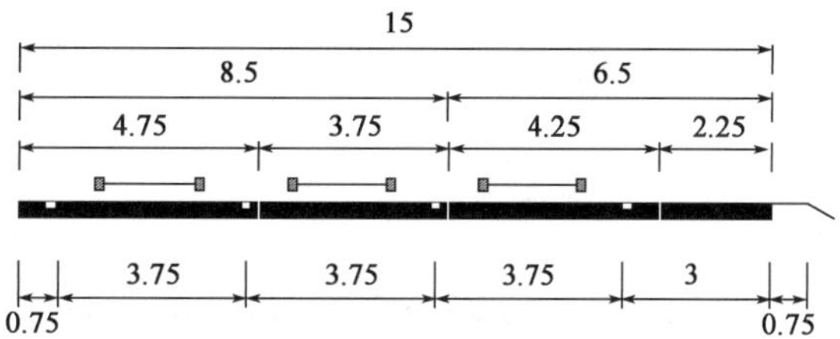

图 7-13 一级公路 100km/h 六车道(尺寸单位:m)

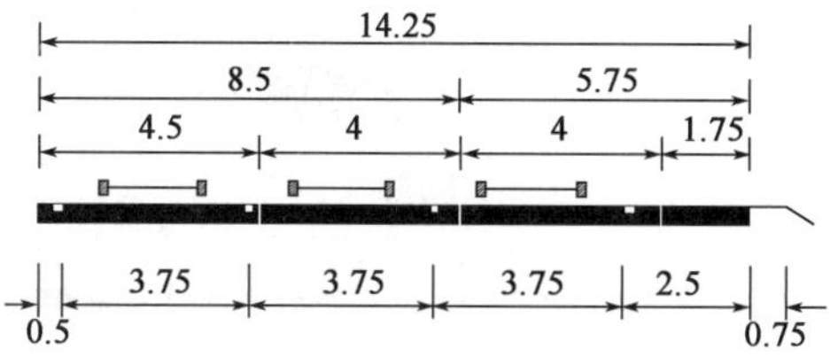

图 7-14 一级公路 80km/h 六车道(尺寸单位:m)

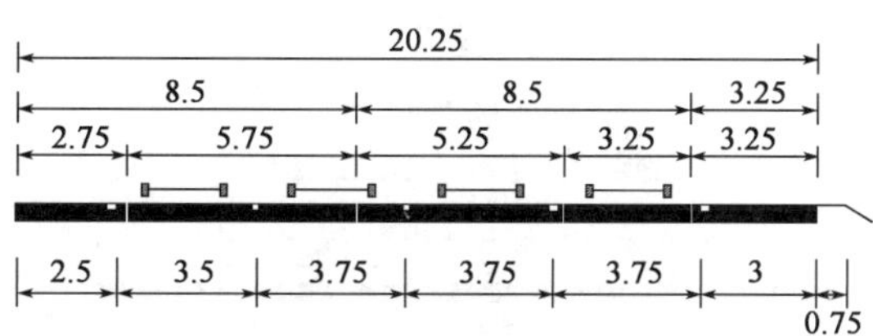

图 7-15 一级公路 100km/h 八车道(尺寸单位:m)

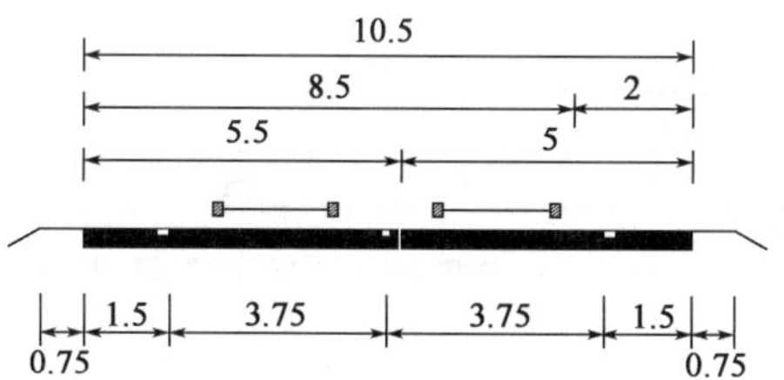

图 7-16 二级公路 80km/h 两车道(尺寸单位:m)

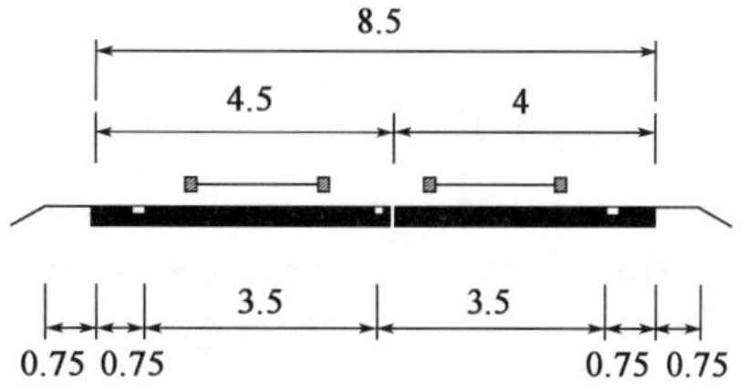

图 7-17 二级公路 60km/h 两车道(尺寸单位:m)

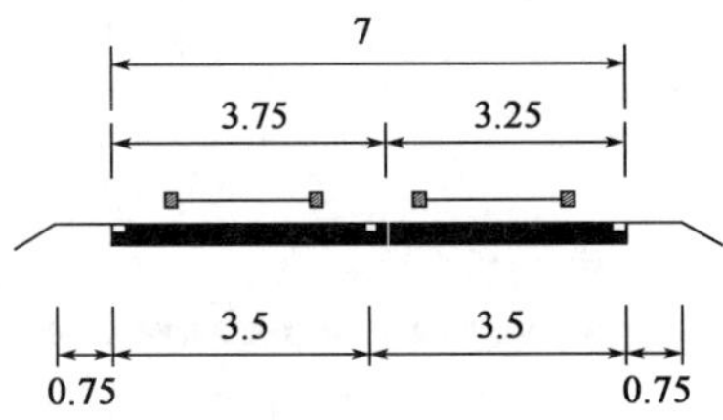

图 7-18　三级公路 40km/h 两车道(尺寸单位:m)

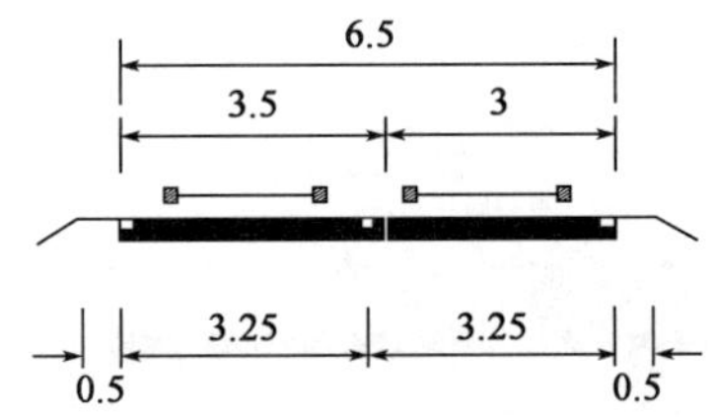

图 7-19　三级公路 30km/h 两车道(尺寸单位:m)

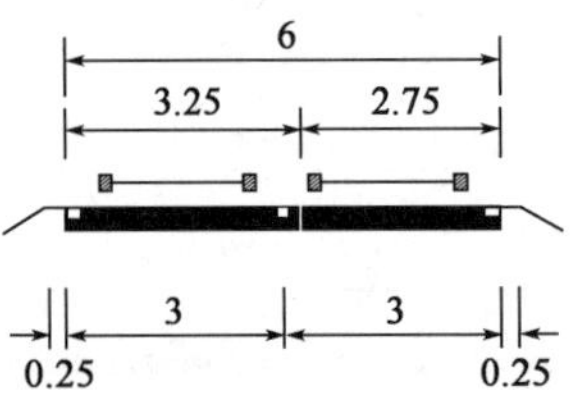

图 7-20　四级公路 20km/h 两车道(尺寸单位:m)

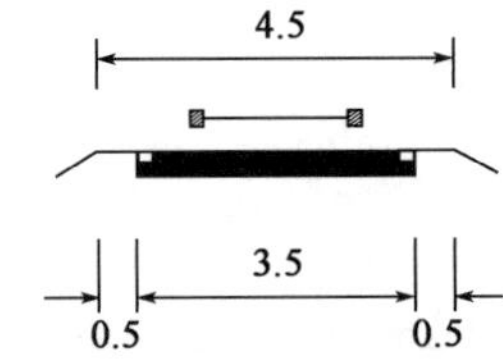

图 7-21　四级公路 20km/h 单车道(尺寸单位:m)

受到地形地貌等自然条件的影响,有些公路无法采用工程一般值进行设计,这种情况下,往往采用宽度为 0.5m 的左侧路缘带进行设计,已达到节约用地的目的。图 7-22 ~ 图 7-27 为常见的 6 种采用 0.5m 左侧路缘带的断面形式的切缝方法。

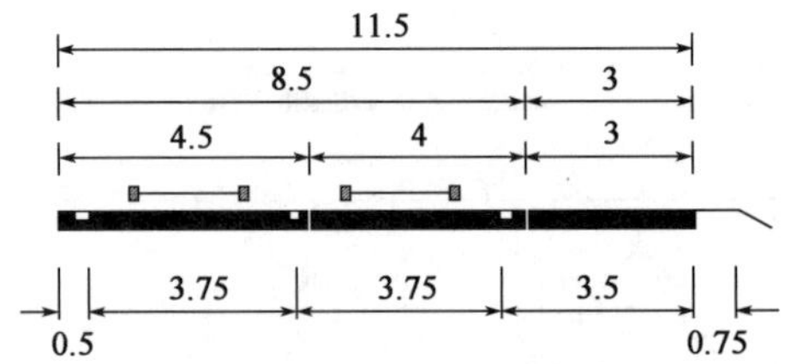

图 7-22　高速公路 120km/h 四车道(尺寸单位:m)

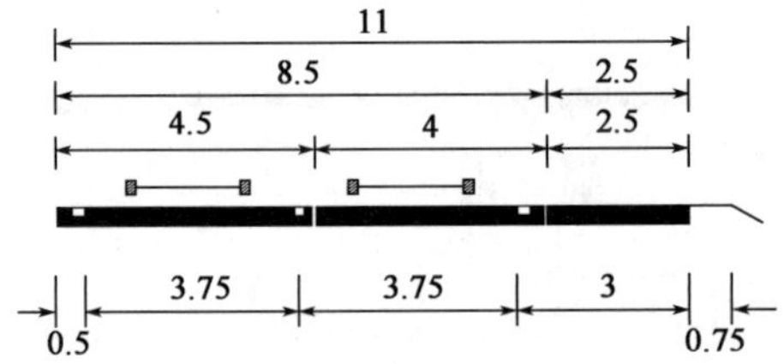

图 7-23　高速公路 100km/h 四车道(尺寸单位:m)

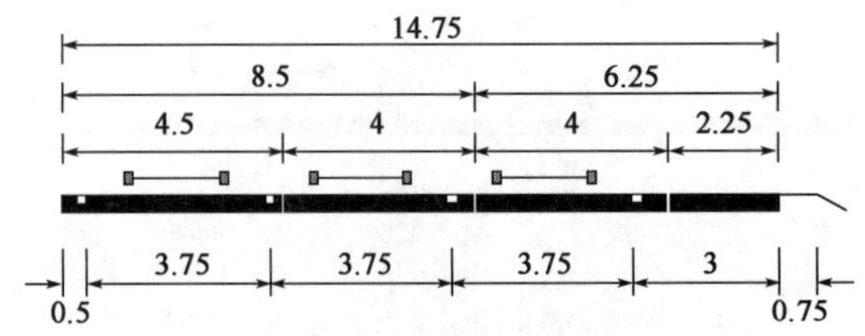

图 7-24　高速公路 120km/h 六车道(尺寸单位:m)

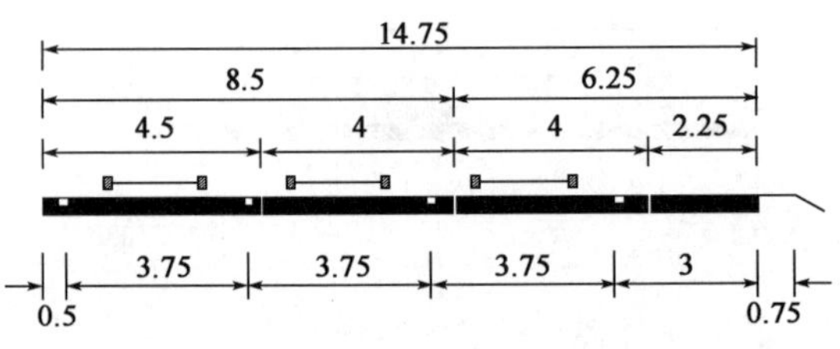

图 7-25　高速公路 100km/h 六车道(尺寸单位:m)

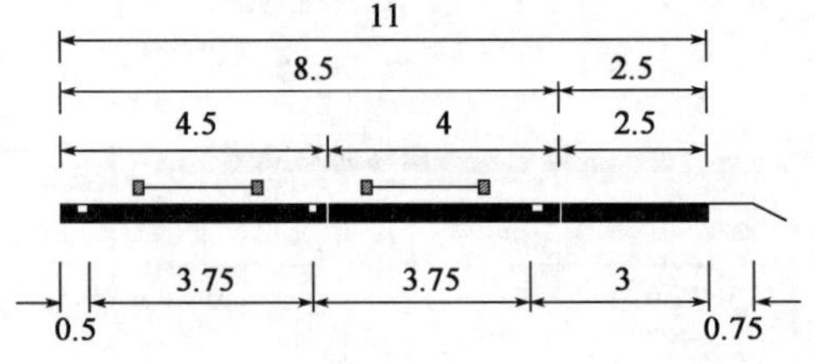

图 7-26　一级公路 100km/h 四车道(尺寸单位:m)

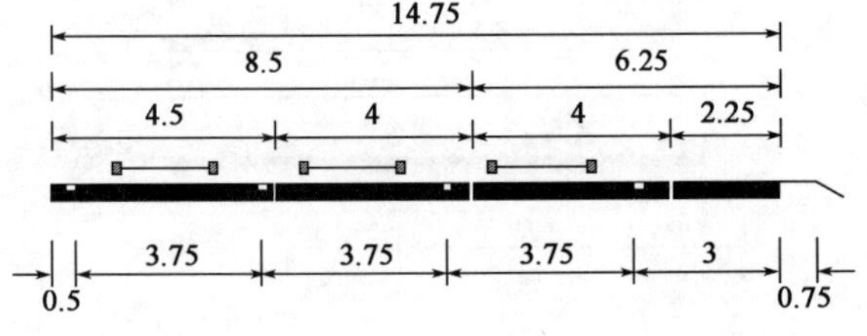

图 7-27　一级公路 100km/h 六车道(尺寸单位:m)

7.1.2 路肩与排水

1)路肩、接缝破坏

路肩的功能是为临时停车和紧急停车之用,同时可以保护主线上的结构层。水泥路肩病害包括破碎、纵向接缝破坏以及横向裂缝等;沥青路肩病害的主要形式是排水堵塞、纵横向裂缝、拱起、沉降等。最终决定路肩类型的主要因素取决于多种因素的组合,如行车道路面的类型、交通量、重载车辆的比例、路肩将来可能的用途以及功能等级等。纵向接缝的分离、疲劳裂缝、冻胀、破碎、坑槽、沉降是各种类型路肩的普遍病害,而造成这些破坏的最大诱因就是纵向接缝的分离,因此路肩与行车面板之间的纵向接缝必须灌封,而且要保持接缝良好的工作状态。

公路水泥路面设计规范中提到,水泥混凝土路面路肩铺面可选用水泥混凝土面层或沥青面层,而且路肩结构应具有一定的承载能力,其结构层组合和材料选用应与行车道路面相协调,并保证进入路面结构中的水的排除。因此水泥混凝土路面的路肩按实用性来讲,第一选择应该是水泥混凝土路肩,若从使用性能角度选择,则复合式路肩更具有优势。但不管怎样,影响路肩使用性能的最大因素应该是路肩与行车道面板之间的纵向接缝,尤其是纵向接缝一定要封缝,否则将加剧纵缝及路肩的破坏。

在考虑路肩使用性能的影响因素中,尚应包括路肩的结构形式;虽然路肩没有具体的承重要求,但实际使用过程中,车辆荷载经常会通过路肩,因此,不同的路肩结构形式所表现出的承载能力必将影响路肩的使用性能,从而影响其耐久性。

路肩的排水功能也尤其重要,尤其是水泥混凝土路面路肩,在存在纵向接缝的情况下,路面水需要及时排除,否则滞留在纵缝处的降水将会反复冲刷水泥行车面板及路肩下的基层,甚至路基,这会加速路肩及行车面板的破坏;因此,路肩基层材料需要具有良好的水稳定性以及路肩基层结构需具有良好的排水性能。以下举例说明路肩的问题。

(1)广肇高速公路

广肇高速公路的水泥稳定排水基层试验段,路面为厚26cm的钢筋混凝土板,板长5m、宽4m,紧急停车带为沥青混凝土面层。从外观上看混凝土板的横缝和纵缝的填缝料完好。部分地方出现水泥混凝土板和沥青路肩高差不一致。水泥混凝土板和紧急停车带之间,在施工的初期两者紧密接触,但开放交通以来在车辆和环境的综合作用下,出现了宽度为5mm的纵缝,该缝没有任何填缝料,深度可达排水基层。这样会影响主线混凝土板的使用寿命。

(2)桂柳高速公路

桂柳高速公路修建于1993年,并与1996年通车。当时设计路肩没有考虑到内部排水系统,因此这种路肩结构大部分排水不畅,导致路面结构成为一个“澡盆”结构。因此在主线和路肩之间存在一个“唧泥”现象。部分地方严重到板边脱空。

在广西早期修建的水泥混凝土路面中,如广西南北高速等,路肩为沥青路面结构。大多为20cm的半刚性基层,其上沥青混凝土面层3cm左右,这种结构同样出现了唧泥和冒水现象。沥青混凝土层仅3~4cm厚。

同时沥青混凝土路肩不能有效降低主线上水泥混凝土板的挠度和应力,因此有的路段出现靠近路肩一侧水泥混凝土板纵向断裂。

(3)其他路段

在广西的二级路中也常采用碎石路肩形式。这种路肩的优点是不妨碍路面结构内部排水,但是这种路肩需要经常养生,以便车辆临时停车。在后续的高速公路建设中,逐渐采用水泥混凝土路肩,这种路肩和水泥混凝土主线板之间常出现纵向接缝张开的问题。

近年来路肩的功能扩展到更多范围,如为施工和养生提供足够空间,可以作为临时行车带,加速主线排水,提高路面通行能力,减少板角应力,降低板边和板角挠度。这种做法可明显降低安全事故。

2)不同路肩类型比较

如果混凝土路肩和主线混凝土板黏结较好,可以明显提高水泥混凝土路面使用寿命。研究发现,如果纵缝中设计拉杆将有利于降低混凝土板的挠度和应力。路肩宽度至少应在1m以上。路肩和混凝土板之间的拉杆长度和直径应在一定范围内。同时在横缝左右50cm范围不设拉杆。

现场观测发现水泥混凝土路肩的表现比沥青混凝土路肩要好。一般水泥混凝土路肩应在15cm以上的板厚。拉杆的长度应在80cm以上。路肩水泥混凝土板下采用15cm以上的碎石基层使用效果明显。纵缝(主线和路肩)的灌缝与否,不影响路肩的使用效果。美国联邦公路局(FHWA)建议路肩使用和主线相同的厚度,以确保很好的传荷能力。同时这种方式有利于施工。与主线同厚度设计有利于基层层间水的排出。也可以用渐变断面,最外缘断面厚度15cm。

在连续配筋路面的水泥混凝土路肩中,主线较少发生冲断现象。现场调查发现混凝土路肩可以减少角隅和板边挠度。即可以降低潜在的边缘唧泥和断角。

路肩需要和主线类似的养生。许多路面使用问题都可以追溯到建设期间的一些问题,尽管全宽度铺筑方式减少了纵缝养生工作,但主线和路肩有纵缝的情况下则应从填缝技术上进行研究,减少降雨引起的渗入破坏。建设后路肩不能无人养生。路肩的日常养生涉及各种开裂、接缝和啃边等问题。如果在路肩接缝处产生过量的啃边现象,则应研究是否由拉杆引起。

改性沥青或者橡胶沥青作为填缝料将是一种很好的材料,尤其是橡胶沥青在低温时具有一定的延展性,近年来有更软的橡胶沥青可用于寒冷地区,低温延展性良好。

对于水泥路肩而言,路肩与行车面板之间是否设置拉杆,也是影响路肩与行车面板的重要因素。虽然拉杆的主要功能是防止面板与路肩之间的纵缝被拉开。

3)影响路肩设计的因素

随着交通量的增加和安全需求的提高,路肩问题逐渐突出。路肩和主线板块逐渐融合,变为边板扩宽。路肩厚度设计主要考虑主线板块类型、未来路肩用途、重车未来增多、环境因素、养生策略和土基条件。一般建议路肩应该和主线使用相同的材料,以便于施工、改善主线路面使用效果和降低养生费用。一般问题均发生在主线和路肩材料不统一时,主要是膨胀和温缩不一致,导致嵌缝料脱落或者接缝两侧垂直位移不统一。路肩可以是柔性或者是刚性的。一般路肩的选择是根据交通量、重车比例和功能来决定。建议水泥混凝土路面同样使用水泥混凝土路肩。

目前没有完善的路肩设计方法,所以好多路肩设计低估其厚度。建议考虑的因素是重车侵占路肩的比例、温度和湿度、土基类型以及预计的养生策略。如果未来计划在大中修时使用路肩，那么路肩需要和主线等厚度。

水泥混凝土路肩厚度至少应在1m范围内和主线相同厚度，然后逐渐变厚度到15cm。通车路肩厚度是15～20cm，经验表明带有水泥混凝土路肩的主线板可以减少2cm的厚度。美国伊利诺伊规范规定如果设计寿命为20cm，则1m范围内和主线同厚度，然后再变厚度到15cm。如果是30年设计寿命，则和主线相同厚度。艾奥瓦州通常用18cm的水泥混凝土路肩。密歇根州则是先和主线相同厚度，然后逐渐渐变为18cm。明尼苏达州采用粒料基层和15cm的混凝土板，路肩和主线之间采用拉杆。

路肩的几何形状包括路肩的宽度和横坡。理想的宽度一般在3m到3.75m。这个宽度将有60cm的净空以利于紧急停车。低于低等级道路最小路肩宽度时也要60cm，最好在1.8m到2.4m。建议路肩的横坡最好比主线高1%以利于排水。对于水泥混凝土和沥青混凝土路肩采用2%～6%横坡，对于碎石路肩采用4%～6%，对于草皮路肩采用8%；另外建议不要超过8%以防止横向侧翻。

车辆荷载对于路肩的疲劳特性至关重要。如果车辆荷载接近路肩侧的纵边，那么将导致边板应力过大，因此路肩应具有一定结构功能。据统计将有2%～2.5%的重车在路肩上通过，同时在主线维修时路肩可以用来承担荷载。另外，路肩还用来紧急停车。有时车辆将会停靠在最外侧路肩边缘，因此结构需要一个较强的支承。

环境因素主要包括湿度和温度，同时考虑排水系统，设计时应考虑冻涨以及合理的沥青PG分级。有时路肩的施工并没有严格按主线进行。一般路肩厚度比较薄，所以冻深较深且冻融循环损失明显。路面内部水分聚集和不合理的排水系统将会加剧路肩的衰弱。主要原因是横坡的水分汇集和纵缝上嵌缝料丢失以及路肩材料不透水。

水泥混凝土路面的沥青混凝土路肩同样会有温度问题，如温度裂缝、坑槽和拥包。沥青混凝土路肩类型有沥青处治路肩、沥青碎石路肩和全厚式路肩。沥青混凝土路肩的损坏主要是由于车辆行驶在路肩上引起的破坏。在1970年中期美国有的州尝试沥青混凝土路肩。最大的改变是使用全厚式的沥青混凝土路肩，这种路肩和混凝土面板同厚度。但是为了降低造价，有的州将路肩减薄到15cm。

当沥青路肩结构的承载力不足或者路肩土基含水率较大时，将会产生唧泥和冻融循环破坏。边缘较大的变形将导致混凝土板疲劳断裂。同时这种结构本身不利于排水，导致自由水富集。现场观测发现这种破坏主要集中在纵边边缘两侧60cm范围内。在季节性冰冻地区第一年通车后，纵向裂缝就已经发生。也就是说沥青混凝土路肩对于水泥混凝土板而言不起任何结构作用。

主线和路肩之间的纵向接缝可以认为是最薄弱的环节。和主线混凝土板分离或者出现横向错台是主要问题。这些问题主要是水泥混凝土和沥青混凝土之间的黏结力较弱。局部沉陷的原因是路肩基层和土基压实不够。

当路肩土为冻涨敏感性土壤时，不管接缝封的好与坏，均会产生较大的垂直错台。曾经在通车一年后的冬季，发现有7cm的高差。当然这种冻涨将进一步导致水分的进入，并加剧冻涨、开裂和路肩快速破坏。路肩的冻涨要大于主线，从而导致主线在春融季节容易形成积水。一般常见的冻涨引起的纵向主板和路肩之间的高差达到6～20cm，因此路肩基层最好用透水

性材料。

路肩横向裂缝一般出现在和主线混凝土板接缝贯通的位置。路肩上的纵向裂缝一般出现在车辆经过的地方，或者基层中有自由水的地方。纵向裂缝一般和当地气候条件和修筑材料有关。

路肩外侧边缘的裂缝主要由于厚度不足引起。路肩的养生水平和路肩的设计、边缘排水以及建筑材料有关。一般的养生方式(日常小修)和主线相同。每隔2~4年对纵向接缝进行灌缝，同时对坑槽、横缝和一些破损进行修补。

常见的水泥混凝土路肩是素混凝土板和碾压混凝土。考虑到经济性问题，常使用和主线上相同的水泥混凝土板。对于连续配筋水泥混凝土路面，素混凝土路肩也常使用，一般板长为4.5m。

4)路肩排水

美国早在1960年NCHRP 63和202就开始研究水泥混凝土路面的路肩问题。研究发现路肩和主路之间的裂缝是引起路肩损坏的主要原因。如果路肩上有比较完善的边缘排水设施，将有助于路肩的使用。报告根据主线类型和等级、交通量以及重车比例给出不同的建议。

无论在多雨地区还是季节性冰冻地区，路肩结构始终是被忽略的；一般路肩只是按横断面图保证其宽度，而忽略了其排水性能和结构性能。结果可能导致水泥混凝土路面主线结构出现排水不畅，或者加速主线结构破坏；同时不合理的路肩结构也会加速路肩自身的破坏。因此为了提高水泥混凝土路面结构耐久性必须调查目前水泥混凝土路面路肩存在的问题，并提出改进措施。

对于沥青路肩而言，被围封在路面结构中的水分，会浸湿各结构层材料和路基土，使其强度下降，变形增加，从而使路面结构的承载力降低；而积滞在层间结合处空隙内和结构层孔隙内的自由水，在行车荷载的作用下，形成高孔隙水压力和高流速的水流，冲刷层面材料，并从缝隙处向外“唧泥”，促使沥青面层出现剥落、松散和坑槽。另外，水分通过面层渗入沥青中面层顶部、下面层顶部或下面层和半刚性层之间后，可能导致层间剥离，在路面较低一侧有时会发现层间自由水渗出。因此设置路面内部排水系统，将这部分积滞水迅速排除到路面和路基结构外，有利于改善路面的使用性能，提高其使用寿命。

水泥混凝土路面的唧泥破坏较为常见，其主要原因是通过接缝或者裂缝进入路面的水分不能及时排走。同样，水泥混凝土路面出现错台、板底脱空和断裂等病害均和积滞在路面结构内部的自由水有关。设置一定的内部排水设施，即可避免这些病害的发生。

对于路肩和路面结合部而言，可能由于路肩和主路不是同时施工，中间存在施工缝，降水可能沿此缝进入路面结构内部；也可能由于路肩结构形式不合理，导致路肩和路面结合部大量积水，而这部分积水也会加速路面结构的破损。因此设置一定的边缘排水措施，即可大大降低路面的此类破坏。

如果在路基和基层之间设置一定的隔水和排水结构，也可以大大减少毛细水的迁移，进而保持路面上部结构的安全。同时在季节性冰冻地区，可以大大减少基层的冻融破坏。

由于水在路面结构内部引起的各类病害，使得路面整体结构的使用性能迅速变坏，路面使用寿命大为缩短。在这种情况下，设置路面内部排水系统，将滞留在路面结构内部的水分迅速排除出路面和路基结构以外，可以改善路面的使用性能、提高其使用寿命。对交通繁重的高速公路和一级公路,采用路面结构内部排水设施所增加的费用,可以从使用寿命的增加和养生工作的减少中得到补偿。根据普度大学的 Mathis 的测算,设透水基层的路面,其使用寿命要比未设透水基层的路面提高 30%(沥青路面)和 50%(水泥混凝土路面)。

(1)路肩排水

路肩排水在大致有四种:①漫流形式,即通过坡面将降水自由排出路表。这种方式适合填方高度不高的路段,且要求坡面防护到位,如浆砌片石或者草皮防护。这种方式常在我国各种等级公路上使用。②用无细料的松散透水材料填充边沟,通过边沟排走降水。这种方式在法国较为普遍,其缺点是当车辆冲入边沟中后需要人工整平,同时松散集料有可能滚入行车道影响行车安全。③设拦水带,并通过急流槽将降水排出路表。我国高速公路填方段常采用这种形式。这种方式存在一个明显缺点是在降雨强度较大时,泄水口滩水高度较大,可能导致路表排水不畅。为此可将拦水带内侧 50cm 的路面做成单面横坡 10% 以上,或者做成"V"型并加大纵坡。④利用集水井排走路表降水。这种方式常用在挖方路段,类似与城市道路中的雨水井。可以每隔 20m 设置集水井,集水井再和其他排水设施相连。

由于预见到路肩接缝会张开,水会透进路面结构,故采用统一的单向横坡将水排向一侧明沟。边缘排水管沟尽可能靠近接缝部位设置,使此处的渗透水能直接进入边缘排水管沟尽早地排出。

对于摊铺路面前施工渗透排水系统的情况,边缘排水管沟的位置应离开水泥混凝土路面边缘足够的距离,以便使摊铺机履带直接行进在透水基层上,而不压边缘排水管沟的顶部。从渗透基层的边缘底部环绕边缘排水管沟要设置一个土工布隔离层,防止细屑进入渗透排水系统。千万不应将边缘排水管沟设置在路面主车道下部,因为那样会造成面板支撑不稳固。

对于边缘排水管沟在路面摊铺过后施工的情况。边缘排水管沟应延伸到离面板边缘足够远处,这样,在路面施工期间,就不会因为渗透基层的侵蚀或挖开而损失对面板的支撑。边缘排水管沟应使用与透水基层相同的材料回填,以便不损失渗透性。同样,从渗透基层的边缘底部环绕边缘排水管沟应设置一个土工布隔离层,防止细屑进入渗透排水系统。

带路拱的水泥混凝土路面可以用拉杆连接的混凝土路肩,由于有路拱,道路横截面两侧必须都做边缘排水管沟,带路拱的路面明显缩短了渗流长度,从而缩短了排水时间。当使用拉杆拉住了混凝土路肩,将对路面边缘提供足够的约束。由于使用了相同的材料并减少了移动,路肩接缝密封的耐久性得以提高。

边缘排水管沟先做的施工方式,为了在施工期间避让摊铺机履带位置,边缘排水管沟应位于路肩下部。无论如何,边缘排水管沟绝不应设置在行车道下面。如果边缘排水管沟设置在路肩的外侧,在明沟侧向坡度较大的情况下,有可能保护不了边缘排水管沟。同样,从渗透基层的边缘底部环绕边缘排水管沟应设置一个土工布隔离层,防止细屑进入渗透排水系统。

受行车安全的限制,进一步提高路面排水的效率,在不能通过提高坡度和其他措施的情况下,通过在路面内部设置排水通道,或者通过改变材料结构形成贯通的孔隙,或者通过人为引入土工材料进行排水。在排水过程中应当以路面排水为主,路面内部排水系统为辅。所谓内部排水系统是指在路面结构内设置的用于排走路面结构范围内部水分的排水设施。内部排水系统是路面排水系统的补充和延伸。只有大部分降水通过路面排水系统排走，路面内部排水系统才能有效工作，最大限度保持路面结构内部干燥。

(2)路面内部排水系统

路面内部排水系统可以大致分为：边缘排水子系统、层间排水子系统和相应附属组件。路面内部排水系统是一个复杂的系统，其每个组成部分的使用性能都关系到整体排水效果。因此，应该精心设计，以使整个系统达到最佳的使用性能。

①路面内部排水系统设计原则

在设计中需要考虑的问题很多，比如各组成部分的材料设计、尺寸设计以及其中涉及的水力计算等。路面内部排水系统设计中要遵循一些基本的要求和原则：路面内部排水系统中各项排水设施的泄水能力均应大于渗入路面结构内的水量，且下游排水设施的泄水能力应超过上游排水设施的泄水能力；渗透水在路面结构内部的最大渗流时间不应过久，在路面结构内的渗流路径不能过长；各项排水设施不应该被渗流从路面结构、路基或路肩中带来的细料堵塞，以保证系统的排水效率不随时间推移而很快丧失。

路面结构内部排水系统的设计中，要涉及很多水力计算问题。水力计算的目的是确定排水设施的设计流量和所需的结构尺寸(比如集水沟的尺寸，各种管道的管径以及排水管的间距等等)，检验自由水在设施内的渗流时间和速度。因此，分析计算时应考虑下述原则和要求：

路面内部排水系统中各项设施的排水能力应足以排除渗入路面结构内的自由水；并且，由于渗入量的估计和透水材料渗透系统的测定精度较低，设施的排水能力应留有较大的安全度，通常可对设计排水量采用2倍以上的安全系数。

系统中各项设施的排水能力应从上游到下游逐渐增加。例如，对于排水基层排水系统，排水基层的排水能力要大于路表水渗入量，排水沟和排水管的排水能力要大于排水基层的能力，出水管的排水能力要大于排水沟和排水管的排水能力，出水口的排水能力要大于出水管的排水能力。

自由水在路面结构内的渗流时间不能太久，渗流路径不能太长，以免自由水滞留时间过长，从而使路面结构处于浸水状态的时间过久，或者在冰冻地区使水分在排水内结冰。各项排水设施应考虑采取反滤措施以防止细粒随渗流水进入而堵塞失效，同时，所设计的设施尺寸要便于进行施工和经常性的检查和清扫或疏通。

②路面内部排水系统应用场合

设置路面内部排水系统可改善路面的使用性能，延长其使用寿命，但一般要增加路面工程的造价。为此，应从需要和经济的角度考虑在什么条件下需设置路面结构内部排水系统。所考虑的因素主要是道路等级(设计使用年限和使用性能的要求)、交通繁重程度(路面出现唧泥及错台等各种病害的可能性和严重程度)以及气候和地形条件(路面渗入水的来源)等。

综合考虑以上的各种因素，美国公路部门、国际道路会议和我国公路排水规范都对内部排水设置的条件和场合做出了规定。

美国路面结构排水指南规定，下列情况可不设路面内部排水系统：地下水位深，年降水量在200~250mm以下，无大量融雪或冰水进入路面结构；路基土渗透系数大，无冰冻作用；轻交通，标准轴载（80KN）作用次数小于 150～200 次/d。

国际道路会议建议是：交通荷载等级为中等（设计车道标准轴载为 100kN 的货车每天 400～2000辆）以上，而年降雨天数在 15d 以上时，或者交通荷载等级繁重（设计车道标准轴载为 100kN 的货车每天 2000 辆以上）而降雨天数为 50～150d 时，采用排水基层或路面边缘排水系统；交通荷载等级繁重而降雨天数少于 50d，或者交通荷载等级为中等而降雨天数为 50～150d 时，采用路面边缘排水系统。

美国陆军司令部排水技术指南规定：在所有的水泥混凝土铺面的面层下均须设置排水层，以消除唧泥、冲刷和基底软弱；在面层厚度大于 20cm 的沥青铺面结构中均应设置排水层，以利于结构排水；在排水层和路基之间建议设置粒料隔离层，以防止细粒由路基进入排水层，并为排水层压实提供坚实的施工平台。

我国在 1998 年发布的公路排水设计规范中建议下列情况考虑设置路面内部排水系统：年降水量 600mm 以上的湿润和多雨地区，路基有透水性差的细粒土（渗透系数≤105cm/s）组成的高速、一级或重要的二级公路；路基两侧有滞水，可能渗入路面结构内的路段；严重冰冻地区，路基为由粉性土组成的潮湿、过湿路段；需排除积滞在路面结构内的水分的现有路面改建或改善工程。

路面内部排水系统是一个由多个子系统组成的排水系统，主要由边缘排水子系统、层间排水子系统、隔离层和连接管线组成，如图 7-28 所示。

③路面边缘排水系统

路面边缘排水系统是指在路面纵向边缘设置排水沟、排水板等措施，渗入路面内部的水透过面层内的孔隙或层间的缝隙，沿着横坡汇入到边缘的排水系统，再由间隔一定距离布设的横向排水管排引出路基。在正常路段边缘排水系统布设在道路的两侧，在超高段的外侧路段布设在内侧的边缘。

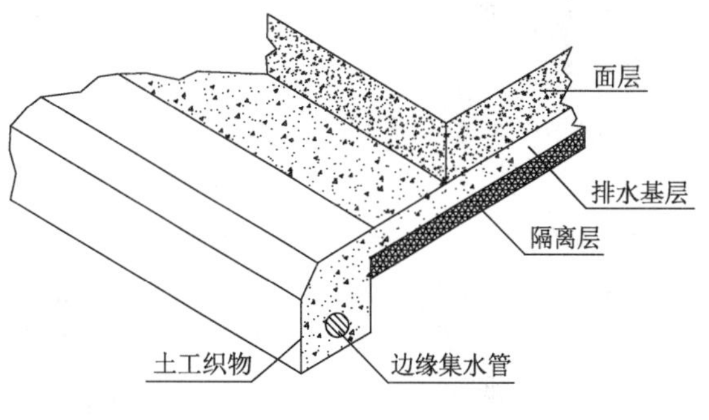

图 7-28 路面结构内部排水组成元素示意图

边缘排水系统的主要功能有两个：一是把靠道路横坡、纵坡以及重力作用从排水基层排出汇集到路面结构边缘的水排出路面结构范围以外；二是在以上排水过程中防止水从这部分渗到路面结构内。

在层间排水概念出来之前，边缘排水的概念和设施已经出现。其中心思想是在路面结构边缘用土工织物完全包裹透水性材料（松散集料，处治集料或者其他土工材料）形成一个过水通道，使得水分尽快沿纵向排走。

其中土工材料的过水通道最早在英国使用“鱼鳍”状（Fin），我国上海部分路段也有使用这种材料。随着层间结构层排水的出现，把边缘排水系统外围封闭的土工织物变成部分封闭。一般把需要大量排水的结构层一侧的土工织物打开，于是就形成了针对基层排水的边缘排水系统，针对底基层的边缘排水。当然针对上面层（磨耗层）排水的边缘排水系统则需要兼顾路肩排水并单独设计。

但在设置层间排水子系统后，则必须设置边缘排水子系统来纵向排水。在未设置边缘排水系统的路面结构上,可以开挖纵向和横向排水沟,并用透水性材料回填,以保持路面结构处于干燥状态。边缘排水也可以和路面排水系统(路肩排水或者中央分隔带)融合形成为一体。

目前,边缘排水系统大致有以下两种布置形式:纵向管式边缘排水系统和排水基层全宽式边缘排水系统(daylight)。

纵向管式边缘排水系统由边缘集水沟、纵向集水管、横向排水管、反滤织物等构成。这种形式的边缘排水系统就是把渗入路面结构的水通过纵坡、横坡和重力作用汇集到路面结构边缘,再利用纵向集水沟、纵向集水管和横向出水管排出路面结构以外。其优点是排水效果好,使用周期长等;缺点是施工程序比较复杂、造价相对比较高。

纵向排水边沟是排除路面结构系统中自由水的关键设施,边沟要满足排除透水基层中水量必需的排水容量。纵向边缘排水沟可设置在行车道路面边缘或者路肩铺面(或路缘石)下,视排水要求、行车道路面和路肩铺面的结构组成情况、施工便利或影响等条件而定。排水沟的埋设深度视排水要求和气候条件而定。在非冰冻地区,新建路面时,排水沟底通常深达透水层或层面下的不透水结构层底面或更深些;改建路面时,为减少开挖量,排水沟可浅些,但排水管管底应低于透水层或层面下的不透水结构层顶面。在冰冻地区,排水管应尽可能设在冰冻深度线以下。排水沟底面的最小宽度,应方便于施工。新建路面时,一般采用30cm;改建路面时,应能保证排水管两侧各有至少5cm宽的透水性回填料。

纵向排水管通常选用带孔的聚氯乙烯(PVC)或高密度聚乙烯(HDPE)塑料管,设在排水沟的底部。管径可按设计流量由水力计算确定,但选用时还要考虑维护的方便,一般采用100~150mm。排水沟和排水管的纵向坡度与路线纵坡相同,但不得小于0.25%。

横向出水管是沿纵向的排水管,间隔适当距离设置出水口,通过横向出水管或雨水井进水口将排水管内汇集的水排引出路基外。横向出水管通常选用不带孔的聚氯乙烯(PVC)或高密度聚乙烯(HDPE)塑料管,管径与纵向排水管相同。出水管的横坡坡度为2%~5%,视下游出水口处的路基排水沟的高程情况而定,埋设出水管和通气管的所开挖的沟内的回填料须经充分压实,并在顶部覆盖不透水材料。出水口的间距,可按设计流量、管径和纵坡大小由水力计算确定,但还须考虑养生便利。常用的间距一般为40~60m,最大间距70~100m。在凹形竖曲线底部和桥台前均应布置出水口。排水管上游起端设置横向通气管,与外界大气相通;下游终端设置横向出水管。中间段的出水口采用单根出水管或一根出水管和一根通气管。排水管与出水管的端头用半径不小于30cm的90°弯管联结。排水沟设在路缘石下时,排水管出水口直接与雨水的进水口连接。出水管和通气管的外露端头用不锈钢和镀锌铁丝网罩罩住,以防杂物进入、植物侵入或动物筑巢。在出口位置的路面边缘处设置方形或圆形标志,以便维护时易于认找。出水水流尽可能排引至涵洞、边沟或排水沟中。出水口应高出边沟或排水沟沟底至少30cm。

为了不使汇集到集水沟里的水渗入到底基层或路基内,也为了阻止路基中的细颗粒土污染沟内的回填材料,要在排水沟边缘用防水材料进行密封处理。一般采用具有防渗透性能的土工材料,比如土工布等。从排水基层的边缘底部环绕边缘排水管沟应设置一个土工布隔离层,防止细屑进入渗透排水系统。土工布的安装很大程度上依赖于透水基层施工前后排水边沟的设置。因为透水基层不含细颗粒,所以土工布就覆盖在排水沟上,但在靠近透水基层一侧的上部应留开口,以便渗透水直接进入排水管沟。土工布的主要作用是过滤,就是阻止路基中的细颗粒土污染沟内的回填材料。土工布应具有比路基土大几倍的渗透性能。

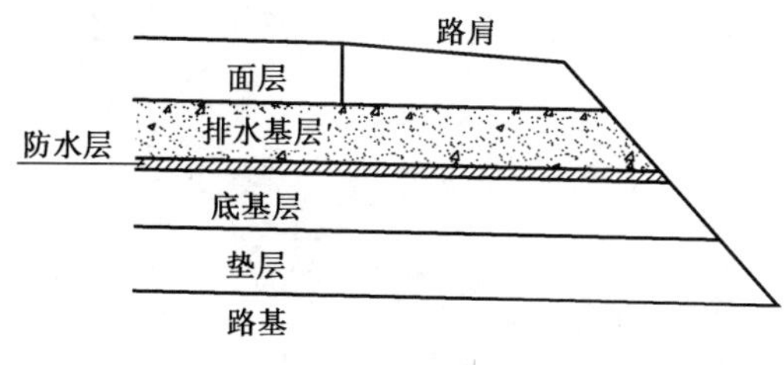

图7-29 排水式基层

全宽式排水基层，将渗透到排水基层内的自由水，通过横向渗流直接排泄到路基坡面外（图7-29）。这种形式便于施工、造价相对也较低；但主要缺点是透水层在坡面出口处易于生长杂草或被其他杂物堵塞，从而降低排泄渗入水的能力；另外，出水口处水流会冲刷路基边坡。为此，一般在出水口处进行干砌片石防护，防止出水口处生长杂草或被其他杂物堵塞；另外，出水口下方对坡面进行浆砌片石、砂浆抹面或植物防护，以防水流冲刷路基边坡。

7.2 标 线

水泥混凝土路面受自身材料特性影响，在修筑完成后表面常常表现为白色，因此水泥混凝土路面也被称为"白色路面"，沥青路面相应地常被称为"黑色路面"。我国的道路标线规范《道路交通标志和标线第3部分：道路交通标线》（GB 5768.3—2009）中并未考虑两种路面类型的表观差异性，统一规定使用白色标线来分隔同向行驶的交通流。由于白色标线与水泥混凝土路面颜色差异度较小，在北方冬季冰雪天气下，水泥混凝土路面上的白色标线不容易识别，给车辆安全行驶带来一定程度的隐患。比照类标线将两种色差较大的颜色搭配使用，有效地提高了水泥混凝土路面标线的可识别性，降低了由于标线不易识别而造成的交通事故的发生概率。总结了目前国内外水泥混凝土路面比照类标线设计的研究成果，为我国水泥混凝土路面标线设计提供参考。

7.2.1 比照类标线定义及设计类型

水泥混凝土路面和一些氧化严重的沥青路面在自然光的照射下往往呈现较浅颜色，容易和路面上的白色标线混在一起，不易区分。比照类标线是将标线和路面中间再喷涂一层比正常标线稍宽的黑色标线，以达到提高这些颜色较浅路面上标线的可识别性的目的。图7-30所示为在机场应用的典型比照类路面标线图示。

目前，比照类路面标线的设计类型有很多种，在美国和澳大利亚等国家道路及机场铺面工程领域应用比较广泛。图7-31所示为正在使用中的7种常见类型，各种类型标线的名称以及在美国的使用情况如表7-1所示。

美国不同形式比照类标线使用情况 表7-1

标线设计类型	使用率(%)	标线设计类型	使用率(%)
A：连续型	3	E：四周型	19
B：后置型	17	F：并列型	0
C：前置型	8	G：前半后半型	6
D：两侧型	47	其他	0

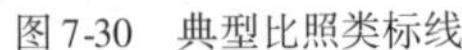
图 7-30　典型比照类标线

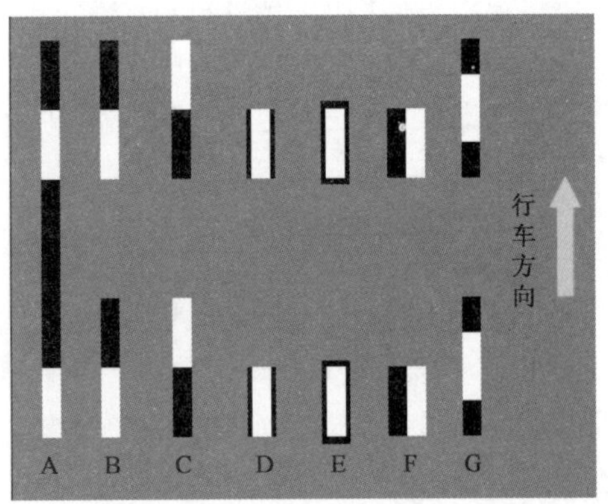

图 7-31　比照类路面标线的设计类型

在所有比照类路面标线的设计类型中，四周型、两侧型以及前置（后置）型标线应用最为广泛。

四周型比照类标线首先将黑色标线喷涂于混凝土路表，然后再将白色标线喷涂在黑色标线之上。黑色标线的尺寸一定要比白色标线的尺寸大，以便在白色标线四周形成一圈边线。四周型比照类标线只适用于车道线，而不适用于道路中线和边缘线，因为一般来讲道路中线和边缘线均为连续实线，无法在其四周喷涂。图 7-32 所示为四周型比照类标线在得克萨斯州亚特兰大市车道线上的应用实例。

两侧型比照类标线目前一般采用预制条形胶带，施工现场实地粘贴的施工工艺，而非现场喷涂。胶带的中间部分为白色或者黄色的标线主颜色，两侧辅以黑色线条。由于黑色线条分布于标线的两侧，因此该类型标线既可以用于车道线，也可以用于道路中线和边缘线。图 7-33 所示为两侧型比照类标线在得克萨斯州韦科市车道线及边缘线上的应用实例。

图 7-32　四周型比照类标线

图 7-33　两侧型比照类标线

前置（后置）型比照类标线是由首尾相接的黑色和白色标线组成。同四周型比照类标线类似，只能用于车道线。黑色标线可以与实际路面标线同宽或比实际路面标线稍宽。图 7-34 所示为后置型比照类标线在得克萨斯州休斯敦市车道线上的应用实例。

7.2.2 比照类标线使用现状

图 7-34 后置型比照类标线

20 世纪 90 年代末期,世界各国开始对路面标线的设计进行大规模的研究,但是研究内容局限于路面标线材料方向,对水泥混凝土路面的特殊性考虑不够。

2002 年,美国宾夕法尼亚州交通厅在美国公路与运输协会交通工程委员会内部开展了全美国比照类标线应用情况的调查,调查结果表明,当时全美国共有包括佛罗里达、新泽西在内的 8 个州已经在使用比照类标线,但是还没有针对比照类标线的开展系统的研究工作。调查结果如表 7-2 所示。

宾夕法尼亚交通厅调查结果　　表 7-2

州　名	是否使用	是否研究	使 用 状 况
亚利桑那	否	—	计划在 I-10 隧道工程中应用黑白双色标线
佛罗里达	是	—	使用 6 英寸[①]黑白双色连续型标线
艾奥瓦	否	—	曾经尝试性使用过
伊利诺伊	试验性	否	使用 1 英寸黑白双色边缘型标线
马里兰	是	—	使用黑白双色标线
密歇根	否	—	该州水泥路面里程较少,进行过 10km 试验性使用
内华达	试验性	—	试验性使用,在水泥路面上效果很好
新罕布什尔	否	—	该州无水泥路面
新泽西	是	否	在当地洲际公路使用
北卡罗来纳	是	否	在所有水泥路面和桥面上使用连续型标线
弗吉尼亚	是	否	使用黑白双色边缘线标线,其中黑色标线宽 1.5 英寸
怀俄明	否	否	试验性地在爬坡车道使用 3M 黑白双色边缘型标线胶带
宾夕法尼亚	是	否	计划在所有高等级水泥路面上使用 6 英寸黑白双色连续型标线,目前已经完成 30%
佐治亚	是	否	在新建混凝土路面上使用黑白双色边缘型标线,其中白色线宽 5 英寸,黑色边缘宽 1.5 英寸
南卡罗来纳	是	否	在所有洲际公路水泥路面上使用 6 英寸黑白双色连续型标线,或者 3M 标线胶带

注:① 1 英寸 =0.0254m。

2004 年,犹他州交通厅在全美国范围内开展类似的调研工作,结果显示,使用比照类标线的州数几乎没有变化,相应的科研工作也未开展。

2007 年,得克萨斯州交通厅在全州 25 个行政区域以及全美国进行网络调查,用以评价比照类标线在现阶段的使用情况。调查表明,全美国已经有 21 个州在使用比照类标线,并且已经开始对路面标线进行有针对性的研究。到目前为止,虽然还没有国家制定出相应的规范和标准,但是研究发现采用不同颜色搭配而成的比照类标线可以有效提高路面标线的可识别性,解决水泥混凝土路面标线可识别性差的问题。

比照类标线可以用于任何标线识别性差的路段,包括自身材料属性而导致颜色较浅的水泥混凝土路面以及氧化较为严重的沥青路面。由于比照类标线成本较高,现在一般只用于高等级水泥混凝土路面的车道线。目前还没有国家对比照类标线的施工时间和类型选择做出明确规定。

7.2.3 比照类标线材料组成

标线材料的选择对其使用寿命有直接的影响。合格的标线材料应该具有足够的反光性、耐磨性以及较强的与路面的黏结性。常用作路面标线的材料包括环氧树脂、预制胶带、热塑性物质、聚脲类物质、聚氨酯类物质以及涂料类物质。

比照类路面标线和传统路面标线相比,对材料有更加严格的要求。通过得克萨斯州试验路的运行发现,大多数热塑性标线的使用寿命不到一年,便由于和路面之间失黏而发生破坏,试验还发现,包括性能较好的环氧树脂在内的其他材料也会发生不同程度的失黏破坏,究其原因,除了标线材料自身特性外,路表清理不彻底也是影响标线黏结性能的重要因素。

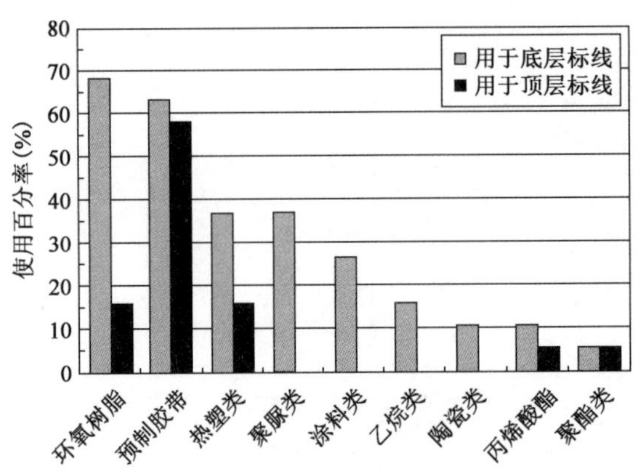

图 7-35 美国不同材料比照类标线的应用

相关调查发现,涂料类、热塑性物质等标线材料比其他材料有更好的路用性能,同时价格也更贵,所以应该用在路面颜色较浅,需要比照标线来提高色彩识别度的路段,而并非所有路段都统一采用这种标线。图 7-35 所示为美国 19 个州不同材料比照类标线的应用情况。

7.2.4 比照类标线使用效果评价

为评价比照类标线在工程应用中的实际效果,得克萨斯交通厅开发了一款能模拟不同标线类型路况的软件(图 7-36),让测试人员身临其境地感受驾驶过程中不同类型标线可识别性的强弱。为了提高测试结果的广泛性和代表性,选取了不同年龄、不同驾龄、不同地区以及不同教育程度的人员进行模拟试验。

a)原有实际路面

b)计算机模拟标线

图 7-36 模拟不同类型标线路况软件界面

通过128组对比试验发现,53%的测试者在测试之前已经见过类似的比照类标线,71%的测试者认为,比照类标线对于提高道路交通安全有实质性的帮助。同时,也有24%的测试者认为虽然比照类标线有助于提高标线的可识别性,但是这样的标线会使得驾驶员对标线的含义产生困惑。由测试结果可知,测试者对边缘型标线的识别度最高。

7.3 板块健康监控系统

水泥混凝土路面健康监测系统专门针对水泥混凝土路面养生管理而开发,旨在为水泥混凝土路面后期的维修养生提供病害数据及解决方案。本系统由前台用户机系统和后台数据库管理系统组成,其中前台用户机系统主要是工程建设一线技术人员采集存储路面病害数据使用,侧重于操作简单、界面实用、菜单功能选项齐全;后台数据库管理系统侧重于数据存储格式(包括导入导出)的通用性、数据调用的迅速性、较强的安全保密性。

软件分为主程序和采集端两部分。主程序(主机)部分采用MapGIS软件管理历史信息(因为路面破坏是随时间变化的,所以必须记录不同时刻路面的破损形式),并兼有管理、显示数据以及和采集端进行数据通信的功能。采集端最好采用独立的C++编程,负责和GPS通信(获得采集端的地理位置),并调用该位置前后的板块破碎图片信息——由主程序已经处理并传输给采集程序的历史板块开裂情况图片,接着通过手持平板电脑和触摸屏点击增加需要信息,最后将采集的信息再上传给主机进行处理。

设计这个软件的目的是给每一块板块建立“档案”,档案的内容包括:病害的类型、尺寸、在板面的位置等。软件自带GPS定位功能,养生部门应用软件定位功能,可以找到相应的板块进行养生维修。根据板块的修补信息对板块采取相应的处理措施。

7.3.1 路面病害参数设置

水泥混凝土路面病害主要包括:开裂类(纵、横向裂缝)、接缝损坏类(填缝料失效、错台)、变形类(沉陷、拱起)、表面类(起皮、麻面、磨光等),其中,开裂、破碎、坑槽、孔洞等病害是常见的。

1)横向裂缝

每条裂缝单独标记,用1、2、3……区分开,包括以下几个可选项:裂缝长度、裂缝宽度(固定位置处,应标记)、裂缝深度、距切缝距离。

2)纵向裂缝

每条裂缝单独标记,用1、2、3……区分开,包括以下几个可选项:裂缝长度、裂缝宽度(固定位置处,应标记)、裂缝深度、距切缝距离。

3)碎裂

主要包括:裂缝数量、裂缝是否交叉、裂缝面积、最长裂缝长度、最短裂缝长度等。

4)坑槽

包括面积、形状等。

5)孔洞

包括面积、直径等。

7.3.2 参考点设置

一级参考点:全线 20m 中桩坐标所对应的桩号。二级参考点:一级参考点在中桩坐标表中的序号加 10000 作为逆向二级参考点,加 20000 作为顺向二级参考点。三级参考点:整百米桩点与其所在路面板后边缘的距离。

例如,K0 + 200(其在中桩坐标表中的序号应为 10 + 10000)处现场百米桩缺失,但是与其相邻的 K0 + 100 位置的百米桩完好,就可以根据 K0 + 100(其在中桩坐标表中的序号应为 5 + 10000)位置的三级坐标点以及他与 K0 + 200 之间的距离推算出 K0 + 200 处的三级坐标点。但是此时 K0 + 200 的二级参考点就应该和 K0 + 100 处一样是 5 + 10000 了。参考点设置如图 7-37所示。

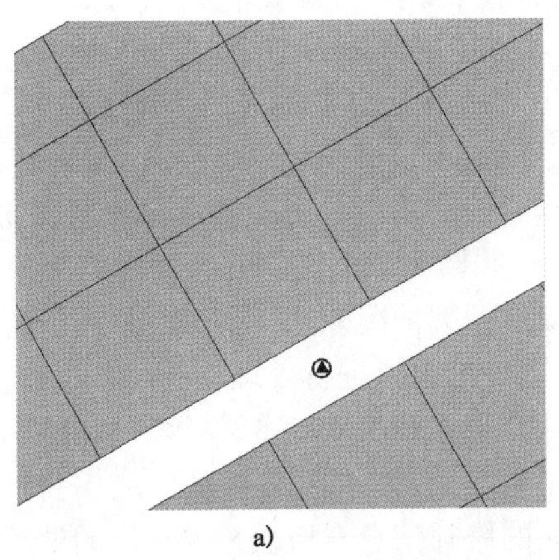

a)

现场里程换算及中桩坐标表

序号	一级参考点桩号	一级参考点坐标		逆向二级参考点	顺向二级参考点
		坐标(XN)	坐标(YE)		
0	K0+000	4983028.746	478233.360	10000	20000
1	K0+020	4983045.315	478244.561	10001	20001
2	K0+040	4983061.884	478255.762	10002	20002
3	K0+060	4983078.454	478266.963	10003	20003
4	K0+080	4983095.023	478278.164	10004	20004
5	K0+100	4983111.592	478289.365	10005	20005
6	K0+120	4983128.161	478300.566	10006	20006
7	K0+140	4983144.731	478311.767	10007	20007
8	K0+160	4983161.300	478322.967	10008	20008
9	K0+180	4983177.869	478334.168	10009	20009
10	K0+200	4983194.438	478345.369	10010	20010
11	K0+220	4983211.007	478356.570	10011	20011
12	K0+240	4983227.577	478367.771	10012	20012
13	K0+260	4983244.146	478378.972	10013	20013
14	K0+280	4983260.715	478390.173	10014	20014
15	K0+300	4983277.284	478401.374	10015	20015
16	K0+320	4983293.854	478412.575	10016	20016
17	K0+340	4983310.423	478423.776	10017	20017
18	K0+360	4983326.992	478434.977	10018	20018
19	K0+380	4983343.561	478446.178	10019	20019
20	K0+400	4983360.130	478457.379	10020	20020

b)

图 7-37 参考点设置

7.3.3 系统的应用

服务端软件:基于 MapGIS 平台开发的软件,主要用于导入数据进行处理,导出数据到采集端当中。

采集端软件:基于 C++ 平台开发的软件,主要用于数据的导入及板块病害信息的录入,如图 7-38 所示。

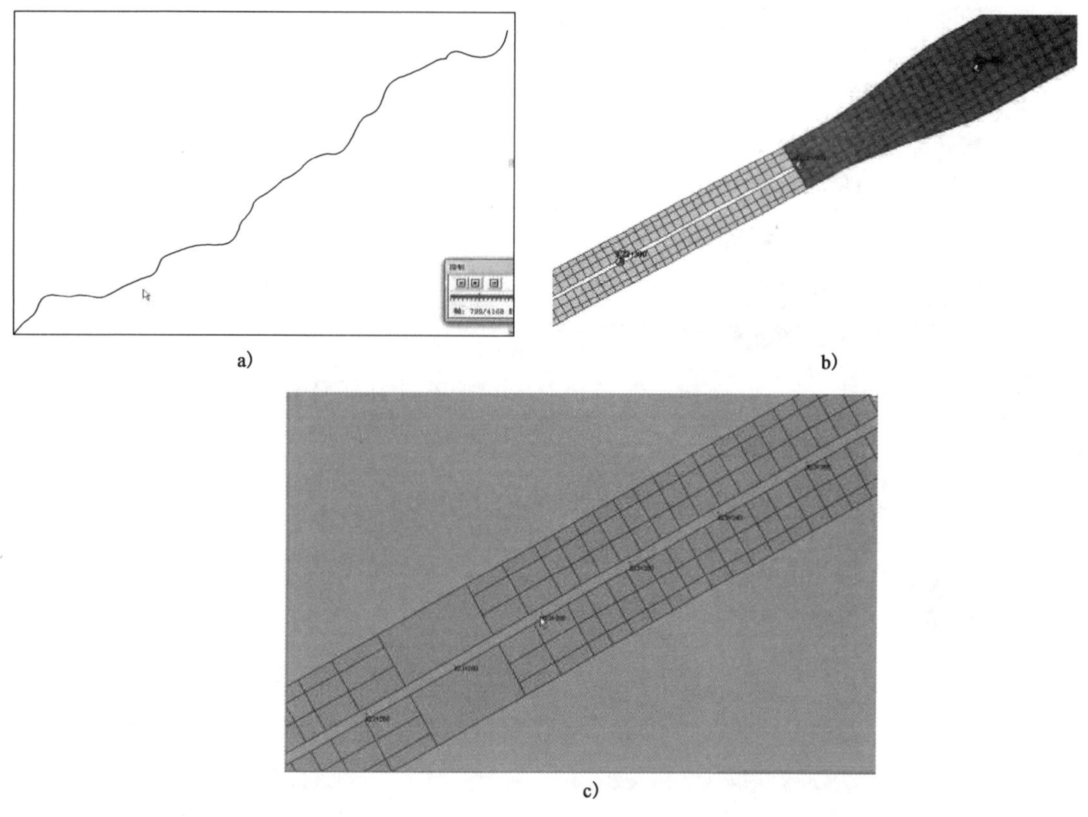

a)

b)

c)

图 7-38 数据的导入及板块病害信息的录入

7.3.4 数据库的存储和导出

对于采集端收集的数据,主程序应按点/线/面和时间进行存储和管理。同时为了方便真正的用户使用,需要单独编制一套表格系统,以利于输出需要的报表。

(1)将水泥混凝土路面的板块(1、2、3……)与道路的桩号(K0 + 000、K0 + 005……)一一对应,对应误差在 5cm 以内,累积误差只允许存在 100m 桩号内,在整百米桩号处清零。每一个桩号对应 2 块或 3 块板(视路面宽度和板块尺寸而定),分别以 A 板(靠近中间分隔带的超车道板块)、B 板(中间板块即行车道板块)、C 板(硬路肩板块)标记。

(2)以时间为序建立相应的数据存储文件夹,数据一旦存储,普通用户不能删除,管理员除外。

(3)前台用户存储的数据以点、线、面的形式存在,分别赋予相应的属性。

(4)某一块板的数据存储完毕后,再次调用时以图片的形式显示,并且该图片可以被激活修改。

(5)在调用某一板块数据时,应显示相邻 3 组板块的数据情况。例如,调用 K2 + 150(有 A、B、C 三块板)板块数据时,同时显示 K2 + 145、K2 + 150、K2 + 155 这三组板块的数据情况。

(6)点的属性主要表征某一裂缝的宽度。线的属性主要表征路面各种裂缝的属性,应存储裂缝的长度、形状、距切缝的间距。面的属性主要表征路面的坑槽、孔洞的多少,应存储此区域的面积及在板块中的位置。

(7)数据的归类

研究数据汇总归类功能。例如:裂缝长度大于2m、深度大于1/2板厚即默认归类为断板,并能计算出所有断板的数量和比例。

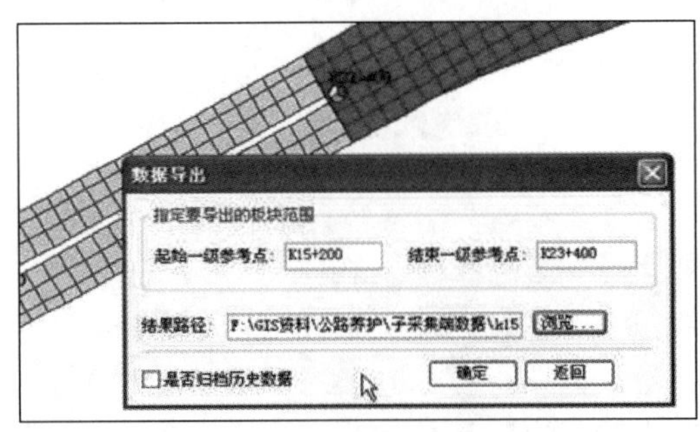

图7-39 数据导出

(8)视图

可显示单一板块或同时显示多组板块信息。显示比例、页面大小等应能设置。

(9)搜索

可搜索具有任意相同病害的板块编号、数量和比例。

(10)报表

按照给定的格式导出并打印数据报表。

数据导出如图7-39所示。

7.3.5 GPS导航

软件实现了GPS定位功能。只要在路线范围内,将能通过定位系统在图上显示出当前的位置。经实践证明,目前GPS定位误差能控制在4m以内。GPS导航如图7-40所示。

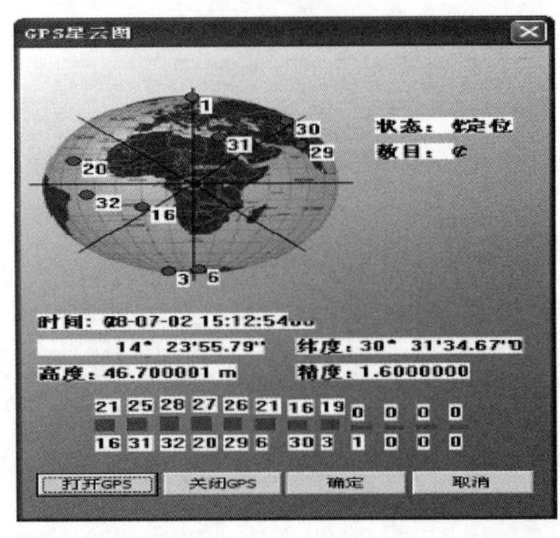

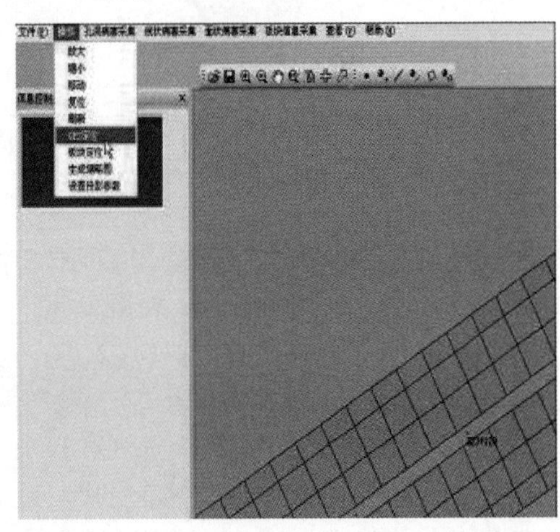

图7-40 GPS导航

7.4 本章小结

本章探讨和阐述的内容可概括如下:

(1)根据道路等级合理制定水泥混凝土摊铺幅宽。

(2)对于水泥混凝土路面建议采用比照类标线。

(3)设计开发了一套全面管理水泥混凝土路面路况病害数据的信息系统,以简化管理流程,提高工作效率。通过给每一块板块建立“档案”,档案的内容包括:病害的类型、尺寸、在板面的位置等。软件具有自带的GPS定位功能,道路养生管理部门可应用软件定位功能,找到相应的板块,根据板块的修补信息,对板块采取相应的养生维修处理措施。

第8章　总　　结

通过调查、数据采集和分析，弄清沿线温度、湿度变化特性，获得重载车辆的荷载特征及其统计规律；进而，提出严寒地区重载条件下水泥混凝土路面结构计算理论、设计准则及设计方法；讨论严寒地区高耐久性路用抗冻和抗盐冻水泥混凝土材料；通过采用瑞雷面波法对全线原状地基普查所获得的不同路段原始信息，不同路段采取不同材料换填和冲击压实遍数规律，碎石缓冲层的防冻和缓解土基不均匀变形的作用研究，提出了级配碎石缓冲层的级配和合理铺筑厚度。

建立力学分析模型，针对经典的弹性地基薄板模型的缺陷，提出基层和面板共同作用的三维力学模型，根据新建模型分析面板和基层刚度比例不同的影响，提出合理刚度比例，以推荐水泥混凝土路面合理结构组合。制作混凝土面板及不同厚度柔性缓冲层结构组合的比尺模型，应用疲劳试验机测试不同缓冲层厚度结构组合的承载能力，研究开发层间抗剪试验机并测试柔性缓冲层与混凝土面板的层间剪切性能，建立混凝土面板下不同柔性缓冲层组合比尺结构板模型，研究混凝土面板翘曲量测试方法，并测试不同温度条件下混凝土面板下有无柔性缓冲层的温度翘曲性能。充分考虑基层耐久性不足及重载车辆冲击作用是造成水泥混凝土路面破坏重要原因，而提高基层面层材料强度虽可弥补上述缺陷，但也带来了诸如：提高基层材料强度但减弱抗变形能力，基层开裂概率大幅增加，连续性、整体性下降，路面结构承载力下降；增加混凝土面板刚度降低抗冲击能力，面板对重载敏感性增大，一次极限断裂破坏概率增加；季节性冰冻区，水分沿接(裂)缝下渗，基层表面长期遭受冻融、冲刷等作用，路面唧泥、脱空严重等问题。

结合水泥混凝土结构层变形协调理论，提出设置粒料变形协调层和沥青混凝土功能层以实现变形协调的方法，即在路基顶面设置运用灰土拌和机场拌全幅摊铺机摊铺施工的级配碎石缓冲层，在水泥混凝土面板下重载侧一幅设置3cm厚AC-10沥青混凝土功能层(轻载侧0.6cm厚同步碎石沥青封层)的路面新结构，实现了基层与面层变形协调、应力均布和水分隔离，提高了基层长期性能。同步分析功能层沥青混合料累积变形规律，提出其抗剪性能评价方法和设计标准，提出了以水稳性和抗剪性能为控制指标的层间功能层材料设计方法，系统分析研究了冻胀变形协调层，并模型化协调层缓解土基变形的规律。通过设置沥青功能层，减少极重荷载运输车辆行驶产生的冲击荷载，实际上相当于降低荷载水平。

(1)在运煤专线公路附近建立了公路气象站，并铺筑了气象观测试验路，对太阳辐射、环境温度、湿度、风速、风向、降雨量、蒸发量、路面内部温度进行了长期观测，弄清了内蒙古自治区白霍公路沿线温度变化特性，获得重载车辆的荷载特征及其统计规律。

(2)提出严寒地区重载条件下水泥混凝土路面结构计算理论、设计准则及设计方法，给出了路基工作区深度建议值，探讨了夹层的功能和作用，构建了严寒重载交通条件下水泥混凝土路面结构设计。

(3)严寒地区高耐久性路用抗冻和抗盐冻水泥混凝土材料、夹层功能材料以及新型高性能接缝填封缝材料技术。对于路面混凝土,冻融破坏的评定指标仅以相对动弹性模量和质量变化率来衡量是不够的,应增加抗弯拉强度损失率这个指标。含气量的逐渐增大,混凝土抗盐冻剥蚀性能逐渐增强,当含气量在6.2%左右剥落量最小,抗盐冻剥蚀性能最强。纤维的掺入使得纤维混凝土的抗裂性能显著提高。

(4)严寒地区重载水泥混凝土路面施工装备、材料、工艺一体化技术,混凝土拌和站在静态标定的基础上进行了动态标定,使各材料的计量误差满足规范要求。通过试拌,最终确定路面混凝土的最佳搅拌时间,使混凝土既满足施工要求,又提高生产效率。

(5)采用填充包裹法进行碾压贫混凝土基层混凝土配合比设计,现场用改进VC值和压实度双指标进行控制。对碾压混凝土施工设计设备进行了改进,提高混凝土的均匀性。使用滑模摊铺水泥混凝土路面相同的机械设备、施工工艺和施工技术要求,成功地摊铺了贫混凝土基层。

(6)研究喷涂养生材料和养生效果。提出了自行式防风雾化养生剂喷洒设备,与传统养生剂喷洒设备相比,该喷涂机具有操作简单、喷洒效率高、喷洒效果均匀、不受大风影响、减少养生剂的浪费等优点。

(7)提出不同等级公路施工幅宽建议和路面排水。通过引入信息化技术,建立了水泥混凝土路面健康监测系统,对路面板块进行编号、定位,损坏状况记录、评定,用于路面的养生维修管理。

理论结合实践,将重载水泥混凝土路面设计、施工关键技术,成功应用在内蒙古自治区极端严寒地区首条百公里规模极重荷载运煤专线公路水泥混凝土路面的设计与施工(白音华—霍林郭勒一级公路),截至2020年4月该路已历经十个极度严寒冬季与极重荷载重复作用的考验,效果良好。

参 考 文 献

[1] Goldbeck A T. Thickness of Concrete Slabs[J]. Public Roads,1919,34-38.

[2] Older C. Highway Research in Illinois[J]. Transactions,ASCE,1924,(87):1180-1222.

[3] Westergaard H M. Analysis of Stresses in Concrete Slabs Caused by Variations of Temperature [J]. Public Roads,1927,(5):54-60.

[4] Westergaard H M. Computation of Stresses in Concrete Roads[C].//Proceedings,HRB,1925, 5,Part I:90-112. Stresses in Concrete Pavements Computed by Theoretical Analysis. Public Roads,1926,7(2):25-35.

[5] Westergaard H M. Analytical Tools for Judging Results of Structural Tests of Concrete Pavements[J]. Public Roads,1933,14(10).

[6] Westergaard H M. Stresses in Concrete Runways of Airports[C].//Proceedings. HRB,1939, (19):197-205.

[7] Westergaard H M. New Formulas for Stresses in Concrete Pavements of Airfields[J]. ASCE Transactions,1948,(113):425-444.

[8] Pickett C. Concrete Pavement Design[J]. PCA,1946.

[9] Cauwelaert F van. A Rigorous Analytical Solution of a Concrete Slab Submitted to Interior and Edges Loads With no,Partial and Full Shear Transfer at the Edge[C].//Proceedings,5th International Conference on Concrete Pavement Design and Rehabilitation. Purdue University, 1993,Vol. 1:255-275.

[10] 曲庆璋,章权,季求知,等. 北京:弹性板理论[M]. 北京:人民交通出版社,2000.

[11] Hudson W R,H Matlock. Analysis of Discontinuous Orthotropic Pavement Slabs Subjected to Combined Loads. Highway Research Record 131[R]. Highway Research Board,1966:1-48.

[12] Saxena S K. Pavement Slabs Resting on Elastic Foundation. Highway Research Record 466 [R]. Highway Research Board,1973:163-178.

[13] Cheung Y K,Zienkiewicz O C. Plates and Tanks on Elastic Foundation an Application of Finite Element Method[J]. International Journal of Solids and Structures,1965,(1)451-461.

[14] Wang S K,Sargious M,Cheung Y K. Advanced Analysis of Rigid Pavements[J]. Transportation Engineering Journal,ASCE,1972,(98):37-44.

[15] Huang Y H,Wang S T. Finite Element Analysis of Concrete Slabs and its Application for Rigid Pavement Design[J]. HRR,1973,(466):55-69.

[16] Huang Y H,Wang S T. Finite Element Analysis of Rigid Pavements with Partial Subgrade Contact[J]. HRR,1974,(485):39-54.

[17] Huang Y H. Finite Element Analysis of Slabs on Elastic Solids[J]. Transportation Engineering Journal,ASCE,1974,(100):403-416.

[18] 姚祖康. 水泥混凝土路面设计[M]. 合肥:安徽科学技术出版社,1999.

[19] 谈至明,朱志强. 水泥混凝土路面轴载动荷效应[J]. 华东公路,1994,(1):31-34.

[20] 邓学钧,孙璐. 车辆-地面结构系统动力学[M]. 北京:人民交通出版社,2000.

[21] 周玉民,谈至明,田波. 车-路耦合作用力特性及混凝土路面动态响应[J]. 同济大学学报,2012,40(6).

[22] 谈至明,周玉民,刘少文,等. 不等尺寸双层混凝土路面结构力学模型研究[J]. 工程力学. 2010,27(3):132-137(162).

[23] 周玉民, 谈至明,刘少文, 等. 水泥混凝土路面角隅应力分析[J]. 工程力学,2010,27(4):105-110.

[24] 周玉民,谈至明,田波. 基于薄板单元的水泥混凝土路面荷载应力分析[J]. 同济大学学报,2010,38(5):687-691.

[25] AASHTO. Guide for Mechanistic-Empirical Design of New And Rehabilitated Pavement Structures[S]. Champaign:2003.

[26] 田波,姚祖康,赵队家,等. 承受特重车辆作用的水泥混凝土路面应力分析[J]. 中国公路学报,2000,13(2):16-19.

[27] 中华人民共和国交通部. 公路水泥混凝土路面设计规范:JTG D40—2002[S]. 北京:人民交通出版社,2003.

[28] 西部交通建设科技项目. 水泥混凝土路面断板分析及防治技术研究[R]. 上海:同济大学,2005.

[29] 中华人民共和国行业标准. 公路水泥混凝土路面设计规范:JTG D40—2011[S]. 北京:人民交通出版社,2011.

[30] 祝云琪,凌建明. 上海地区重载交通水泥混凝土路面面板设计厚度分析[J]. 公路工程,2009,3(4):37-41.

[31] 黄仰贤. 路面分析与设计 [M]. 北京:人民交通出版社,1998.

[32] 胡长顺,曹东伟. 连续配筋混凝土路面结构设计理论与方法研究[J]. 交通运输工程学报,2001,(6) .

[33] 戴学臻,蒋应军. 水泥混凝土路面重载与重载交通的界定方法[J]. 公路,2009,(2):56-60.

[34] 祖熙宇. 轴载调查及数据的应用[J]. 辽宁交通科技,2003(4):27-79.

[35] 刘朝晖,张起森. 重载交通高速公路路面结构设计交通参数分析[J]. 交通运输工程学报,2004,7 (2):36-40.

[36] 中华人民共和国国家质量监督检测检疫总局,中国国家标准化管理委员会. 汽车、挂车及汽车列车外廓尺寸、轴荷及质量限值:GB 1589—2016[S]. 北京:中国标准出版社,2016.

[37] 李思李,于蕾,田波,等. 我国公路荷载的车轴-轮型分类和几何参数研究[J]. 公路,2011,7(7):1-7.

[38] 苏艺,许兆义,王连俊. 冻土区铁路加筋路堤的变形特征研究[J]. 岩土工程学报,2004,26(1):115-119.

[39] 赖远明,张明义,喻文兵. 边界条件对碎石层降温效果及机理的影响[J]. 冰川冻土,2005,27(2):163-168.

[40] 喻文兵,赖远明,张学富. 块石层与碎石层降温效果室内试验研究[J]. 冰川冻土,2003,

25(6):638-643.

[41] 吴爱祥,孙业志,刘湘平. 散体动力学理论及其应用[M]. 北京:冶金工业出版社,2002.

[42] 陈建军. 高路堤不均匀沉降对半刚性基层结构的影响[J]. 华东公路,1990,(4)10-13.

[43] 廖荣辉. 路基差异沉降引起的路表附加应力分析[J]. 广西交通科技,2003,108(28):69-70.

[44] 张粉芹,陈纪胜,王起才. 正负变温下高性能混凝土强度试验研究[J]. 兰州铁道学院学报,2002,(03).

[45] 傅智,李红. 道路水泥混凝土含气量控制研究[J]. 公路,1998(4):1-7.

[46] 傅智. 道路混凝土掺引气剂的研究[J]. 公路,1998(2):2-9.

[47] T C Powers. A Working Hypothesis for Further Studies of Frost Resistance[J]. Journal of the American Concrete Institute,1945,(4):245-272.

[48] ASTM. Standard Test Method for Resistance of Concrete to Rapid Freezing and Thawing[EB/OL]. https://www. astm. org/search/fullsite-search. html? query = Standard% 20Test% 20Method% 20for% 20Resistance% 20of% 20Concrete% 20to% 20Rapid% 20Freezing% 20and% 20Thawing&.

[49] 卫军,张晓玲,赵霄龙. 混凝土结构耐久性的研究现状和发展方向[J]. 低温建筑技术. 2003,92(2):1-3.

[50] 过镇海. 混凝土的强度和变形[M]. 北京:清华大学出版社,1997.

[51] 赵霄龙,卫军,黄玉盈. 混凝土冻融耐久性劣化的评价指标对比[J]. 华中科技大学学报(自然科学版),2003,31(2):103-106.

[52] 程红强,张雷顺,李先平. 冻融对混凝土强度的影响[J]. 河南科学,2003,21(2):215-216.

[53] 曹建国,李金玉. 高强混凝土抗冻性的研究[J]. 建筑材料学报,1999,2(4):292-297.

[54] 李金玉,曹建国,徐文雨,等. 混凝土冻融破坏机的理研究[J]. 水利学报,1999,(1):41-49.

[55] 姜双伦,姬立德,吴会强. 混凝土的冻融破坏与外加剂[J]. 混凝土,2001,(2):54-55.

[56] 徐天水. 初始应力对抗冻混凝土物理力学性能影响的试验研究[D]. 哈尔滨:哈尔滨工业大学,2005.

[57] 谭克峰. 水灰比和掺合料对混凝土抗冻性的影响[J]. 武汉理工大学学报,2006,28(3):58-60.

[58] 中华人民共和国交通部. 公路工程水泥及水泥混凝土试验规程:JTG E30—2005 [S]. 北京:人民交通出版社,2005.

[59] European Committee for Standardization. Test Methods for the Freeze-thaw Resistance of Concrete—Test with Water or with Sodium Chloride Solution[S]. Brussels,1994.

[60] M J Setzer, G Fagerlund, D J Janssen. Test Mehtod for the Freeze-thaw Resistance of Concrete-tests with Sodium Chloride Solution [J]. Materials and Struc-tures 1996,(29):523-528.

[61] ASTM Designation . Standard Test Method for Scaling Resistance of Concrete Surfaces

Exposed to Deicing Chemicals [EB/OL]. https://www. astm. org/Standards/C672. htm.

[62] 刘华军,贾良棉. 三棍轴式水泥混凝土振动摊铺滚平机[J]. 筑路机械与施工机械化,1996.

[63] 胡永彪. 滑模式水泥混凝土摊铺机的发展[J]. 筑路机械与施工机械化,1996.

[64] 傅智. 滑模摊铺机施工路面工艺原理及设备选型[J]. 筑路机械与施工机械化,1997.

[65] 李冰,焦生杰. 沥青混凝土摊铺机与施工技术[M]. 北京:人民交通出版社,2007.

[66] 郁录平. 工程机械底盘设计[M]. 北京:人民交通出版社,2004.

[67] 戴强民. 公路施工机械[M]. 北京:人民交通出版社,2004.

[68] 李自光,展朝勇. 公路施工机械[M]. 北京:人民交通出版社,2009.

[69] 田奇. 混凝土搅拌楼及沥青混凝土搅拌站[M]. 北京:中国建材工业出版社,2005.

[70] 冯忠绪. 混凝土搅拌理论与设备[M]. 北京:人民交通出版社,2001.

[71] 中华人民共和国质量监督检测检疫总局,中国国家标准化管理委员会. 建筑施工机械与设备混凝土搅拌站(楼):GB/T 10171—2016[S]. 北京:中国标准出版社,2016.

[72] G H Tattersall. The Principles of Measurements of the Workability of Fresh Concrete and a Proposed Simple two Point Test, In Fresh Concrete: Important Properties and Their Measurements [C]. //Proc of a RILEM Seminar. Leeds, 1973.

[73] Tattersall C H. The Principles at Measurement of the Workability of Fresh Concrete and a Proposed Simple Two-point Test. Fresh Concrete: Important properties and their measurement [C]. //Proceedings of a RILEM Seminar. Leeds, 1973.

[74] Tattersall, The Rationale of a Two-point Workability Test[J]. Magazine of Concrete research, 1973, (25): 169-172.

[75] 袭行洁. 搅拌功率与稠度关系的探讨[J]. 混凝土及钢筋混凝土,1985,(2):21-25.

[76] 徐永模. 新拌水泥浆体触变性、流变模型及其参数的探讨[D]. 北京:中国建筑材料科学研究院,1986.

[77] 傅智. 美国水泥混凝土路面滑模摊铺技术新进展[J]. 中外公路,2009,(2):57-60.

[78] ACI 309 Committee. Behavior of Fresh Concrete During Vibration [R]. 1998.

[79] US Arms Corps of Engineering. Construction Productivity Advancement Research Program: New Technologies for Improving the Consolidation of Concrete[R]. 2007.